DICTIONNAIRE
SOMALI – FRANÇAIS

QAAMUUS AF SOOMAALI – FARANSIIS

Cabdulqani Guure Faarax

DICTIONNAIRE
SOMALI – FRANÇAIS

QAAMUUS AF SOOMAALI – FARANSIIS

L'Harmattan
5-7, rue de l'École Polytechnique
75005 Paris - FRANCE

L'Harmattan Inc.
55, rue Saint-Jacques
Montréal (Qc) - CANADA H2Y 1K9

A ma grand-mère,
Batuulo X. Cusmaan Sharmaarke,
je dédie ce livre.

PRÉFACE

Ce dictionnaire est un ouvrage qui m'a pris beaucoup de temps et que j'ai commencé en 1986. Dès lors j'ai passé plusieurs années à enseigner le français à l'Université nationale de Somalie, et au Centre Culturel Français de Mogadiscio où, à partir de mes expériences pédagogiques, j'ai compris exactement les difficultés des étudiants de l'enseignement supérieur qui débutaient en français et du public cultivé (étrangers ou citoyens somaliens) ainsi que celles des élèves de l'enseignement du second degré pour qui ce dictionnaire est devenu un instrument pratique de travail (première édition en juillet 1988 à Mogadiscio-Somalie).

Ce dictionnaire comprend 9000 mots environ dans chacune de ses parties. La préférence a été donnée à l'usage moderne et courant dans les deux langues, y compris les termes techniques et scientifiques les plus courants. Dans toute la mesure du possible, les traductions proposées appartiennent au même niveau de langue. Entre parenthèses j'indique le genre du nom. La virgule sépare des sens proches ou des acceptions différentes.

La langue somalie était essentiellement orale jusqu'à son officialisation écrite en 1972. Avec l'écriture sont nés des romans, des livres scolaires, des journaux et des ouvrages scientifiques en langue somalie.

Je remercie ici tous ceux et toutes celles qui ont participé à ce travail. Surtout mes amis français, suisses et somaliens. Je remercie tout particulièrement : Madame Dahabo Faarax Xasan (ex-doyenne de la faculté des langues), Madame Jacqueline LECARME (chercheur au CNRS), M. Jean-Yves PAGEOT (ex-coordonnateur du département de français de l'U.N.S.), Dr. Saciid X. Maxamuud-Dheere, M. Daniel ROCHAT et sa femme Emilienne ROCHAT, M. Michel GLARDON, M. Alain GONTHIER, M. Bertrand COTTET de l'OSAR, Madame Elena BORIO SILLIG, Madame Denyse PETER et M. André GUEX qui m'ont tous encouragé et qui m'ont fait bénéficier de leurs expériences. Je remercie aussi tous les autres sans qui ce livre n'aurait pu être publié.

Lausanne, mars 1999
Cabdulqani G. Faarax.

LA SOMALIE

Pays et peuple de pasteurs nomades, les Somalis vivent essentiellement de l'élevage sur une terre désertique. Le chameau constitue leur principale fierté. La Somalie fut le premier Etat musulman non arabe à faire partie de la ligue arabe. Les Somalis appartiennent au même groupe ethnique par l'usage d'une seule langue (le somali) et par la pratique d'une seule religion : musulmane à 99 %.

Le passage des Français, des Italiens, des Britanniques a laissé des séquelles profondes ; la nation, déjà scindée par le partage colonial, est en partie dispersée sur les territoires voisins.

Constituant la partie extrême de la Corne de l'Afrique, la Somalie a eu un contact privilégié avec la péninsule arabique. Très tôt se développent d'importants réseaux de commerce et une riche tradition islamique.

Les Somalis sont essentiellement un peuple de nomades qui vivent de l'élevage de chameaux, de moutons, de chèvres et parfois de bœufs. Le reste de la population est constitué par des agriculteurs sédentaires. Ils cultivent le millet et gardent aussi quelque bétail.

Le pasteur est foncièrement indépendant et individualiste. Il supporte mal d'être commandé et n'a que mépris pour ceux qui imposent leur autorité. La haute estime qu'il a de lui-même le conduit à un mépris traditionnel des autres peuples. La recherche constante de pâturages et d'eau a forgé en lui un esprit de compétition. Sa méfiance est continuelle et transparaît dans toutes les circonstances de la vie sociale.

Le cultivateur, par contre, est moins individualiste et moins agressif. Son accueil est peu méfiant. Il respecte l'autorité, probablement parce qu'il mène une vie et un travail différents.

Les membres d'un clan comprennent plusieurs centaines à plusieurs milliers de personnes qui se réclament d'un ancêtre mâle commun. Ils se sentent solidaires et sont reliés entre eux par un contrat qui prévoit de « compenser le sang versé ». Quand un des leurs est tué ou blessé par une personne d'un autre clan, ils reçoivent le prix du sang. Certains clans ont des chefs ou des sultans. Les hommes se réunissent en assemblée où chacun a le droit de prendre la parole.

Les chameaux, eux, sont pris en charge par les hommes non mariés qui organisent leur vie au rythme des saisons. La saison des pluies est le temps de la danse et des mariages. C'est le moment idéal pour les joutes oratoires et poétiques, dont les Somalis sont très friands.

L'histoire de ce peuple est longue et bien documentée : Hérodote (historien grec), Pline, Marco Polo, ainsi que des géographes arabes, nous ont livré leurs découvertes. La tradition orale des Somalis parle de migrations du Nord vers le Sud au long de plusieurs siècles. L'installation, il y a un millier d'années, de réseaux de commerce arabe et perse sur les côtes renforce les liens que les Somalis entretenaient depuis longtemps avec la péninsule arabique. Ils se convertissent et acquièrent peu à peu leur identité islamique.

La Somalie n'échappe pas à la convoitise des puissances européennes. Au terme de négociations entre les grandes puissances locales, la Somalie est partagée en 5 parties. Djibouti devient territoire français. Le Sud du pays s'appelle désormais la Somalie italienne, tandis que le Somaliland, au Nord, passe sous protectorat britannique. Le Nord du Kenya, peuplé de Somalis, est également placé sous le drapeau britannique. Enfin, l'Ogaden et le Dire Dawa deviennent territoires éthiopiens.

En 1941, après la défaite italienne en Ethiopie, la Somalie est placée temporairement sous administration britannique. La Grande-Bretagne propose quelques années plus tard de créer une «Grande Somalie» qui réunirait tous les Somalis sous tutelle britannique. Pour des raisons diverses, cette proposition est rejetée et la nation de nouveau scindée.

En 1956, les premières élections générales en Somalie donnent la victoire à la SYL, la ligue de la jeunesse somalienne, fondée en 1943, qui forme le gouvernement autonome du pays.

Conformément aux souhaits des leaders politiques des pays colonisateurs, le Somaliland se prépare à l'indépendance de manière à s'unir avec la Somalia au terme de la tutelle italienne.

La nouvelle République de Somalie obtient l'indépendance le premier juillet 1960. Son gouvernement rassemble des personnalités des deux anciens territoires. Aden Abdullah Osman et Abdulrashid Ali Sharmarke, tous deux dirigeants de la SYL sont élus respectivement Président et Premier Ministre. En juin 1967 Mohamed Ibrahim Egal devient Premier Ministre et Abdulrashid Ali Sharmarke, Président de la République.

Aux élections législatives de mars 1969, les dernières de l'histoire de la République, 1002 candidats représentant 62 partis se disputent les 123 sièges de l'Assemblée nationale. La SYL sort victorieuse. Ibrahim Egal reste Premier Ministre, mais pas pour longtemps. Quelques mois plus tard, après l'assassinat du Président Ali Sharmarke, l'armée prend le pouvoir sans rencontrer la moindre opposition.

Dès le début de son règne militaire, le président Siyad Barre choisit «le socialisme scientifique»,qu'il adapte à la réalité africaine de son pays.

En 1972, Siyad Barre adopte définitivement l'alphabet latin pour écrire la langue somalie. Cette décision donne lieu, deux ans plus tard, à une fascinante campagne d'alphabétisation sans précédent en Afrique. Elle touche les populations tant rurales que citadines, illettrées à 99%. Ce projet d'urgence est malheureusement interrompu par la plus terrible sécheresse de l'histoire somalienne de 1973 à 1975.

En janvier 1991, Siyad Barre abandonne le pouvoir. Quelques années plus tard (en 1995) il meurt à Lagos (Nigeria) où il vivait en exil.

Depuis, aucun signe de renaissance d'un Etat n'apparaît dans le pays. Des guerres civiles sévissent dans de vastes régions de ce pays. La famine et la détresse contribuent également à inciter d'innombrables Somaliens à quitter leur patrie.

Puisse ce livre contribuer à l'unité de la nation Somalie et à sa connaissance par les peuples francophones.

LA LANGUE SOMALIE

QUELQUES MOTS SUR LES DIALECTES SOMALIS

Ici, il n'est pas question de discuter des différents dialectes somalis. Le somali présenté dans ce livre est le somali standard et commun ; si vous apprenez ce dialecte vous pourrez comprendre tous les autres. Cependant, il faut connaître certaines variétés de dialectes mineurs comme :

Le MAYMAY parlé par le peuple entre les deux fleuves, surtout aux alentours et dans les villes de Baidoa et Bur.

Le BRAVA, de la ville de Brava et des BANJUUNI, les îles proches de Kismaio, utilise des termes empruntés à l'arabe et au bantou.

Il y a une variation dialectale entre la finale dh et la finale r. Par exemple : xidh/xir (fermer), gabadh/gabar (fille). Il y a aussi une variation entre kh (un son emprunté à l'arabe) et q ; quelques dialectes éliminent totalement le kh. Ex. : Khamra/qamra (nom commun de tout l'alcool), khatar/qatar (risque).

L'ALPHABET SOMALIEN

La langue somalie qui est d'origine Kouchitique est écrite en caractères latins. L'alphabet somalien est de 23 lettres, chacune correspondant à un son unique :

Lettre somali	exemple en français	exemple en somali
a	achat, rater	sal (base), aqal (maison)
b	bouche, bis	bar (moitié), beer (jardin)
c	qui se prononce comme : ayn (laryngale) de la langue arabe. ciid (sable)	
d	dame	dad (gens), dab (feu)
e	mère, mer	eber (zero), eri (poursuivre).

f	ferme	fariiso (s'asseoir)
g	gloire	gabar (fille)
h	hachisch	halgan (lutter)
i	cil, tigre	kirli (théière)
j	djebel	janno (paradis)
k	kaki	koob (verre, tasse)
l	lumière	leef (lécher)
m	mardi	mas (serpent)
n	naître	naas (sein)
o	objet	olol (flamme)
q	qui se prononce comme qàf de la langue arabe. qaac (fumée)	
r	rêve, route	raad (trace)
s	secret	seef (épée)
t	tête	taaj (couronne)
u	bouc	ul (bâton)
w	whisky	waran (lance)
x	qui se prononce comme : hâ de la langue arabe a une valeur h xoog (force)	
y	yacht	yaanyo (tomate)
kh	même prononciation que r de Hercule. Ex. : Khamiis (jeudi).	
dh	alvéolaire correspond à un d Ex. : Dheer (grande taille), dhul (terre).	
sh	palato-alvéolaire, équivalent au ch français. Ex. : sheeg (dire).	
'	L'apostrophe marque une pause au milieu d'un mot. Ex. : bi'i (effacer).	

Le redoublement des voyelles est équivalent à un allongement du son.
Ex. : caag (plastique), deeq (don), siigo (poussière), nooc (type), buug (livre).

LES ARTICLES

a, ka, ga, et ha sont des articles masculins.
ta, sha, et da sont des articles féminins.

LES VERBES

Les verbes ont été classés en deux formes : forme impérative ou forme nominale. L'impératif présent de la langue somalie a la même valeur que l'infinitif de la langue française. Ex. : cun (manger), fiiri (regarder), samee (faire).

Dans ce dictionnaire nous avons fait apparaître les verbes sous la forme impérative. Cette forme a aussi été utilisée dans certains ouvrages comme le Dizionario somalo-italiano d'Agostini Francesco, A. Puglielli et Issa M. Siyaad, Rome 1985.

ABREVIATIONS – ERAYO NAXWEED LA SOO GAABSHEY

adj.	adjectif (sifo tilmaame)		intr.	intransitif (fal ma gudbe)
adv.	adverbe (falkaabe)		l. s.	langue soignée (afka dhowrsoon)
art.	article (qodob)			
aux.	auxiliaire (kabe)		m.	masculin (lab)
biol.	biologie (biyooloji)		mil.	militaire (ciidan)
compar.	comparatif (barbardhig)		n.	nom (magac)
cond.	conditionnel (shuruudley)		nég.	négation (diidmo)
conj.	conjonction (xiriiriye)		num.	numéral (tiro)
déf.	défini (cayinan)		péjor.	péjoratif (hadal sirgaxan)
dém.	démonstratif (tilmaame)		pers.	personne (qof)
etc.	et caetera (i. w. m.)		pl.	pluriel (wadar)
ex.	exemple (tusaale)		prép.	préposition (meeleeye)
exclam.	exclamation (yaab)		pron.	pronom (magac u yaal)
f.	féminin (dheddig)		qch.	quelque chose (walax / wax)
fam.	familier (af suuqi)		qn.	quelqu'un (qof)
imparf.	imparfait (fal cabbaar socday)		rel.	religion (diin)
impér.	impératif (amar)		sing.	singulier (keli)
indéf.	indéfini (aan cayinayn)		tr.	transitif (falgudbe)
interj.	interjection (cod tilmaame yaab)		v.	verbe (fal)
interr.	interrogatif (weydiin)		voy.	voyelle (shaqal)

BIBLIOGRAPHIE

Abdulla Mansuur et Ahmed Abdullahi, Qaamuus Italiano-Somalo, Mogadiscio, juin 1985.

Ibrahim, R. C. 1964 Somali-English Dictionary, London : University of London Press.

Agostini, Francesco, A. Puglielli et Ciise M. Siyaad, 1985 Dizionario Somalo-Italiano, Rome.

Axmed F. Cali « Idaajaa » et Omar Au Nuh, 1975 The modern English-Somali phrase book, Mogadiscio :

Claude Margueron, Larousse (français-italien), Sarbonne (Paris 1V) 1987.

Caney, John Charles, 1984 A Modern Somali-English, English-Somali Dictionary, London.

I. M. Lewis « Grande Somalie » vivant univers, juillet-août 1986 Veyras-Sierre, Suisse.

Momocite Board : in East Africa, Somali-English, Nairobi, 1984.

Panza, Bruno. 1974 Af Soomaali, Florence.

Yaasiin Cismaan Keenadiid. 1976 Qaamuuska af Soomaaliga, Mogadiscio et Florence.

A

AABBANIMO n. f. (-da) paternité, lien juridique entre un père et ses enfants : Xiriirka u dhexeeya aabbe iyo caruurtiisa. La paternité légitime : marka uu cunuggu meher ku dhasho. La paternité naturelle : marka uu cunuggu meher la'aan ku dhasho. Paternité adoptive : marka cunugga reer aan dhalin koriyaan.

AABBE n. m. (-ha) père. Jaamac est le père de trois enfants : Jaamac saddex caruur ah buu aabbe u yahay.

AAD adv. beaucoup. On a beaucoup de chance : aad baannu u nasiib badannahay.

AAD v. aller. Aller à pied : lugee. Aller à Paris : Baariis aad.

AADAAB n. f. politesse. Observer la politesse : aadaab yeelasho.

AADAAN v. isugu yeerid salaadda : appeler à la prière.

AADAMINNIMO n. f. humanité ; être humain. On a traité le prisonnier avec humanité : maxbuuskii si aadaminnimo leh baa loola dhaqmay.

AAFEE v. endommager ; causer des dommages. La pluie a endommagé les fruits : roobkii wuxuu aafeeyay (wax yeelay) mirihii.

AAG n. m. environs, alentours. Les environs de Paris : aagga (hareeraha) Baariis.

AAH inter. ah : pour exprimer la douleur. Ah ! vous me faites mal : aah ! waad i xanuujinaysaa.

AAKHIR n. m. (-ka) fin, bout. La fin de l'année : sannadka aakhirkiisa (dhammaadkiisa).

AAKHIRO n. f. (-da) outre-tombe.

AALAA adv. souvent. En automne, il pleut souvent : dayrta, aalaa (badanaa) roob baa da'a.

AALAD n. f. (-da) 1. instrument, appareil. Instrument de mesure : aalad (qalab) wax lagu cabbiro. 2. hub : arme.

AALADEE v. équiper. Equiper un enfant pour le ski. aaladee (qalabee) cunug ciyaarta iskiiga (barafka lagu dul ordo) u socda.

AAMIIN n. f. (-ta) amen

AAMIINSO v. dire amen.

AAMMIN n. m. (-ka) honnête. Un homme honnête : nin aammin ah.

AAMUS v. se taire. Taisez-vous ! : aamus !

AAN pron. je. J'ai compris la leçon : waa aan fahmay casharka.

AANNU pron. nous. Nous avons compris la leçon : waa aannu fahamnay casharka.

AANO n. f. (-da) 1. rancune J'ai de la rancune contre Geeddi : aano baan u qabaa Geeddi. 2. vengeance.

AAR n. m. (-ka) audacieux. Il a fait un pari audacieux : wuxuu sameeyay sharad aarnimo (geesinnimo) leh.

AARAN n. m. (-ka) jeunes chameaux.

AARBAX v. se venger.

AAS v. 1. enterrer. 2. n. m. -crépuscule, lumière qui suit le soleil couchant : iftiinka la socda marka qorraxdu dhacayso.

AAWAY adv. où ? où est-il / elle ?

AAYAD n. f. (-da) verset du Coran.

AAYATIIN n. m. (-ka) avenir, temps futur. Ce garçon songe à son avenir : wiilkaani aayatiinkiisa (mustaqbalkiisa) buu ka fekerayaa.

ABAABUL v. organiser. Cette agence organise des voyages : shirkaddaani waxay abaabushaa safarro.

ABAAL n. m. (-ka) reconnaissance. J'éprouve de la reconnaissance pour les services qu'il m'a rendus : wxaan abaal ugu hayaa hawlahaan uu ii qabtay.

ABAALDARAN adj. ingrat. Fils ingrat : wiil abaaldaran.

ABAALGUD n. m. (-ka) récompense ; prime. Une recompense est promise à qui retrouvera le chat perdu : abaalgud baa laga ballanqaaday kii soo hela mukulaashii luntay.

ABAALMARI v. récompenser ; primer. Récompenser un bon élève : abaalmari arday wanaagsan.

ABAAR n. f. (-ta) sécheresse ; famine. Il y eut une grande sécheresse cette année-là : abaar daran baa dhacday sannadkaas isaga ah.

ABABI v. u bilaabid qof nolosha : enseigner, commencer l'éducation de qn.

ABBAANDUULE n. m. (-ha) chef des troupes, chef d'Etat-major. Le général a réuni son état-major : abbaanduulihii (jeneraalkii) wuxuu shiriyay saraakiisha la talisa.

ABEESO n. f. (-da) sorte de serpent venimeux.

ABOOR n. m. (-ka) termite. Les termites rongent le bois de l'intérieur : aboorku wuxuu qoriga ka xagtaa gudaha.

ABRIIL n. f. (-sha) avril. Plaisanterie traditionnelle du premier avril : sheekada qosolka leh ee 1da abriil la caadaystay in la isu sheego (maalinta beenta).

ABSHIR n. f. (-ta) bonne nouvelle. On lui a communiqué une bonne nouvelle : war abshir (farxad) leh baa la siiyay.

ABTI n. m. (-ga) oncle maternel. Jaamac est l'oncle de Samatar : Jaamac wuxuu abti u yahay Samatar.

ABTIRSIIMO n. f. (-da) généalogie.

ABUR n. m. (-ka) 1. bave, venin. Le venin du serpent : aburka (xoorka cad) ee uu masku afka ka sii daayo. 2. mousse. Le champagne fait de la mousse quand on le débouche : khamrada nooca shambaanyada waxay samaysaa abur (waa aburisaa) marka la furo.

ABUUR v. créer qch, cultiver qch. Dieu a créé le ciel et la terre : cirka iyo dhulkaba Ilaah baa abuuray (uumay). Cultiver des céréales : sareen abuur.

ABWAAN n. m. (-ka) sage ; savant. Les découvertes scientifiques ont été faites par des savants : igtishaafyada, helitaannada cilmiyeed waxaa sameeyay abwaanno (dad aqoon sare leh).

ABWAANNIMO n. f. (-da) sagesse. Il agit avec sa sagesse habituelle : wuxuu u dhaqmaa si ay ku jirto abwaannimadiisa lagu lagu yaqaan.

ADAB n. m. (-ka) littérature. Se lancer dans la littérature : gudagalid barashada adabka (suugaanta).

ADAG adj. 1. dur, fort, solide. Bois dur : qori (loox) adag. 2. difficile. Problème difficile à résoudre : mashaakil in la xalliyaa adagtahay.

ADDIN n. m. (-ka) jambe, patte. Il a mal à la jambe : addinka (lugta) baa xanuunaya. Les insectes ont trois paires de pattes : cayayaanku waxay leeyihiin saddex lammaan oo addimo ah.

ADDOON n. m. (-ka) esclave.

ADDUUN n. m. (-ka) 1. monde (terre et ses habitants). Le monde entier parle français : adduunka oo dhammi af faransiis buu ku hadlaa. 2. richesse, substance. Sa richesse est très grande : adduunkiisu (maalkiisu) aad buu u ballaaranyahay.

ADEEG v. servir, travailler pour. Servir sa patrie : u adeeg dalkaaga.

ADEEG n. m. (-ga) service. Le service des hôpitaux : adeegga isbitaallada.

ADEEGE n. m. (-ha) serviteur, domestique. On doit toujours bien traiter ses serviteurs : waa in mar walba si wanaagsan loola dhaqmo adeegayaasha.

ADEER n. m. (ka) oncle paternel.

ADI pron. tu, toi, te. Parles-tu français ? : adi ma ku hadashaa af faransiis ? Nous partons demain toi et moi : aniga iyo adigu berrito baan baxaynnaa.

ADKAYSO v. supporter. Supporter le froid : u adkayso qabowga.

ADKEE v. durcir, solidifier. La gelée durcit le sol : qabowga faraha badani wuxuu adkeeyaa ciidda.

AF n. m. (ka) bouche. La bouche d'un four : foorno afkeeda.

AFARGEES n. m. (-ka) carré. La salle à manger est carrée : qolka lagu cunteeyaa waa afargees.

AFARTANBAX v. terminer la période puerpérale (40 jours). Fièvre puerpérale : qandho qabata dumarka umusha ku jira.

AFAYSAN adj. tranchant. Epée tranchante : seef afaysan.

AFDARAN adj. émoussé. Il a rendu le couteau émoussé : mindidii waa uu af tiray.

AFDHAAF n. m. (ka) malentendu. On s'est disputé, mais ce n'était qu'un malentendu : waa murannay, laakiin is afdhaaf uun bay ahayd.

AFEEF n. f. (-ta) préavis. Donner son préavis à un employé : afeef (digniin) sii qof shaqaale ah.

AFUR n. m. (-ka) repas après le coucher du soleil durant le mois de Ramadan.

AFURRAN v. ne pas observer le jeûne.

AFGEMBI n. m. (-ga) coup d'état. En 1969 Siyaad Barre a fait un coup d'état en Somalie : 1969 Siyaad Barre wuxuu afgembi ka sameeyay Soomaaliya.

AFHAYE n. m. (-ha) porte-parole. Dalmar est le porte-parole de ses camarades : Dalmar wuxuu afhayeen u yahay saaxibbaddiis.

AFLAGGAADDO n. f. (-da) insulte.

AFLAX v. avoir du succès au cours de ses études.

AFMALDAH n. m. (-a) allégorie.

AFMIINSHAAR n. m. (-ka) propagateur de fausses nouvelles.

AFO n. f. (-da) femme. Il a parlé avec sa femme : wuxuu la hadlay afadiisa (naagtiisa).

AFROG v. renverser. Renverser un verre : afrog bakeeri.

AFTAHAN n. m. (-ka) orateur, qui a le don de la parole. C'est un orateur : waa aftahan (sida loo hadlo buu yaqaannaa).

AFTI n. f, (-da) référendum.

AFTIRO v. s'essuyer la bouche. S'essuyer la bouche après le repas : aftirtiro cuntada ka dib.

AFUUF v. souffler, gonfler. Soufflez dans ce ballon : afuuf buufimahaan.

AFXUMEE v. insulter qn.

AFXUMI n. f. (-da) insulte.

AFYAQAAN n. m. (-ka) 1. linguiste. 2. orateur. Laissez parler l'orateur : uddaa ha hadlee afyaqaanku.

AGAASIME n. m. (-ha) 1. administrateur. 2. directeur. Agaasime guud : directeur général.

AGAGAAR n. m. (-ka) environs, alentours.

AGJOOG v. rester à côté de qn ou qch. Elle reste à côté de sa mère malade : waxay agjoogtaa hooyadeed oo jirran.

AGMAR v. passer à côté de qn ou qch. Quand il va à l'école, il passe toujours à côté de la banque : marka uu iskoolka u socdo, wuxuu mar walba agmaraa bangiga.

AGOON n. m. (-ka) orphelin de père. Daahir est un orphelin : Daahir waa agoon.

AGOOSTO n. f. (-da) août. Il a fait très chaud au mois d'août : kulayl badan baa jiray bishii agoosto.

AGTAG v. aller vers qn ou qch.

AH v. être. Je suis somalien : waxaan ahay soomaali.

AHAW v. devenir. Il est devenu triste quand il a appris la nouvelle : wuxuu ahaaday (noqday) mid tiiraanyaysan markii uu khabaarka maqlay.

AHBAL n. m. (-ka) sot, idiot. Il a l'air idiot : muuqaal ahbal (nacas) buu leeyahay.

AHMIYAD n. f. (-da) importance. Affaire de haute importance : arrin ahmiyad (muhimad) sare leh.

AKHLAAQ n. f. (-da) conduite. C'est un élève qui a une bonne conduite : waa arday akhlaaq fiican leh.

AKHRI v. lire. Tu lis beaucoup : aad baad wax u akhridaa.

AKHRIYE n. m. (-ha) lecteur. Un écrivain doit intéresser ses lecteurs : qoraha waa ku waajib inuu daneeyo akhristayaashiisa.

ALBAAB n. m. (-ka) porte. On frappe, va ouvrir la porte : waa la garaacayaaye, orod oo fur albaabka.

ALHUUMO n. f. (-da) malheur, catastrophe. Il lui est arrivé un malheur : alhuumo (musiibo) baa ku timi.

ALIF n. m. (-ka) 1. lettre arabe. 2. pour indiquer les grades des sous-officiers.

ALIFBA n. f. (-da) alphabet. L'alphabet est l'ensemble des lettres de A à Y : alifba'du waa wadajirka A ilaa Y.

ALLABARI n. m. (-ga) 1. invoquer Dieu. 2. faire un sacrifice.

ALLE n. m. (-ha) Dieu. Djama croit en Dieu : Jaamac Alle (Ilaah) buu rumaysanyahay.

ALLIF v. composer, créer qch. Hadraawi, Dacar, Sangub et Tukaale ont composé beaucoup de chansons : Hadraawi, Dacar, Sangub iyo Tukaale waxay allifeen heeso badan.

ALLIFE n. m. (-ha) compositeur, créateur.

ALWAAX n. m. (-a) bois. Cette vieille armoire est en bois : armaajadaan duugga ahi waxay ka samysantahay alwaax (loox).

ALXAME n. m. (-ha) soudeur. Le soudeur porte un masque pour se protéger le visage : alxamuhu wuxuu qaataa wejigashi si aan wejiga wax uga gaarin.

ALXAN v. souder. Il soude deux tuyaux : wuxuu alxamayaa labo tuubbo.

AMA conj. ou. Que tu viennes ou que tu ne viennes pas, cela m'est égal : imow ama ha iman, taasi aniga waa isugukaymid.

AMAAH n. f. (-da) emprunt, crédit.

AMAAHI v. emprunter, faire crédit. Emprunter de l'argent à un ami : amaahi (daymi) lacag saaxiib. La lune emprunte sa lumière au soleil : dayuxu wuxuu iftiinka ka amaahdaa qorraxda,

AMAAHIYE n. m. (-ha) prêteur, créancier.

AMAAHO v. faire un emprunt, un crédit.

AMAKAAG n. m. (-ga) surprise, étonnement. Il est resté muet de surprise : amkaag (yaab) baa ka soo haray.

AMAR n. m. (-ka) autorisation, ordre. Il m'a donné l'ordre de partir : wuxuu amar igu siiyay inaan baxo.

AMAR v. ordonner, commander. Je lui ai commandé de partir : waxaan ku amray inuu tago (baxo).

AMARBIXIN n. f. (-ta) ordonnance. Une ordonnance ministérielle : warqad amarbixin ah oo wasaaradeed oo ka kooban awaamiir la rabo in la meel mariyo.

AMARDIIDDO n. f. (-da) désobéissance. Sa désobéissance a été punie : amardiiddadiisii baa loo ciqaabay.

AMARKUTAAGLE n. m. (-ha) despote. Néron fut un cruel des-

pote : Neeroon (boqor roomaan ah oo 54-68 Ciise ka dib talinayay) wuxuu sameeyay amarkutaaglayn cadownimo ah.

AMARKUTAAGLEE v. gouverner despotiquement.

AMBA pron. 1. ani : moi. 2. conj. : ama.

AMBABBAX v. se préparer à partir. Il se prépare à partir pour la Mecque : wuxuu u ambabbaxayaa (inuu aado isu diyaarinayaa) Maka.

AMBABBAXSAN v. être prêt à partir.

AMBABBIXI v. 1. préparer qn à partir. 2. accompagner qn qui part.

AMBALAAS n. m. (-ka) ambulance. Une ambulance est une voiture pour le transport des malades : ambalaasku waa gaari loogu talagalay qaadidda dad bukaan ah.

AMBAQAAD v. 1. continuer à, poursuivre. Continuer à fumer : ambaqaad (sii wad) sigaar cabidda. 2. bilaabid : initier.

AMBI v. perdre qch, fourvoyer qn. Guide qui a fourvoyé des touristes : hage ambiyay (lumiyay) dalxiisayaashii.

AMMAAN n. m. (-ka) 1. paix, tranquillité. 2. sécurité (d'une arme).

AMMAAN n. f. (-ta) éloge, louange. Elle a fait l'éloge de son mari : waxay ammaan u jeedisay (faanisay) ninkeeda.

AMMAAN v. faire l'éloge de qn ou qch.

AMMAANA ALLAAH exclam. adieu. On dit adieu à quelqu'un qu'on quitte pour longtemps : waxaa ammaana allaah lagu yiraahdaa qof aad muddo dheer kala maqnaanaysaan.

AMMAANAYSO v. emprunter qch. Djama m'a emprunté dix shillings : Jaamac wuxuu iga ammaanaystay (amaahday) toban shilin.

AMMAANEE v. mettre qn en sécurité, protéger qn ou qch.

AMMAANGELI v. protéger, défendre qn. Protéger les faibles : ammangeli (dhowr) kuwa tabarta daran.

AMMAANO n. f. (-da) 1. confiance. J'ai confiance en lui : waa aan ku ammaano (aammin) qabaa. 2. crédit.

AMMAANSO v. s'en remettre à.

AMMIIR / AMIIR n. m. (-ka) émir. L'émir du Koweït : ammiirka dalka Kuweyt.

AMMIIRNIMO n. f. (-da) émirat, l'état d'être un émir.

AMMIN n. m. (-ka) moment. Cette opération ne dure qu'un moment : qorshahaani (shaqadaani) waxay uun soconaysaa ammin (muddo yar).

AMMINKA n. f. (-da) maintenant. Ils viennent ici maintenant : amminkadaan (hadda) bay halkaan imanayaan.

AMMUUR n. f. (-ta) 1. problème, affaire. 2. rite : xus diimeed.

ANDACO n. f. (-da) demande, réclamation. Il réclame qu'il n'a pas commis ce crime : wuxuu ku andacoonayaa (doodayaa) inuusan danbigaan gelin.

ANDACOO v. demander, prétendre. Je prétends que c'est faux : waxaan ku andacoonayaa inaan waxba ka jirin.

ANDAQAAD v. confirmer. Confirmer une nouvelle : andaqaad (hubanti ka dhig) khabaar markii hore la isku hayey.

ANFARIIR v. émouvoir. Emouvoir les spectateurs : ka anfariiri (laabkici) daawadayaashii.

ANI pron. moi, je.

ANSIXI v. légaliser, régulariser. Régulariser une situation : ansixi (sharciga waafaji) xaalad.

ANTARADHAAF v. exagérer, dépasser la limite. Exagérer un récit : antaradhaafi (ka badbadi) sheeko baraleey.

ANTARO n. f. (-da) limite. Toute puissance a des limites : awood kasta antaro (xad) bay leedahay.

AQ n. f. (-da) manque total de nourriture et de boisson : baad (cunto) iyo biyo la'aan.

AQAL n. m. (-ka) maison, habitation. Dalmar a changé d'habitation : Dalmar wuxuu bedelay aqalkii (gurigii).

AQALGAL v. se marier, épouser. Elle s'est mariée avec un homme riche : waxay la aqalgahay (guur-satay) nin taajir ah.

AQALGAL n. m. (-ka) mariage. Assister à un mariage : ka qaybgal aqalgal (aroos).

AQBAL v. accepter. Accepter une donation : aqbal (yeel) wax lagu siiyay.

AQI v. affamer, faire mourir qn par manque de nourriture : qof cunto la'aan ku dil (afka wax ha u saarin).

AQOON n. f. (-ta) connaissance, sagesse.

AQOONBAARIS n. f. (-ta) recherche scientifique ou culturelle.

AQOONDARNAAN n. f. (-ta) ignorance.

AQOON-ISWEYDAARSI n. m. (-ga) symposium, séminaire.

AQOON-LA'AAN n. f. (-ta) ignorance.

AQOONNI n. m. (-ga) personne que l'on connaît.

AQOONYAHAN n. m. (-ka) professionnel, celui qui exerce une profession.

ARDAY n. m. (-ga) étudiant, écolier, élève.

ARDAYAD n. f. (-da) étudiante, écolière.

AREEBO n. f. (-da) femme négligente. Ardo est une élève négligente : Ardo waa ardayad areebo ah (aan isxilqaamin).

ARGAGGIXI v. effrayer, terroriser qn. Ce bruit a effrayé tout le monde : shanqartaani waxay ka argaggixisay qof kasta.

ARGAGGIXISANIMO n. f. (-da) terrorisme.

ARGAGGIXISO n. f. (-da) terroriste.

ARI n. m. (-ga) ensemble des chèvres et des moutons.

ARICAD n. m. (-ka) ensemble des chèvres.

ARIJIR n. m. / f. (-ka,-ta) berger, gardien des moutons et des chèvres.

ARJI n. m. (-ga) demande écrite.

ARJIQORE n. m. (-ha) écrivain public.

ARJUN v. lapider, attaquer à coup de pierres : tuuryee.

ARKID n. f. (-da) vue. Les yeux sont les organes de la vue : indhuhu waa xubnaha arkidda (aragga).

ARLO n. f. (-da) 1. territroire. 2. monde. Cet écrivain est connu dans le monde entier : qoraagaan arliga (adduunka) oo dhan baa laga yaaqaannaa.

AROOR n. f. (-ta) aurore, aube. Se lever dès l'aurore : hurda ka toosid isla aroortaba.

AROORI v. mener à l'abreuvoir : ceel gee.

AROORNIMO n. f. (-da) période de l'aube.

AROOS n. m. (-ka) mariage.

AROOS v. se marier.

AROOSAD n. f. (-da) mariée.

ARRAD n. m. (-ka) qof dhar xumo ama dhar la'aani hayso : des vêtements usés, en lambeaux.

ARRATIR n. m. (-ka) vêtement, habit. Range tes habits : arrtirkaaga (dharkaaga) isku hagaaji.

ARRIN n. m. / f. (-ka) problème, affaire, argument.

ARXAN n. m. (-ka) pitié. Djama a eu pitié de ce chien : Jaamac arxan (naxariis) buu u galay eeygaan.

ASAAG n. m. (-ga) laba qof oo isku da'ah : du même âge (personne).

ASAAS n. m. (-ka) base, fondation.

ASAASI n. m. (-ga) fondamental.

ASAL n. m. (-ka) 1. origine. 2. original. 3. originel.

ASARAAR v. contester qn, contredire. Je conteste sa sincérité : waan asaraarayaa (shaki gelinayaa, mucaaradayaa) daacanimadiisa.

ASAY n. f. (-da) vêtement blanc de deuil pour la veuve.

ASHTAKEE v. dénoncer, accuser qn.

ASHTAKO n. f. (-da) dénonciation, accusation.

ASIIB v. frapper juste, à l'endroit voulu.

ASKARI n. m. (-ga) soldat.

ASLI n. m. (-ga) pur. Vin pur : khamro (nooca canabka laga miiro) oo asli ah.

ASLUUB n. f. (-ta) comportement. Shire a eu un comportement bizarre : Shire asluub xumo buu ku kacay.

ASMEE v. maudire (rel.).

ASMO n. f. (-da) maudit.

ASTAAMEE v. marquer. Le professeur marque les fautes à l'encre rouge : macallinku wuxuu khaladaadka ku astaameeyaa (calaamadiyaa) khad gaduudan.

ASTAAN n. f. (-ta) marque, trace. Il y a des traces de pas sur la neige : astaamo raad baa barafka ku kor yaal.

ASTUR v. cacher qn ou qch, couvrir. Dalmar a caché mon stylo : Dalmar wuxuu asturay (qariyay) qalinkaygii.

AWAL n. m (-ka) première, déjà, précédemment.

AWD v. couvrir. Couvrir son visage de ses mains : ku awd (ku qari) wejiga gacmahaaga.

AWOOD n. f. (-da) force, capacité, pouvoir. Ce problème est au-dessus de mes forces : Mashaakilkaani waa ka sareeyaa awooddayda.

AWOOD v. avoir la capacité, la force pour faire qch.

AWOOWE n. m. (-ha) grand-père. Djama est allé chez son grand-père : Jaamac wuxuu aaday guriga awoowgiis.

AWR n. m. (-ka) chameau. Il est sobre comme un chameau : sida awrka geela (ama geelaba) ayuu biyaha in badan ka qadikaraa.

AXAD n. m. (-ka) un individu, une personne : qof.

AXAD n. f. (-da) dimanche. Dimanche nous sommes allés nous promener : axaddii socsocod (majabaxsi) baan aadnay.

AXAL n. f. (-sha) glaire intestinale.

AXDI n. m. (-ga) promesse solennelle.

AXMAQ n. m. (-a) sot. Ce garçon est sot : wiilkaani waa axmaq (doqon).

AXMAQNIMO n. f. (-da) sottise. Je me rends compte de sa sottise : waa u warhayaa axmaqnimadiisa.

AXSAAN n. m. (-ka) faveur, plaisir.

AYAAN n. f. (-ta) jour. Je prends ce médicament deux fois par jour : dawadaan ayaantiiba (maalintiiba) laba jeer baan qaataa.

AYAANDARO n. f. (-da) malchance.

AYAANWANAAG n. m. (-ga) chance. Mako a de la chance : Mako ayaanwanaag (nasiib) bay leedahay.

AYAX n. m. (-a) sauterelle.

AYEEYO n. f. (-da) grand-mère.

AYID v. approuver. Approuver un mariage : ayid (taageer) aroos.

AYNNU pron. nous

AYO interr. qui ? quel ? Quel livre lis-tu ? : buug ayo ah (nooc ma ah) baad akhriyaysaa. ? Qui cherchez-vous ? : ayaad (kumaad) raadinaysaa ?

B

BA' n. m. (-a) malheur, disgrâce. Tomber en disgrâce : ba'(hoog) ha ku helo.

BA' n. f. (-da) nom de la lettre « b ».

BAAB n. m. (-ka) 1, chapitre. Ce livre contient quinze chapitres : buuggaani shan iyo toban baab (qaybood) buu ka koobanyahay. 2. argument.

BAABASIIR n. m. (-ka) hémorroïde.

BAABBA' n. m. (-a) destruction, ruine. Maison qui tombe en ruine : guri uu baaba'ku dhacay.

BAABBACEE v. piaffer (en parlant du cheval, du chameau) : labada addin ee hore oo dhulka lala dhaco, marka laga hadlayo faras ama awr geel.

BAABACO n. f. (-da) paume de la main. Djama m'a montré la paume de sa main : Jaamac wuxuu itusay baabacada (calaacasha) gacantiisa.

BAABBAH n. f. (-da) rien, néant. Ils se sont fâchés pour un rien : wax baabbah ah (aan waxba ahayn) bay ka xanaaqeen.

BAABBI'I v. annuler qch, éliminer qn. Annuler un acte : baabi'i fal (dhacdo).

BAABUUR n. m. (-ka) véhicule, camion, voiture.

BAACSO v. poursuivre. Le chien poursuit le gibier : eeygu wuxuu baacsanayaa (daba ordayaa) ugaarta.

BAAD n. m. (-ka) pâturage. Nugaal est une région de pâturages : Nugaali waa dhul baad (xoolo daaqsimo) leh.

BAADDIL n. m. (-ka) illégalité. Commettre une illégalité : samee dhacdo baaddil ah.

BAADDIYE n. m. (-ha) campagne.

BAADI n. f. (-da) égaré. Des touristes égarés : dalxiisayaal baadi (habow) ah.

BAADIDDOON v. chercher.

BAAF n. m. (-ka) baquet. L'eau tombe dans un baquet : biyuhu waxay ku dhacayaan baaf (saxan fidsan).

BAAFI v. demander des nouvelles de qn ou de qch.

BAAHI v. diffuser, propager. Diffuser, propager une nouvelle : baahi (faafi) khabaar.

BAAHITIR v. satisfaire, rassasier.

BAAJI v. renvoyer, différer.

BAAL n. m. (-ka) 1. cil. 2. aile. Cet oiseau est blessé à une aile : shimbirtaani baal bay ka dhaawacantay.

BAALALLEY n. f. (-da) libellule.

BAALASH n. m. (-ka) bien ciré.

BAALASH v, cirer. Cirer un meuble, des chaussures : baalash (luujitee) qalab guri, kabo.

BAALDI n. m. (-ga) seau. Il transporte de l'eau dans un seau : wuxuu biyaha ku sidaa baaldi.

BAALI n. f. (-da) femme négligente.

BAALUQ n. m. (-a) adulte, pubère. Jeune fille pubère : gabar baaluq (qaangaar) ah.

BAALUQNIMO n. f. (-da) puberté.

BAAN n. f. (-ta) convalescence. Le médecin lui a donné quinze jours de convalescence : takhtarkii wuxuu siiyay shan iyo toban maalmood oo baan ah (uu isku soo baanto)..

BAANDHEE v. turub isku qasid : mélanger en parlant des cartes.

BAAQ n. m. (-a) signal.

BAAQ v. signaler.

BAAQI n. m. (-ga) reste.

BAAQULI n. m. (-ga) bol, tasse.

BAAR n. m. (-ka) 1. partie la plus élevée de qch. 2. sommet, cime. 3. bar.

BAAR v. rechercher, chercher. Rechercher la cause d'un phénomène : baar (raadi) sababta ifafaalo cilmiyeed ama dabeecadeed.

BAARAANDEG v. examiner. Examiner une affaire : ka baaraandeg (aad ugu fiirso) arrin.

BAARE n. m. (-ha) chercheur ; détecteur.

BAARID n. m. (. ka) frais, froid. Vent frais : dabayl baarid (qabow) ah.

BAARO v. chercher qch par soi-même : iskaaga u raadso walax.

BAARQAB n. m. (-ka) étalon de chameau.

BAARRI n. m. (-ga) personne gentille, personne obéissante.

BAARUUD n. f. (-da) poudre pour les armes à feu.

BAAS n. m. (-ka) calamité. La famine, la guerre sont des calamités : gaajada, dagaalka (colaadda) waa baas (belaayo, musiibo).

BAASABOOR n. m. (-ka) passeport.

BAASHAAL n. m. (-ka) waqti lumis : passe-temps.

BAASHAAL v. passer le temps à jouer. Il passe son temps en jouant au domino : wuxuu ku baashaalaa (waqtiga isku dhaafiyaa) ciyaarta dumnadda.

BAASHI n. m. (-ga) roi pour le jeu de cartes.

BAASKIIL n. m. (-ka) bicyclette.

BAASTO n. f. (-da) pâtes. Nous avons mangé des pâtes : baasto ayaannu cunnay.

BAATI n. m. (-ga) tissu. Pour les rideaux, il faudrait un tissu uni : daahyadu waa in ay noqdaan hal baati (good, maro yar) oo isku taal.

BAAXAD n. f. (-da) consistance, épaisseur.

BAAYAC v. négocier, marchander qch. Négocier une valeur : baayac (gorgori) qiime.

BABAC n. m. (-a) côté transversal de qch. Ligne transversale : xarriiq babac ah (dadab ah, sii jeedda).

BABAC v. mettre qch en travers.

BABACDHIG v. s'opposer, affronter. Affronter l'ennemi : u babacdhig (iska celi) cadowga.

BABBAY n. m. (-ga) papaye.

BABBI v. aérer, éventer. Aérer une pièce : babbi (haawi, daaqadaha u fur) qol.

BABBIS n. m. (-ka) éventail.

BAC n. f. (-da) 1. claquement. 2. sac en plastique.

BACAAD n. m. (-ka) terrain sableux, sable.

BACAADCELIN n. f. (-ta) clayonnage de dune.

BACAD n. m. (-ka) dune.

BACADLE n. m. (-ha) étalage.

BACDI adv. après. Après dîner : cashada ka bacdi.

BACRAN (-aan, naa) crevassé, fissuré (un mur). Le froid crevasse les mains : qabowgu wuxuu bacraa (dildillaacshaa) gacmaha.

BACRIMIYE n. m. (-ha) fertilisant.

BACRIN n. f. (-ta) fertilité. La fertilité de la terre est améliorée par les engrais : bacriminta dhulka waxaa sii wanaajiya maaddooyinka kimikada ah ee loo isticmaalo.

BACSII v. gifler, donner une claque : dharbaaxyee.

BAD n. f. (-da) mer.

BADAN adv. nombreux, beaucoup. Dire beaucoup de choses : sheeg (dheh) waxyaalo badan.

BADBAADI v. sauver qn ou qch. Sauver un malade : badbaadi qof jirran.

BADBAADO n. f. (-da) salut, fait de se sauver ou d'être sauvé.

BADBADI v. exagérer. Tu exagères l'importance de cette affaire : waad ka badbadinaysaa muhimadda arrintaan.

BADBAX n. m. (-a) ka baxsasho : échapper, sauver, éviter.

BAD-DHAC n. m. (-a) personne qui vit des ressources de la mer.

BADEECAD n. f. (-da) 1. marchandises. 2. bayb dhuun dheer leh : narguilé.

BADFUR n. m. (-ka) mousson du Nord-est.

BADHAN n. m. (-ka) bouton. Mon manteau est fermé par quatre boutons dorés : mandaleelkayga (kaboodkayga) wuxuu ku xirmaa afar badhan oo dahabi ah.

BADI n. f. (-da) généralement. Les orages éclatent généralement en été : hillaacyadu waxay badi (badanaaba) dhacaan xagaaga.

BADI v. accroître, augmenter. On va augmenter l'essence : waxaa la badinayaa (kordhinayaa) qiimaha bansiinka.

BADIIL n. m. (-ka) pelle. Ramasser du bois mort avec une pelle : ku ururi xaabo (qoryo) qallalan badiil.

BADMAAX n. m. (-a) matelot, marin. Khaliif est marin : Khaliif waa badmaax (badmareen).

BADMAR n. m. (-ka) navigateur. Christophe Colombo fut un grand navigateur : Kiristoof Kolombo wuxuu ahaa badmar (badmareen) weyn.

BADOW n. m. (-ga) rustre. Avoir l'air d'un rustre : u ekow qof badow ah.

BADUUG v. broyer. Broyer du poivre : baduug (jejebi) filfil.

BADWEYN n. f. (-ta) océan. L'océan Atlantique sépare l'Europe de l'Amérique : badweynta Atlaantiggu waxay Yurub ka goysaa Ameerika.

BADWI n. m. (-ga) rustre, mal élevé. Quel est ce rustre qui m'a bousculé ? : muxuu yahay badowgaan igu dhacay (i harbiyay) ?

BADWIYAD n. f. (-da) rustre.

BADXIR n. m. (-ka) mousson de Sud-est.

BADYARO n. f. (-da) 1. mer. 2. golfe.

BAFTO n. f. (-da) tissu blanc de coton : maro cad oo suuf ah.

BAGA exclam. bien fait !

BAGAL n. m. {-ka} sorte de salade verte.

BAH n. f. (-da) caruur isku hooyo ah : enfants de la même mère.

BAHAA'IN n. m. (-ka) 1. animaux domestiques. 2. idiot. Je le trouve idiot : wuxuu ila yahay doqon.

BAHAL n. m. (-ka) 1. bête cruelle. 2. chose.

BAHALDILE n. m. (-ha) homme courageux. C'est un homme courageux : waa nin bahaldile (geesi) ah.

BAHALHOOSAAD n. f. (-da) reptiles, insectes rampants.

BAHALNIMO n. m. (-da) 1. bestialité, animalité. 2. férocité, barbarie.

BAHALOW v. devenir sauvage, féroce.

BAHAYSO v. considérer qn comme un frère.

BAJI v. 1. épouvanter, effrayer qn. Ce bruit a effrayé tout le monde : shanqartaani waxay bajisay (baqdingelisay) qof kasta.

BAKAAL n. m. (-ka) xuub isha birteeda fuula : conjonctivité.

BAKAAR n. f. (-ta) silo souterrain.

BAKAYLE n. m. (-ha) lièvre.

BAKEERI n. m. (-ga) verre. Un verre d'eau : bakeeri biyo ah.

BAKHAAR n. m. magasin.

BAKHAARHAYE n. m. (-ha) magasinier.

BAKHAYL n. m. (-ka) avare.

BAKOORAD n. f. (-da) sorte de canne.

BAL n. m. (ka) 1. paille. 2. conj. : donc, enfin. Viens donc ! : bal imow.

BALAAMBAL v. ku habsasho dhibaato : subir, tomber en disgrâce.

BALAAQO n. f. (-da) aftahannimo : éloquence.

BALAG n. m. (-ga) shay aad u sidato inuu wax kaa xijaabo : amulette.

BALAMBAALLIS n. m. (-ta) papillon.

BALAMBAL n. m. (-ka) type de plante médicinale.

BALAQ n. m. (-a) carne (mauvaise viande).

BALAQSAN (-naa,-nayd) être croulant.

BALBALO n. f. (-da) marquise, appentis.

BALLAAR n. m. (-ka) largeur.

BALLAARI v. 1. élargir. Elargir une route : ballaari (fidi) waddo.

BALLAC n. m. (-a) largeur.

BALLAN n. f. (-ta) 1. promesse, rendez-vous. 2. v. : fixer un rendez-vous.

BALLANBAAJI v. manquer un rendez-vous.

BALLANDHIGO v. fixer un rendez-vous.

BALLANFUR v. rompre une promesse.

BALLANGAL v. fixer un rendez-vous, faire une promesse.

BALLAQ v. ouvrir tout grand.

BALLEE v. être le premier à rendre visite à qn (un nouveau né).

BALLI n. m. (-ga) étanche.

BALOW n. f. (-da) saut. Saut en hauteur : balow (booddo) sare.

BALWAD n. f. (-da) vice, habitude.

BAMBAANO n. f. (-da) grenade.

BAMBAN n. m. (-ka) mitrailleuse : hub darandoori u dhaca.

BAMBAX v. manifester : bannaanbaxid.

BAN n. m. (-ka) 1. plaine sans arbres, clairière : dhul aan geedo lagu arag. 2. n. f. excrément : saxaro jilicsan.

BANDHIG n. m. (-ga) exposition.

BANDHIG v. exposer.

BANDIIRAD n. f. (-da) drapeau. Drapeau blanc : bandiirad (calan) cad ee astaanta u ah nabadda.

BANDOW n. m. (-ga) couvre-feu.

BANII-AADAN n. m. (-ka) être humain.

BANJOOG n. f. (-ta) animaux sauvages, gibier.

BANKI n. m. (-ga) banque.

BANNAAN n. m. (-ka) 1. lieu sans arbre ni construction. 2. dibed (-da) : extérieur.

BANNAAN v. être libre, sans occupation.

BANNEE v. déblayer, évacuer, libérer, déménager, débarrasser.

BANO n. f. (-da) froid. Froid rigoureux : bane (qabow) aan loo adkaysankarin.

BAQ n. m. (-a) peur. Trembler de peur : baq (baqdin, cabsi) la gariir.

BAQ v. s'effrayer, avoir peur.

BAQACARAR v. s'enfuir.

BAQAL n. f. (-sha) mulet.

BAQALYE n. m. (-ha) faucon. Sorte de faucon qui nidifie à la montagne : shimbir weyn oo buulasheeda ka dhista meelaha buuraha ah.

BAQBAQ n. m. (-a) chassie . Liquide visqueux qui coule des yeux : dareere wasakh ah oo qofku isha ku yeesho.

BAQDIN n. f. (-ta) peur.

BAQSHADEE v. mettre dans une enveloppe.

BAQSHIISH n. m. (-ka) gratification, pourboire, pot-de-vin. Toucher un pot-de-vin : baqshiish (laaluush) qaado.

BAQSHIISH v. donner un pourboire, donner une gratification.

BAQTI n. m. (-ga) charogne, cadavre d'une bête.

BAQTI v. mourir. Mourir de rire : qosol u baqti (u dhimo).

BAQTII v. 1. laisser mourir, faire crever. 2. éteindre (feu). Eteindre le feu, une lampe : baqtii (demi) dabka, nalka.

BAQTIYAANASIIB n. m. (-ka) loterie.

BAR n. m. (-ka) moitié. Moitié prix : bar (nus) qiime.

BAR n. f. (-ta) 1. signe, point. 2. tache sur la peau.

BAR v. 1. u qaybin laba meelood : partager en deux. 2. enseigner qch à qn. Enseigner la grammaire : bar (dhig) naxwaha.

BARAAR n. m. (-ka) neef yar oo ido ah : agneau.

BARAAR v. prospérer. Son commerce prospère : ganacsigiisu waa uu baraarayaa (barwaaqoobayaa).

BARAARE n. m. (-ha) prospérité.

BARAARUG n. m. (-ga) réveil (du sommeil), retour à la réalité.

BARAARUG v. se réveiller.

BARAF n. m. (-ka) 1. glace. 2. grêle, frêle (sans force). 3. neige.

BARAFOW v. geler. Le froid gèle l'eau des fontaines : qabowgu wuxuu barafeeyaa (fariisiyaa) biyaha butaacooyinka.

BARAFUUMEE v. parfumer à.

BARFUUN n. m. (-ka) parfum.

BARAKEE v. bénir.

BARAKO n. f. (-da) bénédiction.

BARAMBARO n. f. (-da) cafard.

BARAN v. réduire de moitié. Son verre est à moitié vide : koobkiisu waa baranyahay (nus buu joogaa).

BARAR n. m. (-ka) enflure, gonflement.

BARAR v. gonfler. Le bois gonfle à l'humidité : alwaaxu (looxu) wuxuu la bararaa (fuuraa) suyuca.

BARARSHE n. m. (-ha) éléphantiasis.

BARAS n. m. (-ka) lèpre.

BARASAAB n. m. (-ka) gouverneur.

BARASHUUD n. m. (-ka) parachute.

BARAX n. m. (-a) 1. métissage, croisement de deux races. 2. caano iyo biyo la isku daray : mélange d'eau et du lait.

BARAX v. métisser.

BARBAAR n. m. (-ka) jeune.

BARBAAR v. devenir adolescent.

BARBAARIYE n. m. (-ha) éducateur, enseignant. Un bon éducateur : barbaariye (macallin) fiican.

BARBAR n. m. (-ka) 1. côté. Suivre le côté de la route : raac (ku soco) barbarka midig ee waddada. 2. pl. : lignes parallèles.

BARBARDHAC n. m. (-a) ciyaar eber ku dhammaatay : match nul.

BARBARDHAC v. égaliser.

BARBARDHIG v. comparer.

BARE n. m. (-ha) enseignant, professeur. Professeur de piano : bare (macalin) biyaano, qalab muusikeed.

BAREEG n. m. (-ga) frein.

BAREER n. m. (-ka) intention.

BAREER v. agir avec intention.

BARFASOOR n. m. (-ka) professeur.

BARGARO v. reconnaître qn, discerner, distinguer. Reconnaître un ami d'enfance : bargaro (dib u xasuuso) saaxiib ay caruurnimadii isugu kiin damaysay.

BARI n. m. (-ga) Est. Le soleil se lève à l'Est : qorraxdu bari bay ka soo baxdaa.

BARI n. f. (-da) fesse. Ce bébé a les fesses rouges : ilmahaan barida (doollaha) baa gudguduudan.

BARI v. 1. prier, implorer. 2. prier Dieu : Alle bari.

BARIID n. m. (-ka) riz. Nous avons mangé une poule au riz : waxaannu cunnay bariid digaag leh.

BARIIDI v. dheh subax wanaagsan : dire bonjour à qn surtout le matin.

BARIIQ n. m. (-a) balle de blé, de riz : qolofta sareenka, bariiska.

BARIISO n. f. (-da) de bonne heure, tôt le matin. Se coucher tôt : bariiso (goor qaboona ah) seexo.

BIRITAAR n. m. (-ka) impulsion : kaalmayn qof raba inuu meel kore fuulo.

BARJEE v. mâcher le Qat. Mâchebien ton Qat avant de l'avaler : si fiican u calali (u raamso) Qaadka intaadan liqin ka hor.

BARJO n. f. (-da) portion de Qat : xirmo Qaad ah.

n. m. (-ka) appui-tête en bois : barshin.

BARKIN n. f. (-ta) oreiller.

BARKO v. se servir de qch comme oreiller, coussin.

BARLAMMAAN n. m. (-ka) 1. parlement, assemblée. 2. siège du parlement.

BARO v. apprendre, étudier qch. Apprendre un métier, les mathématiques : baro xirfad, xisaabaad.

BAROORDIIQ v. présenter des condoléances.

BAROORO v. se plaindre.

BARQO n. m. (-da) le matin, la période autour de dix heures.

BARRAAQSO v. s'affaisser.

BARTAME n. m. (-ha) centre, ligne médiane.

BARTILMAAMEED n. m. (-ka) 1. signe distinctif, point de référence. 2. objectif, cible.

BARTIYAQAAN n. m. (-ka) égoïste.

BARUUR n. f. (-ta) graisse, gras. Ce morceau de viande est bordé de graisse : cadkaan (gabalkaan) hilibka ah wuxuu hareeraha ku leeyahay baruur.

BARWAAQASOORAN n. m. (-ka) common-wealth.

BARWAAQAYSO v. prospérer. Le blé prospère sur cette terre : qamadigu waa ku barwaaqoobaa (si fiican buu uga baxaa) dhulkaan.

BARWAAQO n. f. (-da) abondance, prospérité. Vivre dans l'abondance : barwaaqo ku noolaansho.

BARYADDOON n. m. (-ka) mendiant. Secourir un médiant : u gargaar (u gurmo) qof baryaddoon ah.

BARYOOTAN n. m. (-ka) implorer. Implorer le pardon : baryootan (bari, codso) cafis.

BAS n. m. (-ka) 1. extinction. L'extinction d'un incendie : bas (wax ka haray) dab demay. 2. autobus.

BASAAS n. m. (-ka) espion.

BASAAS v. épier. Je n'aime pas qu'on épie ce que je fais : ma jecli in la basaaso (hoos loo eego) waxaan samaynayo.

BASAL n. f. (-sha) oignon.

BASAR n. m. (-ka) manière, caractère.

BASAR v. 1. arranger. 2. régler.

BASARI n. f. (-da) femme négligée.

BASARI v. embobiner, persuader.

BASBAAS n. m. (-ka) piment. On met du piment dans les plats pour leur donner un goût piquant : basbaaska waxaa lagu daraa waxa la cunayo si uu u siiyo dhadhan ku gubaya.

BASHAASH n. m. (-ka) qof furfuran : homme jovial.

BASHAASHAD n. f. (-da) femme joviale.

BASHAASHNIMO n. f. (-da) jovialité.

BASHBASH n. m. (-ka) abondance. Vivre dans l'abondance : bashbash (barwaaqo) ku noolow.

BASHIIC n. m. (-a) ouverture, fente. L'eau s'écoule par une fente du récipient : biyuhu waxay ka baxayaan bashiica (furriinka, dillaaca) weelka.

BASHUUQSO v. mâchouiller, mâchonner. Les tortues mâchonnent leurs aliments : diinanku waxay bashuuqsadaan (calashadaan) quudkooda.

BASLEE v. chercher qch d'une manière non-systématique. Chercher quelqu'un dans une foule : baslee (ka raadi) qof xayn dad ah dhexdood.

BASTOOLAD n. f. (-da) pistolet.

BATAATO n. f. (-da) pomme de terre.

BATAAX n. m. (-a) sable fin.

BATAR n. m. (-ka) type de danse.

BATIIKH n. m. (-a) type de melon.

BATRAAN n. m. (-ka) autoritaire, exigeant. Ce professeur est très exigeant : macallinkaani aad buu batraan u yahay (ugu adagyahay sharciga).

BATRAANIMO n. f. (-da) impertinence. Rien n'égale son impertinence : wax la mid ahi ma jiraan batraanimadiisa.

BATROOL n. m. (-ka) pétrole.

BAX v. aller, sortir, partir.

BAXNAANI v. 1. prouver qch. 2. surveiller qn (un malade).

BAXSO v. 1. s'enfuir, se sauver. S'échapper de prison : ka baxso xabsi. 2. fuir, s'échapper. L'hiver a fui : xilligii jiilaalku waa baxsaday (dhakhso buu nagu dhaafay).

BAYAAN n. m. (-ka) 1. clarté, éclat. Eclat du soleil : bayaanka (iftiinka) qorraxda. 2. clair. Salle claire : qol weyn oo bayaan ah (iftiin leh).

BAYAANI v. éclaircir, définir qch. Définir un plan : bayaani (sug) qorshe. Eclaircir une question : bayaani (mugdiga ka saar) su'aal la isku hayo.

BAYB n. m. (-ka) pipe.

BAYLI v. bouillir. Deeqa fait bouillir des légumes : Deeqa khudrad bay baylinaysaa (karkarinaysaa).

BAYR v. 1. tourner. Tourner la tête : bayri (leexi) madaxa. 2. bifurquer. La route bifurque : waddadu waa kala bayraysaa (labo ayay u qaybsamaysaa).

BAYRI v. faire tourner qn ou qch.

BED n. m. (-ka) surface. La surface de la terre : bedka (oogada) dhulka.

BEDDEL v. 1. échanger. 2. transférer, déplacer.

BEDEN n. m. (-ka) doon yar oo kalluumaysi : petit bateau de pêche.

BEDERTAN n. m. (-ka) 1. compétition, épreuve. 2. concurrence. Entrer en concurrence avec quelqu'un : bedertan la gal (la loollan) qof.

BEDERTAN v. 1. rivaliser. Rivaliser d'efforts avec quelqu'un : ula bedertan (baratan, loollan) qof si hagarbax leh. 2. faire de la concurrence.

BEDQAB v. badbaado qabid : se sauver.

BEEG v, 1. mesurer les grains. Mesurer du blé : qamadi beeg (cabbir). 2. adresser à, diriger vers. Adresser une lettre à quelqu'un : qof waraaq ku beeg (ku hagaaji).

BEEGMO n. f. (-da) mesure : cabbirka. Prendre les mesures d'un vêtement : qaad cabbirka dhar.

BEEGSO v. estimer, considérer : tixgelin. J'estime beaucoup Monsieur Djama : Mudane Jaamac aad baan u tixgeliyaa.

BEEL n. f. (-sha) communauté.

BEEL v. perdre. Perdre son père : aabbe beel (waa').

BEELAYSO v. soumettre qn, qch. Soumettre des rebelles : beelayso (xukunkaaga hooskeen) fallaaggooyin.

BEELDAAJE n. m. (-ha) 1. chef de village, chef d'une communauté. 2. titre donné au chef de quelques clans.

BEENBEENI v. raconter des histoires.

BEEN n. f. (-ta) mensonge.

BEENAALE n. m. menteur.

BEENEE v. démentir. Démentir une nouvelle : beenee khabaar soo yeeray.

BEENLEY n. f. (-da) menteuse.

BEER n. m. (-ka) foie. Elle a mal au foie : beerka baa laga hayaa.

BEER n. f. (-ta) jardin. Il y a un jardin devant la maison : beer (jardiino) baa ku hortaal guriga.

BEER v. 1. semer, planter. On sème des graines : iniinyo baan beeraynaa. 2. susciter. Susciter une querelle : beer (abuur) xanaaq.

BEERALEY n. f. (-da) paysan. Goonni a passé ses vacances chez des paysans : Goonni wuxuu fasixiisii ku qaatay guri ay beeraley leeyihiin.

BEER-AQOON n. f. (-ta) agronomie.

BEERFALID n. f. (-da) culture de la terre.

BEERJILEEC n. m. (-a) pitoyable, piteux.

BEERKUTAAL n. f. (-sha) 1. vésicule biliaire. 2. rancune.

BEERLAXAWSO v. chercher à convaincre qn.

BEERREY n. f. (-da) 1. type de danse. 2. de beeraley.

BEESO n. f. (-da) lacag : argent.

BEEYO n. f. (-da) encens. Geelle aime l'odeur de l'encens : Geelle waa jecelyahay urka beeyada (fooxa).

BELAAYO n. f. (-da) ennui, difficulté, disgrâce.

BELBEL n. m. (-ka) flamme. Il s'est brûlé à la flamme de son briquet : wuxuu iskugubay belbelka (ololka) sigaar-shidihiisa.

BELBELI v. attiser. Attise le feu : belbeli (huri) dabka.

BELED n. m. (-ka) ville. Préférer la ville à la campagne : ka doorbid (ka jeclow) magaalada baaddiye.

BELEE v. endommager qch. La voiture a été endommagée dans l'accident : gaarigii waxaa belaayeeyay (wax yeelay) shilkii.

BERI n. m. (-ga) 1. époque. La belle époque : berigii wacnaa. 2. jour. L'année dure trois cent soixante-cinq jours : sannadku wuxuu socdaa saddex boqol lixdan iyo shan beri (maalmood). 3. beriga : aujourd'hui. 4. beri dambe : un séjour, une autre fois. 5. beri walba : toujours, toutes les fois.

BERKED n. f. (-da) baraag, berkad : piscine.

BERRI n. f. (-da) demain.

BERSED n. f. (-da) salon.

BEY'AD n. f. (-da) 1. milieu. 2. ambiance. Vivre dans une ambiance agréable : ku noolaansho bey'ad ku raalligelisay.

BEYNAAD n. f. (-da) baïonnette.

BEYTALMAY n. m. (-ga) musqul : cabinet de toilette.

BIDAA'I n. m. (-ga) initial, primaire. Erreur initiale : khalad bidaa'i (bilow) ah.

BIDAAR n. m. (-ka) chauve : bidaarle.

BIDAAR n. f. (-ta) calvitie.

BIDCI n. m. (-ga) fikir diini ah oo ka soo horjeeda waxa uu mujtamac isku diin ah intooda badani aamminsanyihiin : hérétique.

BIDDAD n. f. (-da) esclave.

BIDDE n. m. (-ha) addoon : esclave.

BIDIX n. f. (-da) gauche.

BIIC n. m. (-a) commerce : beec.

BIICI v. mettre qch en vente.

BIIMEE v. mettre qch en danger.

BIIN n. m. (-ka) pin.

BIIR n. m. (-ka) bière.

BIIR n. f. (-ta) ur ku saaqaya ee biyo ceel ku raagay ama caano wax badan yiil : frelaté (eau, lait).

BIIRI v. augmenter. Augmenter son revenu : biiri (kordhi) dakhligaaga.

BIIRIQAATE n. m. (-ha) calooshi-ushaqayste : mercenaire.

BIIXI n. f. (-da) os dur et long (humérus, tibia, fémur) : laf adag.

BIJAAMO n. f. (-da) pyjama.

BIL n. f. (-sha) 1. dayax (-a) : lune. 2. parenthèse. Mettre entre parenthèses : bil (qaws, qaanso) geli.

BIL v. 1. embellir. Embellir sa maison : bil (qurxi) gurigaaga. 2.

soulever (un bébé) : kor u qaadid (cunug).

BILAABO v. initier, commencer.

BILAALE n. m. (-ha) koob aan dheg lahayn : petite tasse sans anse.

BILAASH n. m. (-ka) 1. gratuit. Enseignement gratuit : waxbarasho bilaash (lacag la'aan) ah. 2. inutile, sans aucune valeur.

BILBIL v. arroser. Arroser des fleurs : bilbil (rushee) ubaxyo.

BILCAAN n. f. (-ta) femme mariée.

BILIC n. f. (-da) beauté, charme.

BILIG n. f. (-ta) bilig dheh : scintiller. Les étoiles scintillent : xiddiguhu waa biligleynayaan (birqayaan).

BILISXAAWO n. f. (-da) femmes.

BILLAAWE n. m. (-ha) poignard.

BILLAD n. f. (-da) médaille.

BILMASAL n. m. (-ka) par exemple.

BILOW n. m. (-ga) début, commencement. Le début du jour : bilowga maalinta.

BILOW v. initier. Mon grand-père m'a initié aux échecs : awoowgay baa ii bilaabay ciyaarta shatranjiga.

BILQASAB adj. obligatoire, obligation. Service militaire obligatoire : shaqo mucaskarinimo (gurmad, militari) bilqasab ah.

BILYAARDI n. m. (-ga) billard.

BILYAN n. m. (-ka) billion, milliard.

BIR n. f. (-ta) 1. métal. 2. fer. 3. isha birteeda : pupille.

BIRDAAWO n. f. (-da) poêle.

BIRDANAB n. f. (-ta) aimant. Un aimant est un morceau d'acier qui attire le fer : birdanabtu waa gabal bireed soo jiita birta caadiga ah.

BIREE v. égorger. Egorger un mouton : biree (gowrac) wan.

BIRIIR n. f. (-ta) bariir : grimace. Le clown fait des grimaces : shaacirooluhu wuxuu sameeyaa bariir (wejiguu biriir ka kiciyaa).

BIRIQ n. f. (-da) foudre, éclair. La foudre a frappé le clocher : biriqdii waxay garaacday dawanka.

BIRIQ v. scintiller, resplendir. Les vitres resplendissent au soleil : muraayado daaqadeedku waxay la birqayaan qorraxda.

BIRIRIF n. f. (-ta) intervalle, pause, mi-temps. Voyageur, lecteur qui fait une pause : musaafir, akhriste samaynaya biririf (nasiino gaaban).

BIRJEEB n. f. (-ta) bir adag oo af ay wax ku jarto oo manqas oo kale ah leh : burin.

BIRLAB n. f. (-ta) acier.

BIRLAXOOXEED n. f. (-da) poêle (casserole à long manche pour frire). Tenir la queue de la poêle (fam.) : dabada hayso birlaxooxeed (af suuqi) macnihiisu yahay : xil ama darajo qabo.

BIRMAD n. m. (-ka) birmadka booliska : intervention de la police.

BIRMIIL n. m. (-ka) baril, barrique. Baril de poudre : birmiil baaruud ah.

BIRMO v. secourir, venir en aide. On a secouru les blessés : waa loo birmaday (gurmaday) dhaawacyadii.

BIRQABAD n. m. (-ka) pince. Pince de chirurgien, de forgeron : birqabad uu takhtar qalliin ama birtume (tumaal) isticmaalo.

BIRRI n. m. (-ga) terre par rapport à la mer. Bad iyo birri : mer et terre.

BIRSHUB n. f. (-ta) fonderie : habka biraha loo dhalaaliyo si qaabkii la rabo looga dhigo.

BISAD n. f. (-da) chat. Il n'y a pas un chat (fam.) : bisadina ma joogto (af suuqi) macnihiisu yahay : waa cidla ciirisila.

BISAYL n. m. (-ka) maturité. Raisin parvenu à maturité : canab bisayl gaaray. Homme parvenu à maturité : nin bisayl gaaray (caqligiisu taam noqday).

BISHAARO n. f. (-da) bonne annonce.

BISIN n. m. (-ka) verset initial de la sourate du Coran : aayad ay suurad walba oo Quraan ahi ka bilaabato.

BISKOOD v. guérir. Guérir un enfant de sa timidité : biskoodi (ka daawee) ilmo uu xishood hayo.

BISKOODSII v. guérir qn. Ce médicament a guéri mon frère de sa grippe : dawadaani waxay walaalkay ka biskoodsiisay (ka caafiday) hargabkiisii.

BISLEE v. cuisiner. Cuisiner un ragoût : bislee (kari) hilib khudaar lagu daray.

BISMILLAAHI interj. au nom de Dieu !

BISMILLEE v. goûter. Goûter une sauce : bismillee (dhadhami) maraq.

BISQAN n. f. (-ta) poil de pubis.

BISQANLEY n. f. (-da) aine : jirka banii'aadanka inta u dhaxaysa xuddunta iyo bowdada korkeeda.

BIXI v. 1. faire sortir. Faire sortir un prisonnier de sa cellule : ka soo bixi maxbuus qolkiisii. 2. extraire. Extraire l'or de la terre : ka soo bixi dahab dhulka. 3. sauver qn. Sauver quelqu'un du naufrage : bixi (ka badbaadi) qof burbur. 4. payer. Payer ses impôts : bixi (dhiib) canshuur. 5. magac u bixin : donner un nom. 6. dhiibid, siin : offrir. 7. isku bixi : continuer. 8. interrompre. Interrompre un courant électrique : bixi (goo, jooji) koranto. 9. kala bixi : diviser, séparer.

BIXITIN v. partir.

BIYABEEL n. m. (-ka) rester sans eau, devenir sec, s'assécher.

BIYABBIYEE v. couper avec de l'eau.

BIYADHAC n. m. (-a) lieu d'abreuvage.

BIYAGGALEEN n. m. (-ka) une mare.

BIYAMMADAADSHE n. m. (-ha) docile (personne ou animal).

BIYAMMAREEN n. m. (-ka) 1. canal. 2. golfe.

BIYANTOONI n. m. (-ga) huissier, planton.

BIYARAACI v. rincer. Rincer un verre : biyaraaci (nadiifi) koob.

BIYAXIR n. m. (-ka) digue.

BIYAYARO n. f. (-da) manque, pénurie d'eau.

BIYEE v. 1. liquéfier. 2. ajouter de l'eau à qch.

BIYO n. m. (-ha) eau.

BIYOOLE n. m. (-ha) vendeur d'eau.

BOCOOL n. f. (-sha) coquillage.

BOCOR n. f. (-ta) 1. courge : nooc khudradda ka mid ah. 2. femme plantureuse : naag shilis ah, cayilan.

BOG n. m. (-ga) 1. diaphragme : muruq aad u ballaaran oo kala qaybsha laabta iyo uur-ku -jirta wuxuuna hawlgalaa marka uu qofku qoslayo ama uu qufacayo. 2. poitrine. 3. page. Une page blanche : bog (bayj) cad.

BOG v. 1. finir. Finir de parler : bog (dhammee) hadlid. 2. u bog : admirer.

BOGAAD n. m. (-ka) félicitation. Recevoir des félicitations : hel bogaadinno (hambalyooyin).

BOGSII v. guérir.

BOHOL n. f. (-sha) gouffre. Tomber dans un gouffre : ku dhac bohol.

BOHOLYOW n. m. (-ga) désir ardent. Son seul désir est de partir : boholyowgiisu (waxa keliya ee uu rabaa) waa bixid.

BOLOL n. m. (-ka) carié, vermoulu : jirro ridda ilkaha, bahalna ku dhalisa qoryaha.

BOLOL v. se carier, se vermouler.

BOOB v. 1. piller. Piller les finances de l'Etat : boob maalka dawladda. 2. arracher, rafler. Arracher de l'argent : boob lacag. Les voleurs ont tout raflé : tuugadii wixii oo dhan waa boobeen.

BOOBE n. m. (-ha) mitrailleuse, arme automatique.

BOOBSII v. faire vite.

BOOC n. f. (-da) tranchée.

BOOD v. sauter. Sauter de haut en bas : kor iyo hoos u bood.

BOODDO n. f. (-da) 1. saut. Saut en hauteur : booddo sare. 2. puce. Le chien gratte ses puces : eeygu wuxuu iska xoqayaa booddo (cayayaan yaryar oo korkiisa ku nool).

BOOG n. f. (-ta) plaie, blessure ulcérée.

BOOGADHAYE n. m. (-ha) médecin traditionnel qui soigne les plaies.

BOOLI n. f. (-da) butin. Les voleurs ont caché leur butin : tuugadii waa qariyeen boolidoodii (wixii ay soo xadeen).

BOOLICUN n. f. (-ta) pillard.

BOON n. m. / f. (-ta) chasseur,-euse.

BOOQO v. visiter.

BOOR n. m. (-ka) poussière.

BOORAAN n. f. (-ta) god (-ka) : fosse, fossé.

BOOREE v. couvrir de poussière.

BOORIMEE v. griller dans un trou.

BOORRI v. ku boorri : encourager.

BOORSO n. f. (-da) sac, bourse.

BOOSTAALE n. m. (-ha) facteur, employé des postes qui distribue les lettres.

BOOSTO n. f. (-da) poste, administration publique chargée du transport des lettres.

BOOTI v. faire sauter.

BOOYAD n. f. (-da) citerne, véhicule pour le transport des liquides.

BOQNAGOO v. estropier, priver de l'usage normal d'un ou de plusieurs membres : naafee.

BOQOL n. m. (-ka) cent. Deux cents hommes : laba boqol oo nin.

BOQOLAAL n. m. (-ka) centaine.

BOQON n. f. (-ta) tendon d'Achille.

BOQOR n. m. (-ka) roi. Le roi des animaux, le lion : boqorka xayawaannada, libaaxa.

BOQOR v. couronner. Couronner un empereur (un roi) : boqor (caleemasaar) nin boqor ah.

BOQORAD n. f. (-da) reine. La reine des Pays-Bas : boqoradda waddanka Hoolaanda.

BOQORNIMO n. f. (-da) royauté, noblesse.

BOQORTOOYO n. f. (-da) monarchie.

BOQRO v. élire qn pour un roi (tribu).

BOROOTIIN n. m. (-ka) protéine.

BOROTOKOOL n. m. (-ka) protocole.

BOWDO n. f. (-da) cuisse.

BOWSO v. apprendre en autodidacte.

BU' n. f. (-da) 1. globe oculaire. 2. noyau.

BU'O v. gicler (liquide) : burqasho, daadasho.

BUD-DHIG v. enterrer, ensevelir (un mort).

BUDEE v. pulvériser, moudre.

BUDLI v. 1. assouplir. 2. pulvériser, moudre.

BUDO n. f. (-da) farine : bur.

BUGCAD n. f- (-da) clairière.

BUGTO n. f. (-da) maladie.

BUJI v. ôter le couvercle (de).

BUKAAN n. m. (-ka) malade.

BUKAANJIIF n. m. (-ka) hospitalisé.

BUKAANQAAD n. m. (-ka) brancard pour évacuer un blessé.

BUKAANSOCOD n. m. (-ka) patient qui subit un traitement médical.

BUKAANSOCOD-EEGTO n. f. (-da) cabinet de consultation, dispensaire.

BUL n. m. (-ka) touffe de poils. Monsieur Geelle a des poils sur les jambes : Mudane Geelle wuxuu bul (daacuf, timo) ku leeyahay lugaha.

BULAAN n. m. (-ka) murmurer.

BULLO n. f. (-da) type de danse somalienne : nooc ciyaar dhaqameed soomaaliyeed.

BULSHANNIMO n. f. (-da) sociabilité.

BULSHEE v. isukeen : rassembler, réunir.

BULSHEY n. m. (-ga) sociable.

BULSHO n. f. (-da) société, communauté.

BULUKAATI n. m. (-ga) plaque.

BULUMBULYO n. f. (-da) dixiri qoryaha hoosta ka cuna : ver.

BULUUG n. m. (-ga) bleu. Un ciel sans nuages est bleu : cir aan daruuro lahayni waa buluug.

BULXAN n. m. (-ka) tapage. Faire du tapage : bulxan (sawaxan) samee.

BULXAN v. chahuter, mettre en désordre. Les élèves ont chahuté leur professeur : ardaydii waxay ku bulxameen (buuqeen) macallinkoodii.

BUN n. m. (-ka) café. Il a acheté un paquet de café : wuxuu iibsaday baakad bun ah (kafee ah).

BUNAYSO v. prendre un café. J'ai pris une tasse de café : waan bunaystay (koob kafee ah baan cabbay).

BUNDAQIIJIYE n. m. (-ha) moulin à café.

BUNJI n. f. (-da) xarig xaskul ka samaysan : sisal, fibre d'agave.

BUR n. m. (-ka) massue, bâton. La massue d'Hercule : burka (qaarta) nin turuqyo weyn.

BUR n. m. (-ka) farine.

BURAANBUR n-m- (-ka) poésie féminine.

BURAASH n. m. (-ka) brosse. Les brosses à dents, à cheveux, à habits : buraashyo ilko, timo, dhar.

BURAASH v. brosser. Brosser un vêtement : buraash (buraash mari) dhar.

BURAASHAD n. f. (-da) gourde que l'on porte en excursion, en voyage etc.

BURBUR n. m. (-ka) débris, morceau d'une chose brisée, détruite en partie.

BURBUR v. se briser, se casser. La porcelaine se brise facilement : bacooshu si sahlan bay u burburtaa.

BURBURI v. 1. broyer, pulvériser, réduire en poudre. Broyer du poivre : burburi (jejebi) filfil : 2. briser, mettre en pièces : Briser une glace : burburi (jejebi) baraf.

BURCAD n. m. (-ka) subag (-ga) : 1. beurre non fondu. 2. margarine.

BURCAD n. f. (-da) bande de voleurs.

BURCADNIMO n. f. (-da) banditisme. Acte de banditisme : fal burcadnimo.

BURCIID n. m. (-ka) petite masse de terre compacte.

BURCO n. f. (-da) colline. Nous sommes montés sur la colline : waxaannu kornay burcada (buurta yar) dhakadeeda, korkeeda.

BURDE n. m. (-ha) hees diimeed lagu ammaanayo nabigeenna Maxamad : chant religieux louant Mahomet.

BUREE v. donner des coups de bâtons.

BURGAANTI n. f. (-da) purgatif. Eau purgative : biyo burkaanti ah (caloosha socodsiiya).

BURI v. chasser qn de, mettre dehors avec violence. Chasser l'ennemi de ses positions : ka buri (ka saar) meelihii uu cadowgu ku jiray.

BURI v. invalider qch, rendre nul, abroger. Abroger une loi, un décret : buri (baabi'i) sharci, go'aan dawladeed.

BURJI n. m. (-ga) buruud (-ka) : pouvoir surnaturel.

BURJIKO n. f. (-da) brasero.

BURJUWAASI n. m. (-ga) bourgeois. Les banquiers sont de grands bourgeois : bangiilayaashu waa burjuwaasiyiin waaweyn.

BURJUWAASIYAD n. f. (-da) bourgeoise.

BURO n. f. (-da) verrue.

BURQO v. déborder, dépasser les bords. La rivière a débordé : webigii waa burqaday (fatahay).

BURRIS n. m. (-ka) marteau.

BURSO v. cayrso : poursuivre.

BURUQ n. f. (-da) meel nabar ah oo soo buuran : excroissance de la peau.

BURBUR n. m. (-ka) de burbur, de burburid.

BURBUR v. entrer en transe, s'agiter sous l'effet d'une émotion réelle ou simulée.

BUS n. f. (-ta) habaas : poussière.

BUSAARAD n. f. (-da) misère, pauvreté. Ces gens vivent dans la misère : dadkaani busaarad (faqri) bay ku noolyihiin.

BUSBUS n. m. (-ka) varicelle.

BUSEEL v. ressentir le manque de qch. Ce garçon, sa mère lui manque : wiilkaani, hooyadiis buu u buseelay (tebeyaa).

BUSHI n. m. (-ga) maladie.

BUSHKULEETI n. m. (-ga) bicyclette.

BUSKUD n. m. (-ka) biscuit.

BUSTAAN n. f. (-ta) beer yar : petit champ cultivé.

BUSTE n. m. (-ha) couverture.

BUSTEEKI n. m. (-ga) bifteck.

BUTAAC v. déborder. L'eau déborde : biyuhu waa butaacayaan (hareerahay ka daadanayaan).

BUTUC n. m. (-a) gros (d'une personne). Madame Dhuuxo est une grosse femme : Marwo Dhuuxo waa haweeney butuc ah (cayilan).

BUUB n. m. (-ka) rati aan rar aqoon : chameau non encore dompté.

BUUB v. 1. courir comme un fou (chameau non dompté, enfant). 2. voler, s'envoler. L'avion s'envole : dayuuraddu waa buubaysaa (duulaysaa).

BUUBSO v. poursuivre. Le chien poursuit le gibier : eeygu wuxuu buubsanayaa (cayrsanayaa) ugaarta.

BUUD n. m. (-ka) brodequin, forte chaussure lacée, enveloppant le pied et le bas de la jambe.

BUUF n. f. (-ta) souffle. Eteindre une bougie avec son souffle : ku demi shamac buuf (afuuf).

BUUFI v. souffler, gonfler. Souffler sur le feu : buufi (afuuf) dabka si uusan u damin.

BUUFIMO n. f. (-da) soufflet, instrument qui sert à souffler. Soufflet de forge : buufimo hooso biraha lagu tumo loo isticmaalo.

BUUFIN n. m. (-ka) ballon.

BUUFLEE v. souffler. Laissez-moi souffler : iga tag aan kaa buufleeye (neefsadee).

BUUG n. m. (-ga) 1. livre. Livre bien écrit : buug si fiican u qoran. 2. cahier.

BUUL n. m. (-ka) 1. nid, construction que font les oiseaux. 2. cabane, chaumière. Cabane à lapins : buul (guri) bakayle.

BUULALLO n. f. (-da) fourmilière, habitation des fourmis : buul (god) quraanyo.

BUULO n. f. (-da) tuulo : village.

BUUNBUUNI v. raconter qch avec exagération.

BUUNDO n. f. (-da) 1. pont. 2. score, nombre de points à un test : inta dhibcood ee uu helo qof imtixaan maray.

BUUNSHE n. m. (-ha) son, partie périphérique des grains de céréale.

BUUQ n. m. (-a) vacarme, bruit tumultueux, clameur.

BUUQ v. faire du vacarme.

BUUR n. f. (-ta) montagne.

BUUR v. entasser, accumuler. Entasser des marchandises : buur (tuumi) badeecooyin.

BUURI n. m. (-ga) tabac. Tabac à priser : buuri (tubaako) sanka laga qaato.

BUURIYAHAN n. m. (-ka) fumeur, personne qui fume ou chique habituellement du tabac : qof si joogto ah u isticmaala buuriga.

BUURO v. grossir, rendre gros ou plus gros.

BUURO v. tomber sur qn, chuter. Il a voulu courir et il est tombé : wuxuu rabey inuu ordo markaasuu isbuurtay (dhacay).

BUURYAGGOYS n. f. (-ta) petit insecte de couleur noire.

BUURYAQAB n. f. (-ta) garçon qui a encore sa peau de prépuce, qu'on n'a pas encore circoncis.

BUURYO n. f. (-da) prépuce, repli de peau qui recouvre le gland de la verge.

BUUS v. échancrer : hoos u diis.

BUUX n. m. (-a) plein. Une salle pleine de monde : qol dad ka buuxo.

BUUXDHAAF n. m. (-ka) débordement. Les débordements de la Loire sont fréquents : buuxdhaafyada webiga Luwaar (ee ah kan ugu weyn dalka Faransiiska) waa mid mar walba joogto ah.

BUUXI v. remplir. Remplir une bouteille : buuxi dhalo (qaruurad).

BUXUUR n. m. (-ka) 1. savant. Savant en mathématiques : buxuur (xeeldheere) xisaabaha. 2. chef d'un groupe de singes : daanyeer xukuma koox daanyeerro ah.

C

CA' n. f. (-da) lettre « c ».

CAA'ILO n. f. (-da) parent, famille. Parent éloigné : caa'ilo (wax wadaag) fog.

CAABBI v. repousser, rejeter. Repousser l'ennemi : caabbi (dib u celi) cadowga.

CAABID. n. m. (-ka) adorateur de Dieu : qof Allihiis jecel.

CAAC v. être transi de froid : Qof qabow la caacay, dhaxan u bakhtiyay.

CAAD n. m. (-ka) 1. cirrus, nuage blanc. 2. caad igama saarna : je n'ai aucun doute.

CAADAQAATANNIMO n. f. (-da) état de celui qui est Yibir.

CAADAQAATE n. m. (-ha) 1. Yibir : membre d'une caste somalie considérée comme inférieure. 2. méprisable.

CAADAYSO v. s'habituer. S'habituer au bruit : caadayso (la qabso) shanqar.

CAADBAX v. se manifester, se faire connaître.

CAADDIF n. f. (-da) émotion, sentiment. Montrer les sentiments d'un père : tus (u muuji) aabbe caaddifad (shucuur aabbannimo).

CAADI n. m. (-ga) normal, commun, habituel.

CAADINIMO n. f. (-da) normalité.

CAADLA'AAN n. f. (-ta) 1. sérénité d'un ciel. 2. évident : hubanti ah.

CAADO n. f. (-da) 1. coutume, tradition. 2. habitude. 3. familiarité.

CAAFI v. maintenir en bonne santé.

CAAFIMAAD n. m. (-ka) santé.

CAAFIMAAD v. guérir.

CAAFIMAADDARRO n. f. (-da) manque de santé, maladie.

CAAFIMAADI v. guérir qn, rendre sain.

CAAG n. m. (-ga) plastique.

CAAG v. ka caagganow : s'sbstenir de qch. S'abstenir de vin : ka caagganow (ka reebanow) khamri cabidda.

CAAJI v. oppresser, presser fortement, serrer avec plus ou moins de force : tuuji, ceeji.

CAAJIS n. m. (-ka) paresse. Accuser quelqu'un de paresse : ku eedee qof caajisnimo.

CAAJISAD n. f. (-da) paresseuse, qui n'aime pas travailler. Une écolière paresseuse : ardayad caajisad ah.

CAAJISI v. affaiblir, rendre faible. Affaiblir l'Etat : caajisi (tabardarro ku rid) qaranka.

CAAL n. m. (-ka) maladie des chèvres et des bovins qui provoque une enflure du corps : cudur xoolaha ku dhaca.

CAALAMI n. m. (-ga) 1. universel, mondial. 2. optimum, l'état le plus favorable d'une chose.

CAALAM n. m. (-ka) univers, monde.

CAALGAB v. devenir inerte, sans mouvement, sans activité.

CAALHEL v. u caalhel : trouver une solution.

CAALIN n. m. (-ka) savant.

CAALLANNIMO n. f. (-da) stupidité.

CAALLE n. mn. (-ha) sot, stupide.

CAALLIR v. enflammer. Une plaie qui s'enflamme : boog ku caalliraysa (ku huraysa).

CAALWAA v. 1. perdre la force. 2. u caalwaa : être incapable d'affronter.

CAAM n. m. (-ka) général, commun.

CAANBAX v. soo caanbax : devenir célèbre.

CAAMO n. f. (-da) ignorant.

CAAN n. m. (-ka) fameux, célèbre.

CAANAD n. f. (-da) kumi : pièce de dix centimes.

CAANADDIID n. m. (-ka) qui refuse le lait (un enfant surtout).

CAANAGGALEEN n. m. (-ka) glande mammaire.

CAANAMMAAL n. m. (-ka) 1. traite, mulsion, action de tirer le lait des vaches, des chèvres : waqtiga xoolaha la liso. 2. journée, espace de temps qui s'écoule depuis le lever jusqu'au coucher du soleil : maalin idilkeed.

CAANANNUUG n. m. (-ga) à la mamelle.

CAANANNUUJI v. allaiter, nourrir de son lait.

CAANAQUB n. f. (-ta) hérisson, mammifère au corps couvert de piquants sur le dos.

CAANATEELLEY n. f. (-da) un/une nomade qui vend le lait.

CAANOOLEY n. f. (-da) vendeur/vendeuse du lait. Caananaley : mammifère.

CAANTEEN n. m. (-ka) vingt centimes.

CAAQ n. m. (-a) sot, stupide.

CAAQIBEE v. traiter bien qn, être utile à qn : wax ugu ool noqo.

CAAQIBO n. f. (-da) 1. bien, utilité, valeur, importance. Homme de peu de valeur : nin caaqibo (waxtar) yar. 2. issue, conséquence. Issue d'un combat caaqibo (natiijo) dagaal.

CAAQIL n. m. (-ka) 1. intelligent. 2. chef de tribu.

CAAQILNIMO n. f. (-da) intelligence.

CAAQILO n. f. (-da) conciliateur, qui tente des raccommodements entre des personnes brouillées :

qof dadka iskhilaafa masaaliix ka dhex dhaliya.

CAAQNIMO n. f. (-da) stupidité.

CAAR n. m. (-ka) pénis de chameau, verge : xubinta taranka ee awrka geela.

CAARAD n. m. (-ka) début, partie initiale de qch. Le début du jour : caaradka (inta hore) ee maalinta.

CAARAD n. f. (-da) pointe de l'aiguille : caaradda irbadda.

CAARI n. m. (-ga) marée basse, eau peu profonde.

CAARI v. se retirer, sortir de l'eau de mer.

CAARIF n. m. (-ka) savant.

CAARO n. f. (-da) 1. araignée. 2. démangeaison : kor cuncun.

CAARYAYSO v. moisir, se couvrir de moisissure. Les confitures moisissent : melmelaaddooyinku waa caaraysanayaan.

CAASHAQ n. m. (-a) amour. L'amour de la liberté : caashaqa (jacaylka) xoriyadda.

CAASHAQ v. tomber amoureux.

CADDUURO n. f. (-da) 1. petite plante très basse. 2. fruits que les enfants utilisent pour jouer.

CADEE v. morceler, diviser en morceaux, en parties. Morceler un héritage : cadee (qaybi) dhaxal.

CADGO' n. m. (-a) entorse, foulure.

CADGOOSO v. ka cadgooso : se venger de.

CADHEE v. diffamer, porter atteinte à la réputation de quelqu'un, par des paroles ou par des écrits. Diffamer injustement un adversaire : cadhee (u waxyeellee) qof mucaarad kugu ah si sharciddarro ah.

CADHO n. f. (-da) gale, affection contagieuse de la peau.

CADOW n. m. (-ga) hostile, ennemi.

CADOWNIMO n. f. (-da) hostilité, cruauté.

CAFASH n. m. (-ka) friperie, vieillerie (vêtements, meubles usés).

CAFI v. pardonner, amnistier qn. Pardonner à un écolier puni : ka cafi arday ciqaab.

CAG n. f. (-ta) pied. Cagta cad : plante du pied. Cagaha wax ka day : s'enfuir.

CAGAAG n. m. (-ga) douleur ressentie quand on marche pieds nus sur des pierres : xanuunka uu dareemo qof cagacaddaan (kaba la'aan) ku socda.

CAGAAR n. m. (-ka) 1. vert. 2. khudrad : légumes.

CAGAARI v. rendre vert.

CAGAARSHOW n. m. (-ga) jaunisse.

CAGAARYAHAN n. m. (-ka) végétarien, qui pratique le végétarisme : qof khudradda uun cuna oo hilibka ka caaggan.

CAGACADDAAN n. f. (-ta) kaba la'aan : déchaussé.

CAGAF n. f. (-ta) cagafcagaf : tracteur.

CAGAGGUBYO n. f. (-da) chaleur de terre de sable brûlant.

CAGAGO n. f. (da) maladie de la bouche qui cause des éruptions sur la langue.

CAGAJIID n. m. (-ka) nonchalant, paresseux : caajisloow.

CAGAJIID v. 1. traîner les pieds. 2. rechigner, témoigner de la mauvaise humeur.

CAGAJUGLEE v. taper les pieds par terre.

CAGASAAR n. m. (-ka) échelon, marche, sorte d'escalier mobile : jaranjaro.

CAGEE v. piétiner, toucher avec les pieds : ku joogjoogso.

CAGSI n. m. (-ga) contraire, opposé. Courir en sens contraire : u orod dhanka cagsiga u ah (ka soo horjeeda).

CAHDI n. m. (-ga) pacte, accord. Rompre un pacte, un accord : jebi cahdi, heshiis.

CAJAA'IB n. m. (-ka) 1. merveilleux. 2. surprenant.

CAJAB n. f. (-ta) 1. étonnement, stupéfaction. 2. merveille.

CAJAB v. la cajab : s'étonner, étonner.

CAJABI v. ka cajabi : étonner qn.

CAJALAD n. f. (-da) cassette.

CAJAR n. m. (-ka) cuisse (d'homme ou d'animal).

CAJIIB n. m. (-ka) étrange. Une nouvelle étrange : khabaar cajiib ah.

CAJIIN n. f. (-ta) pâte.

CAJIIN v. mélanger (les œufs à la farine) : isku rafaajin.

CAJUUS n. m. (-ka) qof waayeel ah : vieux (pej.).

CAJUUSAD n. f. (-da) vieille (pej.).

CAL n. f. (-sha) montagne, chaîne de montagnes : silsilad buuro ah.

CALAACAL n. f. (-sha) paume, creux de la main.

CALAACAL v. ka calaacal : regretter, être désolé. Regretter ses paroles : ka calaacal (ka qoomamee) warar aad tiri.

CALAAMADI v. marquer, mettre une marque à. Marquer ses pas sur la neige : ku calaamadi raadkaaga baraf korkiis.

CALAAMATU-SU'AAL n. f. (-sha) point d'interrogation, signe de ponctuation qui marque l'interrogation.

CALAAMO n. f. (-da) calaamad : marque, signe.

CALAAN n. m. (-ka) stupide, idiot. Il a l'air idiot : calaan (doqon) buu u egyahay.

CALAANJI v. mâcher, broyer avec les dents : calali.

CALAAQO n. f. (-da) relation, rapport. Il a éloigné de lui toutes ses relations : wuxuu kala fogaaday (ka goostay) calaaqadii, xiriirkii uu la lahaa oo dhan.

CALAA-XAAL adv. kulli calaa-xaal : en tout cas, quoi qu'il arrive.

CALAF n. m. (-ka) 1. nourriture, aliment. Le pain est le premier des aliments : rootigu waa waxa ugu horeeya calafka (cuntada). 2. destin, puissance surnaturelle qui fixerait le cours des événements.

CALAF n. f. (-ta) chaussures usées : kabo aad u duugoobay.

CALAL n. m. (-ka) chiffon, vieux morceau d'étoffe : maro duug ah.

CALALI v. mâcher.

CALAN n. m. (-ka) drapeau.

CALANDEJIN n. f. (-ta) salut aux couleurs.

CALANHAYE n. m. (-ha) porte-drapeau.

CALANNAQSO v. ruminer. Les bœufs ruminent leur pâture : dibidu waxay soo calannaqsadaan (soo celiyaan) daaqoodii.

CALANSAAR n. m. (-ka) le lever des couleurs.

CALAQAD n. m. (-ka) homme qui guide la danse de Mingis.

CALAQAD n. f. (-da) femme qui guide la danse de Mingis.

CALEEMASAAR v. couronner.

CALEEN n. f. (-ta) 1. feuille. 2. thé en feuille.

CALEENDHACSO v. perdre les feuilles (un arbre).

CALLAQ v. soo lulid : suspendre. Suspendez votre manteau au portemanteau : ka soo callaq (ka soo lul, suro) mandaleelkaaga, kaboodkaaga katabaanka.

CALMO v. 1. choisir, préférer. Choisir ses amis : calmo (dooro) saaxiibo. 2. désirer. Désirer le succès : calmo (raadi) guusha, najaxaadda.

CALOOL n. f. (-sha) abdomen, ventre, estomac.

CALOOL-ADAG adj. 1. être courageux, qui a du courage. 2. être impitoyable, sans merci.

CALOOLAWEYN n. f. (-ta) riche, gens aisés, qui vivent dans l'aisance : dadka ladan.

CALOOLBAX n. m. (-a) diarrhée : shuban.

CALOOLGAL v. concevoir, devenir enceinte : uur yeelasho.

CALOOLGO' v. ka caloolgo' : perdre l'estime de qn.

CALOOLGUBYOO v. se mettre en colère : xanaaqid.

CALOOLJILEEC n. m. (-a) 1. pitié. 2. sensibilité. Personne d'une grande sensibilité : qof aad u calooljileec weyn (aad u nugul).

CALOOLQABASHO n. f. (-da) mal de ventre : caloolxanuun.

CALOOLWEYNAD n. m. (-ka) marasme.

CALOOLXANUUN n. m. (-ka) mal de ventre.

CALOOLXUMOW v. ka caloolxumow : être peiné par qch.

CALOOLYOW v. 1. être triste. 2. être indécis. Homme indécis : nin caloolyow badan (go'aan qaadasho xun).

CALOOSHI-LACAYAAR n. m. (-ka) opportuniste.

CALOOSHI-USHAQAYSTE n. m. (-ha) mercenaire, soldat qui sert un gouvernement étranger pour de l'argent : askari dawlad ajnabi ah lacag ugu shaqeeya.

CALOW n. m. (-ga) trouble (eau) : biyo qasan.

CALYEE v. cracher sur : candhuufayn.

CALYO n. f. (-da) salive.

CAMAARYALEY n. f. (-da) gros python.

CAMAJUUJI v. chiffonner, tordre : biyo ka maroojin dhar qoyan.

CAMAL n. m. (-ka) 1. travail, activité, métier. 2. caractère. Il a un mauvais caractère : waa camal (dabeecad) xunyahay.

CAMALFAL n. m. (-ka) ku camalfal : pratiquer. Pratiquer sa religion : ku camalfal diintaada.

CAMALLEY n. f. (-da) camallow n. m. : 1. femme, homme furieux. 2. susceptible. Maryan est trop susceptible : Maryan aad bay camalley u tahay (u xanaaq dhowdahay).

CAMAR n. m. (-ka) mite.

CAMBAAR n. f. (-ta) maladie de la peau.

CAMBAAREE v. condamner, accuser.

CAMBAR n. m. (-ka) ambre.

CAMBARSHE n. m. (-ha) sorte d'ambre.

CAMBARUUD n. m. (-ka) poire.

CAMBE n. m. (-ha) mangue, manguier.

CAMBUS v. froisser. Froisser du drap : cambus (isku jejebi) go'sariireed.

CAMBUULO n. f. (-da) maïs, sorgho.

CAMBUUR n. m. (-ka) robe.

CAMCAMI v. frotter qch sur.

CAMMEE v. aveugler, tromper qn.

CAMMIR v. 1. remplir. 2. encourager. 3. applaudir.

CAMMIRAAD n. f. (. da) claque, réunion de personnes payées pour applaudir. La claque d'un théâtre : cimmiraad gole caways.

CAMMO n. f. (-da) aveugle, privé de la vue. La colère rend aveugle : xanaaqu cammo (indhala'aan) buu kaa dhigaa.

CAMMOOLE n. m. (-ha) aveugle.

CAMMUUD n. f. (-da) sable fin : ciid khafiif ah.

CAN n. m. (-ka) joue.

CANAANO v. faire des reproches, gronder. Gronder un enfant paresseux : canaano ilmo caajis ah.

CANAASIIR n. f. pl. (-ta) de cunsur : malheureux.

CANAB n. m. (-ka) cinab : raisin.

CANANAAS n. m. (-ka) ananas.

CANDHAAQ n. m. (-a) façon incorrecte de s'asseoir par terre : si xun oo dhulka loo fariisto.

CANDHASAAB n. m. (-ka) sorte de tissu avec lequel on cache une partie du corps par pudeur, un cache-sexe : maro yar oo cawrada qarisa.

CANDHO n. f. (-da) partie inguinale de femme et d'animal.

CANDHUUF n. f. (-ta) crachat.

CANDHUUF v. cracher, lancer hors de la bouche : candhuufo tufid.

CANDHUUFEE v. cracher sur qch, insulter qn.

CANJEEL n. m. (-ka) grand arbre aux fruits comestibles : geed weyn oo miro la cuno leh.

CANJEELO n. f. (_da) crêpe.

CANJIL v. imiter, contrefaire.

CANQAW n. m. (-ga) malléole.

CANSHUUR n. f. (-ta) taxe, impôt.

CANSHUUR v. payer une taxe.

CANSHUURQAAD n. m. (-ka) perception d'une taxe.

CANSHUURQAADE n. m. (-ha) percepteur.

CANTAR n. m. (-ka) privé de sens, agir sans réflexion, parler à tort et à travers : hadal maalaayacni ah oo la iska yiraahdo.

CANTARABAQASH n. m. (-ka) discours privé de sens.

CANTATAB n. m. (-ka) 1. personne très âgée. 2. incohérent et confus, discours fait par une personne âgée : hadal cantatab ah : aan midina midka kale ku xirnayn.

CANTOOBO n. f. (-da) poignée.

CANTUUG v. prendre une bouchée, se remplir la bouche (aliment solide ou liquide), boire une gorgée.

CANTUUGO n. f. (-da) bouchée.

CANTUUJI v. offrir à qn une bouchée, une gorgée.

CANYAYUUB n. m. (-ka) chose pliée d'une manière désordonnée : shay si xun loo laalaabay.

CAQIIDO n. f. (-da) foi, credo religieux.

CAQLI n. m. (-ga) 1. intelligence, sagesse. 2. idée. 3. esprit.

CAQLICELI n. f. (-ta) u caqliceli : conseiller. Conseiller un enfant : u caqliceli (waani) ilmo.

CAQLIGAAB n. m. (-ka) homme peu intelligent.

CAQLIGAAB n. f. (-ta) femme peu intelligente.

CAQLILEY n. f. (-da) femme intelligente, maligne.

CAQLILLAAWE n. m. (-ha) stupide, sot.

CAQLISO v. waaya-arragnimo yeelo : acquérir de l'expérience.

CAQLIYARI n. f. (-da) stupidité.

CAR n. m. (-ka) mauvais goût donné par du « culay » brûlé, de mauvaise qualité, perçu dans le lait fumé.

CARAATAN v. plaisanter, badiner, persifler.

CARAB n. m. (-ka) arabe.

CARABBAABBA'n. m. (-a) soulagement d'une colère.

CARABBAABBA'v. se sentir apaisé, exhaler sa colère.

CARABEE v. arabiser.

CARABOW v. devenir arabe.

CARAF n. f. (-ta) odeur agréable.

CARAR v. s'enfuir.

CARATIR v. calmer, apaiser.

CARBI v. entraîner, dompter, préparer à un sport : tababarid.

CARBIYE n. m. (-ha) entraîneur, instructeur.

CARBUUN n. f. (-ta) arrhes.

CARBUUNO v. payer des arrhes.

CARCAR n. f. (-ta) intensité initiale.

CARCEERO n. f. (-da) vue indistincte : wax aan aad loogu jeedin.

CARDAADUQ n. f. (-a) chose fréduite en morceaux : shay la burburshay.

CARDAADUQ v. briser en mille morceaux.

CAREE v. provoquer qn.

CARGO n. f. (-da) vert (fruit), jeune âge : miro aan weli bislaan.

CARI v. provoquer, défier.

CARIIQSI n. m. (-ga) dépit.

CARIIQSO v. dépiter, contrarier.

CARIISH n. m. (-ka) chaumière, cabane.

CARJAW n. f. (-da) cartilage.

CARMAL n. m. (-ka) 1. femme divorcée, 2. veuve.

CARMALI n. f. (-da) 1. divorcée. 2. veuve.

CARMI v. enlever, retirer qch du feu (viande semi-cuite).

CARO n. f. (-da) colère.

CARQALAD n. f. (-da) confusion.

CARQALADEE v. troubler, gêner, causer du désordre. Troubler la paix publique : carqaladee (qas ku samee) nabadda dadweynaha.

CARRAABI v. conduire l'après-midi surtout les chameaux, chèvres etc.

CARRAABO n. f. (-da) voyage de l'après-midi.

CARRAB n. m. (-ka) 1. langue. 2. carrab la' : bègue.

CARRABBAAB n. m. (-ka) 1. lapsus, faute, erreur commise en parlant : khalad uu qof hadlayaa galo. 2. mention. Faire mention d'un événement : arrin carrabbaab lagu sameeyo (carrabka lagu dhufto).

CARRABBAAB v. mentionner, commettre un lapsus.

CARRABDHAW n. m. (-ga) hurlement.

CARRABDHAW v. hurler.

CARRABLA'AAN n. f. (-ta) bégaiement.

CARRABMACAANAAN n. f. (-ta) parole de gentillesse.

CARRAGGEDDI v. piocher, labourer.

CARRAGGUUR n. m. (-ka) érosion. Le vent, la mer, les rivières provoquent l'érosion : dabaysha, badda, webiyada waxay keenaan carragguur.

CARRANAFAQAYN n. f. (-ta) engrais, matière propre à fertiliser les terres.

CARRANAFAQEEYE n. m. (-ha) fumier.

CARRASAN n. f. (-ta) terre riche, sable fertile.

CARREE v. verser du sable sur qch.

CARRO n. f. (-da) 1. terre, terrain, sable. 2. pays, monde.

CARROW v. dheelmo : partir l'après-midi.

CARRUUR n. f. (-ta) enfant, fillette.

CARRUUREE v. iscarruuree : se conduire comme un enfant.

CARSAANYO n. f. (-da) crabe.

CARSHI n. m. (-ga) trône.

CARTAN v. se mettre en colère.

CARWO n. f. (-da) foire.

CASAAN n. m. (-ka) couleur rouge, orangé.

CASAR n. m. (-ka) 1. après-midi. casar dheer : tôt dans l'après-midi. casar gaaban : tard dans l'après-midi. 2. prière de l'après-midi.

CASARIYE n. m. (-ha) repas de l'après-midi, thé de l'après-midi.

CASARLIIQ n. m. (-a) crépuscule.

CASE n. m. (-ha) jeu de dés.

CASEE v. 1. faire rougir qch. 2. cirer : luujitayn.

CASHI n. m. (-ga) gale. La gale est une maladie de peau : cashigu waa cudur ku dhaca maqaarka (siiba kan xoolaha).

CASHIBAX v. guérir de la gale.

CASHIIRO n. f. (-da) qaraabo : parents, parenté.

CASHO n. f. (-da) 1. dîner. 2. jour. Hal casho : un jour.

CASHRI v. asperger qn avec de l'eau bénite : ku sayrin biyo wadaaddo tufeen.

CASIIS n. m. (-ka) 1. Dieu. 2. respectable.

CASIL v. démissionner qn. iscasilid : démissionner.

CASRI n. m. (-ga) moderne, actuel (du temps).

CASRIYEE v. moderniser.

CASUMAAD n. f. (-da) invitation.

CASUN v. inviter.

CASUUS n. f. (-ta) couleur rougeâtre : midab guduud xigeen ah.

CATAR n. m. (-ka) sorte de parfum oriental.

CATIR n. f. (-ta) chiffon pour nettoyer les récipients.

CATIREE v. nettoyer un récipient avec un chiffon.

CATOW n. m. (-ga) plainte. Les plaintes d'un malade : catowga (calaacalka) qof jirran.

CATOW v. se plaindre : calaacalid.

CAW n. m. (-ga) à côté de, près de. Près du pôle : cawga (agta) cirifka adduunka.

CAW n. f. (-da) feuille de palmier.

CAWAAG n. f. (-ta) fruit de palmier : miro timireed aan la beerin ee iskood isaga baxa.

CAWAAN n. m. (-ka) païen. Les païens adoraient de nombreux dieux : dadkii hore ee cawaanka ahaa waxay cisijireen ilaahyo badan.

CAWAANDI n. m. (-ga) autoritaire, violent. Un directeur autoritaire : maamule, agaasime cawaandi ah (awooddiisa sida xun u isticmaala).

CAWAANIMO n. f. (-da) paganisme.

CAWAAQIB n. m. (-ka) destin, avenir. Le destin d'un roman : cawaaqibka (waxa u damayn doona) buug qiso ah.

CAWABBARI v. passer la nuit en paix : habeenka oo nabad kugu dhaafa.

CAWADHALAD n. m. (-ka) chanceux, heureux. Homme chanceux : nin cawadhalad ah (nasiib badan leh).

CAWAGGUD n. m. (-ka) la marche dans la nuit : socodka habeennimo.

CAWAMEER n. m. (-ka) ronde nocturne : meeraysiga habeennimo.

CAWAR n. m. (-ka) borgne, qui a perdu un œil.

CAWAR v. blesser, endommager, nuire. Mon soulier me blesse : kabtaydu waa icawaraysaa (igoynaysaa, idhaawacaysaa).

CAWAAB n. f. (-ta) feuille de palmier que l'on utilise pour faire une corde.

CAWEYS n. m. (-ka) soirée. Les longues soirées d'hiver : caweysayadii (habeennadii) dhaardheeraa ee xilli qaboobaha.

CAWEYSIN n. m. (-ka) première partie de la nuit : habeenka intiisa hore.

CAWEYSIN v. se coucher très tard : habeenkii goor dambe seexad.

CAWL n. m. (-ka) 1. gazelle mâle : deerada labka ah. 2. couleur gris rougeâtre.

CAWL n. f. (-sha) gazelle femelle.

CAWLAN adj. avoir une couleur gris rougeâtre.

CAWO n. f. (-da) 1. nuit. 2. chance. Avoir de la chance : cawo (nasiib) yeelo.

CAWREE v. maudire, blâmer, appeler le malheur sur quelqu'un : belo u saadi.

CAWRI n. m. (-ga) mauvais œil.

CAWRI v. jeter un sort à qn : il la helid.

CAWRO n. f. (-da) partie du corps qui doit être couverte par pudeur.

CAWS n. m. (-ka) herbe.

CAY n. m. (-ga) bave. Le chien a sali le parquet avec sa bave : eeygii wuxuu kebbiska ku wasakheeyay caygiisii (dhareerkiisii).

CAY n. f. (-da) insulte, offense.

CAY v. insulter, offenser.

CAYAAR n. f. (-ta) 1. passe-temps, jeu. 2. danse. 3. partie d'un match. 4. cayaaraha fudud : athlétisme.

CAYAAR v. 1. passer le temps, jouer. 2. danser. 3. ku cayaar : se moquer. 4. ku cayaar : faire qch mal.

CAYAARSII v. 1. faire jouer qn. 2. instruire. Instruire des soldats, des enfants : cayaarsii (barbaari, waxbar) askari, carruur.

CAYAARTOOY n. m. (-ga) 1. ciyaaryahan : expert d'un jeu. 2. bon danseur.

CAYAARYAXAAS n. f. (-ta) danse du crocodile.

CAYAYAAN. n. m. (-ka) insecte.

CAYIL n. m. (-ka) embonpoint. Depuis sa maladie, il a perdu son embonpoint : intii uu jiradayba, wuxuu lumiyay cayilkiisii.

CAYIL v. grossir.

CAYILI v. engraisser.

CAYIN v. 1. déterminer, définir. 2. u cayin : désigner. Désigner le coupable : u cayin (farta ku fiiq, tilmaan fiican ka bixi) eedaysane.

CAYMI v. 1. sauver. Sauver un malade : caymi (badbaadi) qof jirran. 2. ficeler avec une corde sur le ventre (bête de somme).

CAYMIS n. m. (-ka) assurance.

CAYMO n. f. (-da) salut, fait d'être sauvé.

CAYMO v. se sauver. Il s'est sauvé du danger : khatartii waa uu ka cayntay (badbaaday).

CAYN n. m. (-ka) 1. nom arabe de la lettre « c » de l'alphabet somalien. 2. corde pour ficeler le ventre d'un chameau pour qu'il porte une charge : xarig caloosha lagaga wareejiyo awrka geela si uu xamuul (rar) u qaado.

CAYN n. f. (-ta) 1. type, espèce, sorte : nooc. 2. manière, façon.

CAYNAAN n. m. (-ka) rêne. Le cavalier tire sur les rênes de son cheval : fardafuuluhu wuxuu jiidayaa caynaanka (hoggaanka) faraskiisa. Tenir les rênes de l'Etat :

hay caynaanka (hoggaanka) dawladeed.

CAYNAANSHE n. m. (-ha) sauveur. Ce médecin est mon sauveur : takhtarkaani waa caynaanshahayga (badbaadiyahayga).

CAYNAB n. m. (-ka) couleur noire d'un cheval : midab faraseed madow.

CAYR n. f. (-ta) pauvre, misérable, indigent.

CAYREE v. appauvrir, rendre pauvre. La guerre appauvrit le pays : dagaalku wuxuu cayreynayaa (xaalufinayaa) dalka.

CAYRNIMO n. f. (-da) pauvreté.

CAYTAN v. s'insulter mutuellement.

CAYUUN n. f. (ta) mauvais œil.

CEEB n. f. (-ta) honte.

CEEBEE v. humilier, déshonorer.

CEEBLA'AAN n. f. (-ta) irréprochabilité, honnêteté.

CEEBOW v. avoir honte.

CEEGAAG v. être plein, remplir de qch (de l'eau) : biyo buuxaan, fadhiyaan.

CEEGO n. f. (-da) étranglement.. Le resserrement d'une cravate : ceego (ceejin) garafaati, qoorxir.

CEEJI v. étrangler. Sa cravate l'étrangle : garafaatigiisa baa ceejinaya.

CEEL n. m. (-ka) puits. Puits de pétrole : ceel shidaal.

CEELALJOOG n. f. (-ta) tourterelle, tourtereau : shimbir laga helo meelaha biyaha leh.

CEELGEE v. conduire le bétail au puits.

CEERIIN n. m. (-ka) 1. cru, jeune âge, vert, qui n'est pas cuit. 2. brut. saliidda ceeriin : pétrole brut.

CEESAAN n. f. (-ta) chevrette, petite chèvre.

CEESAAN n. m. (-ka) chevreau, petit de la chèvre. Gants de chevreau : gacmogashiyo laga sameeyay harag ceesaameed.

CEESH n. m. (-ka) aliment, nourriture.

CEESH v. vivre. Les corbeaux vivent très longtemps : tukayaashu waxay ceeshaan (noolaadaan) muddo aad u dheer.

CELI v. 1. renvoyer, rendre. Renvoyer une escorte : celi ciidan hubaysan oo madaxda ilaaliya. 2. ka celi : détourner, dissuader. Détourner un fleuve : celi (leexi) webi badda ku shubma. 3. u celi : rendre qch à qn. 4. ugu celi : répéter qch à qn. 5. iska celi : se défendre. Un vieillard qui se défend : oday waayeel ah oo wax iska celinaya. 6. isu celi : réunir. Réunir les deux bouts d'une corde : isu celi (isu keen) labada caaradood ee xarig. 7. jawaab u celi : répondre à qn.

CELIYE n. m. (-ha) selle. Selle anglaise, selle arabe : celiye (koore faras) oo ingiriis ah, carab ah.

CESHO v. se remettre, se reprendre.

CEYRI v. poursuivre, éloigner.

CI n. f. (-da) cri de quelques animaux (oiseaux, chèvres etc.) : qaylada xayaawaanada iyo shimbiraha qaarkood.

CI v. crier (un animal) : qaylin xoolaad.

CIBAADEYSO v. prier. Prier Dieu : Alle dartii u cibaadeyso (u tuko).

CIBAADO n. f. (-da) dévot, pieux, attaché aux pratiques religieuses : ku xirnaanta uu qofku ku xiranyahay diintiisa.

CIBAARO n. f. (-da) prodige. Les romains croyaient aux prodiges : roomaaniyiintu waxay aaminsanaanjireen cibaarooyinka (mucjisooyinka).

CID n. f. (-da) 1. communauté, groupe de gens qui ont des intérêts communs : koox dad ah oo dano isku mid ah leh. 2. quelqu'un. Quelqu'un m'a dit : cid (qof) baa igu tiri (iisheegtay).

CIDDABBAX n. m. (-a) sortir de la période de ciddo.

CIDDI n. f. (-da) ongle, griffe.

CIDDO n. f. (-da) période de trois mois pour les femmes qui ont accouché et quatre mois et dix jours pour les veuves pendant lesquels elles nę peuvent pas se

remarier ou reprendre une vie sexuelle.

CIDLA' n. f. (-da) lieu inhabité.

CIDLA'JOOG n. f. (-ta) animaux sauvages : dibadjoog, xayawaan duureed.

CIDLEE v. abandonner. Abandonner sa maison : cidlee (ka tag) gurigaaga.

CIGAAL n. m. (-ka) cordon de couleur noire avec lequel on fixe une étoffe sur la tête.

CIID n. f. (-da) 1. sable. 2. iid (-da) : fête.

CIID v. fêter, participer à une fête.

CIIDAGGALE n. m. (-ha) 1. type de serpent de couleur claire qui vit dans le sable. 2. nom d'une tribu du clan Isaaq.

CIIDAMI v. servir, être au service de qn. Je suis à votre service : adigaan kuu ciidaminayaa (adeegayaa).

CIIDAN n. m. (-ka) 1. servitude, domestiques : qof mid kale (qof kale) u shaqeeya. 2. (-mmo, f.)-force armée, militaire, troupe. 3. ciidamow : au secours !.

CIIDANSO v. adeegso qof : servir qn.

CIIDANXUMO n. f. (-da) sans secours, sans coup de main.

CIIDANYARO n. f. (-da) avoir peu de personne à son secours, à l'aide, à son service.

CIIDEE v. 1. salir avec du sable : walax ciid lagu bi'iyay. 2. verser du sable.

CIIL n. m. (-ka) rancune, mauvaise humeur.

CIIL v. maltraiter, opprimer. Les puissants oppriment les faibles : kuwa awoodda lihi waxay ciilaan kuwa liita (taagta daran).

CIILBAX v. se venger.

CIILBEEL v. exhaler sa rancune.

CIILCUN v. couver longtemps une rancune.

CIILQAB n. m. (-ka) rancœur.

CIILQAB v. garder rancune.

CIIR n. f. (-ta) lait écrémé : caano subaggii laga saaray.

CIIRCIIR v. tanguer (un navire), chanceler (une personne). Cet homme chancelle : ninkaani waa ciirciirayaa (dheeldheeliyayaa).

CIIRO n. f. (-da) 1. brouillard : ciiryaamo. 2. poussière : bus, boor. 3. couleur grise du brouillard.

CIIRSI n. m. (-ga) aide, salut. accorder son aide à quelqu'un : oggolow inaad qof ciirsi u gasho (gargaarto).

CIIRSILA'AAN n. f. (-ta) sans aide, privé d'aide, isolement. Fuir l'isolement : ka baxso ciirsila'aanta (cidlada aan cid kuu miciinaysaa jirin).

CIIRYAAMO n. f. (-da) brouillard.

CIISHAYSII v. ka ciishaysii : irriter, mettre en colère.

CILAAQ n. f. (-da) dispute.

CILAAQ v. se disputer, se quereller.

CILAAQTAN v. la cilaaqtan : se disputer avec qn.

CILIN n. m. (-ka) nain.

CILIN n. f. (-ta) naine.

CILLAAN n. m. (-ka) xinni : couleur rouge avec laquelle les femmes se teignent les ongles, les paumes et les pieds.

CILLAD n. f. (-da) 1. défaut. 2. cause, motif.

CILLADEE v. rendre défectueux.

CILMI n. m. (-ga) 1. science, connaissance, sagesse, 2. Coran.

CILMIBAARIS n. f. (-ta) recherche scientifique.

CILMIDDARRO n. f. (-da) ignorance.

CILMIDHEGOOD n. m. (-ka) culture orale.

CILMINAFSI n. m. (-ga) psychologie.

CILMIYEE v. expliquer scientifiquement, exposer qch d'une façon scientifique.

CIMAAMAD n. f. (-da) châle pour homme.

CIMAAMADO v. se couvrir la tête avec châle pour homme.

CIMIL n. m. (-ka) meel uu ninka ugaarsanayaa isku qariyo : cachette du chasseur qui attend de tuer un animal.

CIMRI n. m. (-ga) cumri : 1. durée de vie. 2. âge.

CIMRIDHEERAAN n. f. (-ta) longue vie.

CINAAD n. m. (-ka) canaad : 1. têtu, entêtement. 2. dépit.

CINAAD n. m. (-ka) canaad : 1. agir par dépit. 2. s'entêter.

CINDI n. m. (-ga) 1. esprit. 2. intention.

CINDIID n. m. (-ka) lait coupé d'eau : caano biyo lagu daray, la barxay.

CINIIN n. m. (-ka) impuissant sexuellement : neef la xiniinyo bixiyay.

CINIIN v. rendre qn sexuellement impuissant.

CINIINI v. rendre qn sexuellement impuissant.

CINIINNIMO n. f. (-da) impuissance sexuelle.

CINIQ n. f. (-ta) petite quantité en plus.

CINJIR n. m. (-ka) 1. type d'arbre laitier. 2. caoutchouc.

CIQAAB n. f. (-ta) 1. punition. 2. torture.

CIQAAB v. 1. punir. 2. torturer.

CIR n. m. (-ka) 1. ciel. 2. pluie (régional).

CIR n. f. (-ta) capacité de l'estomac.

CIRAAB n. f. (-ta) éloquence, talent de bien dire, de persuader : aftahannimo.

CIRBAR n. m. (-ka) milieu du ciel : bartamaha cirka.

CIRBATAAG v. se soulever sur la pointe des pieds : isku taagid faraha fooddooda.

CIRBATAAGSO v. marcher sur la pointe des pieds : faraha fooddooda ku soco.

CIRBAXEEN n. m. (ka) cosmonaute, astronaute, spationaute.

CIRBI v. talonner, donner des coups de talon : ciribta ku dhufo.

CIRBIXI v. lancer en l'air : cirka u dir.

CIRBOOR n. f. (-ta) vent très fort avec beaucoup de sable qui se manifeste pendant les saisons sèches : dabayl xoog leh oo ciid wadata oo xilliyada abaarta ah dhacda.

CIRCADDAA n. m. (-ga) ciel de nouveau pluvieux : cirka oo markale roob keenay.

CIRFIID n. m. (-ka) esprit maléfique.

CIRIB n. f. (-ta) talon.

CIRIBDAMBEED n. m. (-ka) dernière conséquence de qch, résultat, issue, fin : khaatimada dambe.

CIRIBDARRO n. f. (-da) mauvais sort, mauvaise fin : khaatimo xumo.

CIRIBGO'v s'éteindre, mourir doucement.

CIRIBGOO v. faire éteindre qch, vaincre.

CIRIBLA'AAN n. f. (-ta) nasiib xumo : malchance, mauvais sort.

CIRIBSO v. suivre la trace de qn. Suivre une biche à la trace : ciribso (raadkeeda raac) cawl yar.

CIRIBTIR v. effacer, annuler. Effacer une faute : ciribtir (baabi'i) gaf, khalad.

CIRIBXUMO n. f. (-da) khaatimo xumo : mauvaise fin, mauvais résultat.

CIRID n. f. (-da) sable brûlant à cause du soleil, couleur solaire : ciid kulaylka qorraxda darteed la gubatay.

CIRIF n. m. (-ka) 1. extrémité, coin, côté. Buurta cirifkeeda : le flanc d'une montagne. 2. pôle. Cirifka waqooyi : pôle nord. Cirifka koonfureed : pôle sud.

CIRIIRI n. m. (-ga) 1. étroitesse, angoisse. 2. étroit.

CIRIIRI v. 1. serrer, rétrécir. 2. oppresser.

CIRIR n. m. (-ka) 1. étoile qui se trouve sur le parcours lunaire pendant l'hiver. 2. homme chanceux né sous cette étoile (pendant ce temps).

CIRJEEX n. f. (-da) Jupiter (planète), cirjiir.

CIRKASOODHAC n. m. (-a) météorite, chute de pierres. 2. événement imprévu.

CIRKAYEER n. m. (-ka) oiseau mythique qui vient annoncer la pluie : shimbir roobka soo werisa.

CIRRAYSO v. 1. blanchir, devenir chenu. 2. vieillir.

CIRREE v. rendre qn chenu.

CIRRID n. m. (-ka) gencive.

CIRRO n. f. (-da) canitie, barbe, cheveux devenus blancs. La canitie est un signe habituel de vieillesse : cirradu waa calaamad caadi u ah gabowga.

CIRROOLE n. m. (-ha) 1. chenu. 2. ancien.

CIRROW v. blanchir, devenir chenu.

CIRTAALLEE v. lancer qn en l'air, lancer qch vers le ciel.

CIRWEYNAAN n. f. (-ta) de cirweyn : état d'un gros mangeur.

CIRYARAAN n. f. (-ta) état de celui qui mange peu.

CISAL n. m. (-ka) pénis de mouton, taureau, bouc.

CISEE v. 1. respecter. 2. honorer.

CISHE n. m. (-ha) 1. prière du soir. 2. première partie du soir.

CISII v. ka cisii : faire crier, faire hurler un animal.

CISO n. f. (-da) 1. respect, honneur. 2. vénération. Il a beaucoup de vénération pour son père : ciso (cis, ixtiraam) badan buu aabbihii u hayaa.

CISYAAN n. m. (-ka) 1. rébellion, révolte. 2. déobéissance.

CITIQAAD v. avoir la foi, croire.

CIYAAL n. m. (-ka) petits enfants.

CIYAALNIMO n. f. (-da) enfance.

CIYOW n. m. (-ga) oiseau.

CIYOW adv. tôt, tout de suite, vite : ciyoon.

COD n. m. (-ka) 1. voix. 2. vote.

CODBIXIN v. voter.

CODKAR n. m. (-ka) orateur.

CODKARNIMO n. f. (-da) éloquence.

CODSO v. demander qch à qn.

COL n. m. (-ka) ennemi, bande, troupe, hostile.

COLAAD n. f. (-da) hostilité.

COLAADI v. agir avec hostilité.

COLWADE n. m. (-ha) chef d'une expédition armée.

COOD n. m. (-ka) 1. richesse : qaniimad. 2. bétail : xoolo.

COOF n. m. (-ka) chevelure, l'ensemble des cheveux.

COOMAADI n. m. (-ga) sorte d'oiseau rapace : shimbir baaxad weyn leh oo hilibka cunta.

COON n. m. (-ka) homme.

COON n. f. (-ta) femme.

COOSHAD n. f. (-da) bicoque, cahute, cagna, masure.

COSOB n. m. (-ka) pâturage, végétation.

CUB n. f. (-ta) 1. aabbur : bouchon. 2. mot utilisé pour choisir quelqu'un dans un jeu.

CUB v. boucher. Bouche la bouteille : cub (aabbur) dhalada.

CUBTAN v. choisir quelqu'un dans un jeu pour qu'il soit de votre côté.

CUDBI n. m. (-ga) coton.

CUDUD n. f. (-da) 1. bras. 2. force.

CUDUR n. m. (-ka) maladie.

CUDURDAAR n. m. (-ka) justification.

CUDURDAARO v. se justifier.

CULAAB n. f. (-ta) poids, charge.

CULAABI v. alourdir, rendre lourd. La pluie alourdit les vêtements : roobku waa culaabiyaa (cusleeyaa) dharka.

CULAACUL n. f. (-sha) sangsue.

CULAY n. m. (-ga) morceau de bois brûlé qui sert à aromatiser les récipients.

CULAYS n. m. (-ka) poids, lourd.

CULAYSI v. rendre qch pesant.

CULULUQ n. f. (-da) borborygme, bruit que fait entendre le déplacement des gaz et des liquides dans le tube digestif.

CULUS v. 1. être pesant. 2. être grave, sérieux (une affaire).

CUMAACUN n. f. (-ta) 1. poignet, cheville (de la jambe). 2. main, pied.

CUMRAYSO v. aller en petit pèlerinage qui s'appelle cumra, cimro.

CUMRO n. f. (-da) petit pèlerinage.

CUMUQCUMUQLEE v. si xun usocosho : marcher avec difficulté.

CUN v. manger.

CUNAA n. m. (-ga) gros mangeur, qui aime à manger.

CUNAABI n. m. / f. (-ga / -da) nooc kuusha ka mid ah : sorte de collier de résine.

CUNABBARAR n. m. (-ka) enflure de la gorge.

CUNAGGUBYO n. f. (-da) pince, douleur à la gorge causée par quelques aliments liquides.

CUNAGGUBYOO v. piquer, pincer fort.

CUNAQABATEE v. boycotter.

CUNAQABATO n. f. (-da) boycottage.

CUNCUN n. m. (-ka) prurit.

CUNCUN v. 1. démanger. La langue lui démange : carrabkaa cuncunaya. 2. manger si vite.

CUNE n. m. (-ha) 1. œsophage. 2. mangeur.

CUNNADIID n. m. (-ka) qui refuse la nourriture, qui n'a pas d'appétit.

CUNNAMMAREEN n. m. (-ka) œsophage.

CUNNO n. f. (-da) nourriture, aliment.

CUNSII v. faire manger qn, pousser qn à manger.

CUNSUR n. f. (-ta) infortunes, malheurs, événements malheureux.

CUNSURGUURI v. conjurer une infortune, implorer.

CUNTAN v. u cuntan : attirer qn, plaire à qn.

CUNTAYSII v. donner à manger, faire manger qn.

CUNTEE v. manger qch.

CUNTUB n. m. (-ka) 1. groupe, contingent, ensemble des jeunes gens appelés le même jour pour accomplir leur service actif. 2. bouquet. Bouquet de roses : cutub (xirmo) dhir ubaxeed ah.

CUNUG n. m. (-ga) petit enfant.

CUNUG n. f. (-ta) petite enfant.

CUNWAAN n. m. (-ka) cinwaan : 1. titre (du livre, du journal). 2. adresse.

CUQ n. f. (-da) couvaison, temps pendant lequel un oiseau couve ses œufs pour les faire éclore : cuq fariisasho (muddada ay shimbirtu ku kor fadhido ukunteeda).

CUQDAD n. m. (-ka) étroitesse, gêne, misère. L'étroitesse d'un chemin : cuqdad ka (ciriiriga) dhabbo, jid yar.

CUQDAD n. f. (-da) complexe, compliqué. Caractère complexe : dabeecad cuqdadeed (adag, qallafsan).

CUQDADEE v. faire naître un complexe à qn : cuqdad ku beer qof.

CUQDADLOW n. m. (-ga) personne complexée.

CUQUBAYSAN adj. être maudit.

CUQUBEE v. maudire, châtier, punir. Un père qui a maudit son fils : aabbe wiilkiisii cuqubeeyay (inkaaray, habaaray).

CUQUBO n. f. (-da) malédiction, punition divine, paroles par lesquelles on fait des vœux pour qu'il arrive malheur à quelqu'un.

CURAAR n. f. (-ta) dhigaal : garantie, dépôt (argent), gage.

CURAD n. m. (-ka) 1. aîné, premier né. 2. animal qui a déjà porté une fois.

CURAD n. f. (-da) aînée, première née.

CURADNIMO n. f. (-da) aînesse.

CURADXIGE n. m. (-ha) fils ou fille après l'aîné.

CURI v. 1. commencer, créer, débuter. 2. composer (musique).

CURIS n. m. (-ka) composition.

CURIYE n. m. (-ha) 1. créateur, inventeur. 2. compositeur.

CURRE n. m. (-ha) matou.

CURUQ n. f. (-da) 1. guntin : faux nœud (tricot, natte). 2. de curqid.

CURUQ v. faire un faux nœud : gunud.

CURYAAMI v. 1. rendre qn paralytique, paralyser. 2. Hawl curyaamin : saboter un travail.

CURYAAN n. m. (-ka) 1. paralysé (une personne). 2. diminué, affaibli.

CURYAAN v. 1. estropier, devenir paralysé. 2. diminuer, affaiblir.

CURYAANAD n. f. (-da) femme paralysée qui a perdu l'usage d'un de ses membres.

CURYAANNIMO n. f. (-da) paralysie.

CUSBALLAB n. f. (-ta) type de sel minéral utilisé comme médicament.

CUSBAYSAN v. être salé (viande, eau ètc.).

CUSBEE v. assaisonner avec du sel. Assaisonner une salade : cusbee (cusbo ku dar) ansalaato.

CUSBO n. f. (-da) sel.

CUSBOONEE v. renouveler, rendre nouveau. Renouveler sa garde-robe : cusboonee (cusboonaysii) armaajadaada dharka.

CUSBUR n. m. (-ka) type de cosmétique jaune : huruud.

CUSBURO v. se servir de cusbur : huruud marso.

CUSKO v. 1. s'appuyer, s'adosser. 2. faire appel de (Dieu).

CUSKUG v. s'asseoir en s'appuyant : fadhi wax la cuskanyahay.

CUSLEE v. alourdir, appesantir, rendre lourd. L'âge appesantit la marche : da'du tallaabaday cuslaysaa.

CUSLOW v. 1. devenir pesant, s'appesantir. 2. devenir difficile.

CUSUB adj. 1. nouveau. 2. couvert de nuages (le ciel quand il va pleuvoir : markuu cirku inuu roob keeno maagganyahay).

CUTUSH n. m. (-ka) personne très âgée dont les épaules tom-

bent : qof da'ah oo garbuhu dha-
ceen.

CUUD n. m. (-ka) 1. bois parfumé
qu'on brûle. 2. de cood : qaniimad, xoolo.

CUUDI v. brûler le bois parfumé.

CUUN n. m. (-ka) forêt formée
d'arbres très rapprochés : kayn
geedo badan oo aad isugu dhow
leh.

D

DA' n. f. (-da) 1. âge. 2. vieillesse. 3. vieux, âgé : Da'ka da'(fac ka fac) : de génération à génération. 4. nom de la lettre « d ».

DA' V. pleuvoir, tomber (la pluie). Il pleut dehors : dibedda roob baa ka da'aya.

DAA v. 1. laisser tomber, laisser courir, ne pas tenir compte. Laisser tomber un vase : sii daa (dhulka ku dhifo) aashuun. 2. abandonner, se détourner (un projet). 3. soo daa : laisser venir qn. 4. soo daa : se mettre à parler de qch. 5. libérer qn, relâcher. Relâcher un prisonnier : sii daa maxbuus.

DA'AAD n. f. (-da) âge.

DA'FUR v. cesser de se reproduire (chamelle) : neef qooq dhigay, wax dhalmo daayay.

DA'WEYN v. être âgé, vieux.

DA'YAR n. f. (-ta) jeune, jeunesse.

DAA'IMI v. rendre qch éternel, faire durer qch pour toujours.

DAA'IN n. m. (-ka) 1. éternel, sans commencement ni fin. Eternelles discussions : dood da'in ah (aan dhamaanayn). 2. Dieu. Dieu merci : Daa'inka (Macbuudka) baa mahad leh.

DAA'IN v. exister toujours.

DAAB n. m. (-ka) manche, poignée. Manche de couteau : mindi daabkeed.

DAAB n. f. (ta) maladie de chamelon : shuban ku dhaca geela yaryar.

DAAB v. mettre un manche à qch : daabgelin.

DAABAC n. m. (-a) broderie. Deeqa fait de la broderie : Deeqa waxay samaynaysaa daabac (maro gacanta lagu sameeyo).

DAABAC v. 1. imprimer. Imprimer un livre : daabacid buug. 2. broder, faire des dessins sur une étoffe : ku kordaabicid maro sawir gacmeed.

DAABBAD n. f. (-da) fardeau, ce qui pèse lourdement. Porter un fardeau sur ses épaules : garbahaaga ku qaad daabbad (walax aad u culus).

DAABBULAD n. f. (-da) mesure pour les céréales et pour le Qat même à 100 marduuf : cabbir lagu miiso badarka iyo Jaadka (Qaadka) oo u dhigma 100 marduuf.

DAABECE n. m. (-ha) imprimeur, typographe.

DAABO v. 1. mettre un manche à qch pour son propre usage : daab gelin shay aad ugu talagashay isticmaalkaaga gaar ahaaneed. 2. attraper la maldie du chamelon : ku dhicid cudurka daabta (shubanka).

DAAC n. f. (-da) rot, éructation.

DAAC v. roter.

DAACAD n. f. (-da) sincérité, loyauté, honnêteté : dacadnimo. La sincérité est une qualité précieuse : daacadnimadu waa sife qiime badan (qaali ah)

DAACADXUMO n. f. (-da) insincérité, déloyauté.

DAACAQURUN n. m. (-ka) rot fétide.

DAACAQURUN v. roter fétidement.

DAACI v. 1. verser une grande quantité de liquide : daadin, qubid.

2. déborder : hareer ka daadasho, buuxdhaaf.

DAACO n. f. (-da) rot.

DAACUF n. f. (-ta) poil d'animaux, barbe inculte et peu soignée : dhogorta xoolaha, timo gar aan laga shaqayn ee iska baxay.

DAACUFLE n. m. (-ha) poilu. Un cheval poilu : faras daacufle ah (dhogor badan).

DAACUUN n. m. (-ka) choléra. Daacuun caloolaad, calooleed : choléra.

DAACUUNCALOOLO n. m. (-ha) choléra.

DAAD n. m. (-ka) inondation, débordement des eaux : fatahaad biyood.

DAADDAH n. f. (-da) parole qu'on dit à un bébé d'un an pour l'encourager à faire le premier pas, en lui tenant la main.

DAADEG n. m. (-ga) élévation, hauteur, butte, petite colline.

DAADEG v. ka daadeg : descendre.

DAADIHI v. 1. apprendre à marcher à un bébé d'un an. 2. conduire, diriger.

DAADUUMI v. écraser, battre, vaincre. On écrase le raisin pour faire le vin : canabka waa la daaduumiyaa (ridqaa) si khamro looga sameeyo.

DAADGUREE v. déplacer, transférer, déménager.

DAADI v. renverser, retourner, vider son sac, verser. Verser de l'eau sur les mains : ku daadi gacmaha biyo,

DAADUF n. m. (-ka) bourlingueur, qui mène une vie aventureuse, qui n'a pas de foyer : daadduf, qof aan meel uu ku hoydo lahayn.

DAADXOOR n. m. (-ka) 1. mousse formée sur l'eau qui coule avec turbulence. 2. objets laissés par une inondation.

DAAF n. m. (-ka) maladie des yeux.

DAAFAC v. défendre, protéger.

DAAH n. m. (-ha) rideau.

DAAH v. poser des rideaux : daah ku xirid.

DAAHAN v. être masqué par des rideaux : daahyo ku qarin.

DAAHIR n. m. (-ka) nadiif : propre.

DAAHIRI v. 1. nettoyer. 2. faire apparaître qn ou qch.

DAAHIRNIMO n. f. (-da) propreté, netteté.

DAAHO v. poser des rideaux pour soi : daahyo saaro.

DAAJI v. 1. bien traiter qn. 2. mener le bétail aux prés, paître.

DAAL n. ,. (-ka) fatigue, lassitude.

DAALACO v. lire entre les lignes.

DAALI v. 1. fatiguer, lasser qn. Lasser quelqu'un par ses questions : ku daali qof su'aalo. 2. isdaali : se fatiguer, se lasser.

DAALLIN n. m. (-ka) malfaiteur, filou.

DAALLINNIMO n. f. (-da) malhonnêteté.

DAAN n. m. (-ka) mâchoire inférieure ou supérieure.

DAAN n. f. (-ta) côté, rivage, bord. Bords du Rhin : daamanka (hareeraha) webiga weyn ee Rhin.

DAANDAANSO v. provoquer.

DAAQ n. m. (-a) pâturage.

DAAQ v. paître, pâturer. Paître l'herbe : caws daaqid.

DAAQAD n. f. (-da) 1. fenêtre. 2. portière, porte d'une voiture.

DAAQGEE v. conduire au pâturage.

DAAR n. f. (-ta) guri dhagax ka samaysan : maison de pierre.

DAAR v. 1. allumer, mettre le feu à. Allumer une cigarette : sigaar daaro (shido). 2. provoquer.

DAARAD n. f. (-da) véranda, salon.

DAAS n. m. (-ka) boutique, magasin. Magasin à blé : daas (dukaan) qamadi gada.

DAASAD n. f. (-da) boîte de conserve : gasac, koombo.

DAASH n. m. (-ka) lieu ouvert, véranda.

DAAWEE v. soigner, panser.

DAAWO n. f. (-da) médecine, médicament, remède.

DAAWO v. observer, regarder, assister à un spectacle. On nous observe : waa la ina daawanayaa (fiiriniyaa).

DAAYEER n. m. (-ka) singe.

DAAYEERAD n. f. (-da) guenon. La guenon est la femelle du singe : daayeeraddu waa dhiddigga daayeerka.

DAB n. m. (-ka) feu, arme à feu.

DAB v. 1. prendre au piège, pêcher, prendre du poisson. Pêcher des truites : dab (jillaabo) kalluun nooc webiyada iyo harooyinka laga helo. 2. entrouvrir, ouvrir un peu. Entrouvrir un œil : isha dab (isku qabo, waxyar fur).

DABAAL n. f. (-sha) nage, natation.

DABAALO v. nager.

DABABBAX n. m. (-a) diarrhée : shuban.

DABADHILIF n. m. (-ka) laquais, larbin.

DABADHILIFNIMO n. f. (-da) servilement.

DABAGGAL v. suivre, filer, prendre en filature.

DABAJOOG v. rester derrière, suivre.

DABA-KA-ERI n. m. (-ga) sorte de jeu de cartes.

DABAKAFUUL n. m. (-ka) assistant d'un chauffeur.

DABAKARRUUB n. m. (-ka) maladie des bovins qui cause une diarrhée.

DABAQ n. m. (-a) étage.

DABAQAD n. f. (-da) classe sociale.

DABAR n. m. (-ka) entrave, lien que l'on fixe aux pieds d'un cheval, un chameau : xarig lagu xiro faras, awr si uusan u socon.

DABARGOO v. détruire, anéantir, éliminer.

DABASOCO v. suivre.

DABATO n. f. (-da) chasseur, pêcheur.

DABAYAAQO n. f. (-da) reliquat, restant, résidu, déchet.

DABAYL n. f. (-sha) vent.

DABBAABAD n. f. (-da) char de combat.

DABBAAL n. m. (-ka) stupide, idiot, imbécile.

DABBAALDEG n. m. (-ga) célébration.

DABEEC n. m. (-a) dabeecad : caractère, nature.

DABIIB n. m. (-ka) purgatif, soin.

DABIN n. m. (-ka) piège.

DABLE n. m. (-ha) soldat sans grade : askari aan garaaddo lahayn.

DABLEY n. f. (-da) groupe de personnes armées.

DABO n. f. (-da) queue. Queue d'un scorpion : dabo dibqallooc.

DABOOL n. m. (-ka) couverture.

DABOOL v. couvrir. Couvrir de blessures : dabool nabarro.

DABQAAD n. m. (-ka) encensoir.

DAC n. f. (-da) boue. Tirer quelqu'un de la boue : ka soo jiid qof dac (dhiiqo, dhoobo).

DACAL n. m. (-ka) bout, extrémité. Le bout de la route : jidka dacalkiisa.

DACAL n. f. (-sha) lobe de l'oreille.

DACAR n. f. (-ta) goût, saveur amère : dhadhan kharaar.

DACAREE v. rendre amer le goût de qch : kharaaree.

DACAS n. m. (-ka) sandale chinoise en gomme.

DACAY n. m. (-ga) longe qui sert à conduire un cheval, un chameau : xarig ilkaha laga gesho oo lagu wado faraska, awrka.

DACWAD n. f. (-da) accusation, inculpation, réclamation.

DACWEE v. accuser qqn, dénoncer.

DADAAL n. m. (-ka) effort, diligence, zèle.

DADAAL v. s'efforcer. S'efforcer de plaire : ku dadaal (iskutaxaluji) inaad wax cajabiso.

DADCUN n. m. (-ka) cannibale, anthropophage.

DADQAL n. m. (-ka) cannibale, anthropophage.

DADQALATO n. f. (-da) femme cannibale.

DADWEYNE n. m. (-ha) public, peuple.

DAFO n. f. (-da) oiseau rapace.

DAGAAG n. m. (-ga) mendiant, gueux. Ne l'écoutez pas, c'est un gueux : ha dhegaysan, waa mid dagaag ah.

DAGAAL n. m. (-ka) guerre, lutte, conflit.

DAGAALTOLEED n. m. (-ka) guerre civile.

DAGAALYAHAN n. m. (-ka) guerrier.

DAHAAR n. m. (-ka) enveloppe, couvercle, carapace. Les tortues ont le corps recouvert d'une carapace : diinku waxay leeyihiin jir uu dahaar adag ku daboolanyahay.

DAKANO n. f. (-da) faute, délit.

DAKEE v. se reposer. Se reposer sur ses lauriers : ku dakee (ku naso) libin, guul kuu soo hoyatay.

DAL n. m. (-ka) pays.

DALBALLAARSI n. m. (-ga) expansion démographique.

DALBO v. commander, ordonner.

DALCAD n. f. (-da) montée.

DALDAL v. pendre. Pendre un criminel : daldal (soo lalmi) dambiile.

DALDAL v. 1. avaler, gaver. Un enfant qui se gave de bonbons : ilmo daldalaya (liqaya) nacnac. 2. aller et venir en portant qch : qaadis iska soo daba noqosho ah.

DALDALOOL n. m. (-ka) 1. beaucoup de trous. 2. défaut, lacune.

DALLAAL n. m. (-ka) dullaal : courtier.

DALLACAAD n. f. (-da) promotion, progrès.

DALMAR n. m. (-ka) voyageur.

DALOOL n. m. (-ka) 1. trou, fente. 2. un tiers. Le tiers d'une pomme : saddex dalool oo hal dalool (saddex meelood oo meel) tufaax ah.

DALOOLI v. trouer, percer.

DALSAN n. m. (ka) terre fertile.

DALXIIS n. m. (-ka) tourisme.

DAMAC n. m. (-a) avidité, désir ardent.

DAMBAS n. m. (-ka) cendre.

DAMEER n. m. (-ka) âne.

DAMEERFAROW n. m. (-ga) zèbre.

DAMMIIN n. m. (-ka) peu intelligent.

DAN n. f. (-ta) intérêt, but.

DANAB n. m. (-ka) foudre, éclair.

DANI n. m. (-ga) propriétaire : hantile.

DANJIRE n. m. (-ha) ambassadeur.

DANSEEJI v. faire perdre du temps à qn.

DANWADAAG n. f. (-ta) coopérative.

DANYAR n. f. (-ta) pauvres.

DAQAR n. m. (-ka) blessure à la tête.

DARAAWIISH n. f. (-ta) confrérie religieuse.

DARAF n. f. (-ta) côté.

DARAJO n. f. (-da) 1. grade, niveau. 2. considération. 3. note scolaire.

DARAY n. m. (-ga) type d'arbre à fruits comestibles.

DARBAAL n. m. (-ka) bâche : shiraac.

DARBAD n. f. (-da) orage, tempête (mer). Les orages sont fréquents en été : darbadaha (badda) ee uu la socdo gugac, biriq waxay badanaa dhacaan xagaaga.

DARBI n. m. (-ga) manger qch à la main.

DARDAARAN n. m. (-ka) promesse solennelle, testament.

DAREEME n. m. (-ha) sens, organe des sens.

DAREEN n. m. (-ka) 1. mauvaise nouvelle. 2. sensation.

DARIIQ n. m. (-a) rue, route, passage.

DARIISHAD n. f. (-da) fenêtre.

DARUUR n. f. (-ta) nuage.

DARXUMO n. f. (-da) gêne, incommodité.

DARYEEL n. m. (-ka) aider qn, s'occuper de.

DAWAAR n. m. (-ka) machine à coudre.

DAWAN n. m. (-ka) sonnette.

DAWARSO v. tuugso : mendier.

DAWLAD n. f. (-da) gouvernement.

DAY v. fiiri : regarder.

DAYAAN n. m. (-ka) grondement, bruit sourd et prolongé. Le grondement du tonnerre : dayaan (shanqar aad u weyn) ee uu sameeyay gugac, onkod.

DAYAC n. m. (-a) négligence, omission, oubli.

DAYACTIR n. m. (-ka) entretien.

DAYAX n. m. (-a) lune.

DAYR n. f. (-ta) automne.

DAYUURAD n. f. (-da) avion.

DEBCI v. 1. relâcher, détendre, desserrer. 2. alléger, adoucir.

DED n. m. (-ka) dabool : couverture.

DED v. dabool saar : couvrir.

DEEQ n. m. (-da) 1. générosité. 2. don, cadeau, offre.

DEERO n. f. (-da) gazelle.

DEEX n. f. (-da) côte, rivage. Le bateau s'éloigne du rivage : doontii waxay ka sii durkaysaa deexda (xeebta).

DEG v. 1. habiter. 2. atterrir, prendre contact avec le sol. 3. se calmer. La tempête se calme : duufaantii waa degeysaa.

DEEGAAN n. m. (-ka) ambiance, milieu, habitat.

DEGAANDEG n. m. (-a) descente.

DEGDEG n. m. (-ga) hâte, urgence, presse.

DEGMO n. f. (-da) district, quartier.

DEJI v. faire descendre.

DEMBI n. m. (-ga) crime.

DEMBIILE n. m. (-ha) criminel.

DERBI n. m. (-ga) mur.

DERIS n. m. (-ka) voisin.

DERIS v. étudier qch. Etudier la nature : deris (baar) dabeecadda, uunka.

DERSI n. m. (-ga) leçon.

DERMO n. f. (-da) natte.

DEYR n. ,. (-ka) cour, espace environné de murs.

DEYN n. f. (-ta) crédit.

DEYNQABE n. m. (-ha) débiteur.

DHAAB v. enfoncer, pousser vers le fond. Enfoncer un clou dans un mur : ku dhaab (ku riix) musmaar derbi.

DHAAD n. m. (-ka) cheville (pied). Samatar s'est cassé la cheville : Samatar wuxuu ka jabay dhaadka (kubka iyo cagta dhexdooda).

DHAAF v. ka gudub : franchir, aller de l'autre côté, dépasser.

DHAAFI v. faire passer.

DHAAFIYE n. m. (-ha) laisser-passer.

DHAAMI v. 1. buuxi, afka jooji : remplir jusqu'au bord. 2. puiser, prendre un liquide avec un récipient. Puiser de l'eau à une rivière : biyo ka soo dhaami webi.

DHAANTEE v. danser.

DHAAR n. f. (-ta) serment.

DHAAWAC n. m. (-a) blessure.

DHAAYO n. m. (-ha) indho : yeux.

DHAB n. f. (-ta) vérité.

DHABAR n. m. (-ka) dos.

DHABATO n. f. (-da) cayuun : mauvais œil.

DHAC n. m. (-a) razzia. Des brigands (bandits) ont fait une razzia dans le village : burcad ayaa dhac (boob) ka sameeyay tuulada.

DHACAAN n. m. (-ka) 1. sérum, humeur. 2. jus. J'ai bu du jus d'orange : waxaan cabbay dhacaan (casiir) liin laga miiray.

DHACDO n. f. (-da) événement.

DHACSII v. fahamsii : faire comprendre qch à qn.

DHADHAAB n. f. (-ta) rocher, roche.

DHADHAMI v. goûter.

DHADHAN n. m. (-ka) goût, saveur.

DHAFAR n. m. (-ka) veille, insomnie.

DHAGAX n. m. (-a) pierre, roc, caillou.

DHAGAXEE v. lapider.

DHAKAFAAR n. m. (-ka) yaab : étonnement.

DHALAAL n. m. (-ka) scintillement, miroitement.

DHALANDHOOL n. m. (-ka) socosho qorraxda oo kulul : marcher sous le soleil ardent.

DHALANTEED n. m. (-ka) mirage, illusion.

DHALIIL n. f. (-sha) inassouvi.

DHALLAAN n. m. (-ka) enfant.

DHAMMAAD n. m. (-ka) fin, limite, bout.

DHAMMEE v. compléter, finir, terminer.

DHAN n. m. (-ka) dhinac : côté.

DHANAAN n. m. (-ka) saveur salée.

DHAQ v. laver.

DHAQAALAYAHAN n. m. (-ka) économiste.

DHAQAALE n. m. (-ha) économie.

DHAQAN n. m. (-ka) 1. culture, tradition. 2. comportement.

DHAQANDHAQAALE n. m. (-ha) socio-économique.

DHAR n. m. (-ka) habit, vêtement, tissu.

DHARAAR n. f. (-ta) maalin : jour, journée.

DHARAR v. sugiwaa' : attendre avec inquiétude, impatience.

DHARBAAX v. gifler, claquer.

DHARBAAXO n. f. (-da) gifle.

DHAREER n. m. (-ka) bave, écume.

DHAWAAQ n. m. (-a) 1. son, cri, hurlement. 2. prononciation.

DHAWR v. ka celin, ka difaacid : protéger. Prends un manteau pour te protéger du froid : mandaleel (kabood) qaado si aad isagadhawrto (celiso) qabowga.

DHAXAL n. m. (-ka) héritage, hérédité biologique.

DHAXAN n. f. (-ta) 1. froid. 2. fièvre. 3. malaria.

DHAY n. f. (-da) caano dhay ah : lait frais.

DHEDDIG n. m. (-ga) féminin, femelle.

DHEDO n. f. (-da) brouillard.

DHEEF n. f. (-ta) cunto, nafaqo : nourriture, substance.

DHEEH n. m. (-ha) émail, vernis.

DHEELLI n. m. (-ga) déséquilibre.

DHEEMMAN n. m. (-ka) diamant.

DHEERAAD n. m. (-ka) surplus, excédent.

DHEG n. f. (-ta) oreille.

DHEGOOLE n. m. (-ha) sourd.

DHEREG n. f. (-ta) satiété. Manger jusqu'à satiété : cun ilaa dhereg (-ta).

DHEX n. f. (-da) centre.

DHEXDHEXAAD n. m. (-ka) neutre.

DHIB n. f. (-ta) difficulté. Depuis son accident, il marche avec difficulté : intii uu shilka galay ka dib, dhib baa socodku ku yahay.

DHIBIC n. f. (-da) goutte.

DHIDIB n. m. (-ka) poteau. Poteau indicateur : dhidib (qori meel ka taagan) oo wata qoraal kala sheegaya jidadka.

DHIDID n. m. (-ka) sueur.

DHIF n. m. (-ka) rareté. Ce livre est très cher à cause de sa rareté : buuggaani waa qaali sababtoo ah waa dhif (aad looma helo).

DHIG v. 1. écrire. 2. déposer, poser une chose que l'on portait. Poser un fardeau : dhig culaab (rar) aad sidday.

DHIGMO n. f. (-da) écriture, écrit. Ecriture anglaise : dhigmo (qoraal) ingiriis ah.

DHIIB v. remettre, consigner, confier.

DHIICO n. f. (-da) dhabar diisan : dos plié.

DHIIDHI v. réagir. Il faut réagir contre ta paresse : waa inaad ka dhiidhidaa (wax ka qabataa) wahsidaada.

DHIIG n. m. (-ga) sang.

DHIIGBAX v. saigner. Je saigne du nez : sankaan ka dhiigbaxayaa.

DHIIGMIIRAD n. m. (-ka) exploiteur.

DHIIGYARAAN n. f. (-ta) anémie.

DHIIJI v. presser. Presser du raisin, un citron : dhiiji (majuuji) canab,

liindhanaan.

DHIINSOOLE n. m. (-ha) drap.

DHIIRRIGGELI v. encourager.

DHIL v. éplucher, ôter la pelure d'un légume, d'un fruit. Eplucher des pommes de terre : dhil (dubka ka fiiq) baradho.

DHILLAYSO v. se prostituer.

DHILLO n. f. (-da) prostituée.

DHIMBIL n. f. (-sha) étincelle. Jeter des étincelles : dhimbilo (dhibco dab ah) tuur.

DHIN v. réduire. Il faudrait réduire nos dépenses : waa inaan dhinnaa kharashyadeenna.

DHINAC n. m. (-a) côté.

DHIQLE n. m. (-ha) punaise.

DHIR n. f. (-ta) plante.

DHIRIF n. m. (-ka) xanaaq (-a) : colère, rage.

DHIS v. construire, bâtir, édifier.

DHOOBO n. f. (-da) argile, glaise.

DHOODDI n. f. (-da) terrain non sableux : dhul gawaan ah oo aan ciid lahayn.

DHOOF n. m. (-ka) long voyage.

DHOOLATUS n. m. (-ka) parade, défilé militaire.

DHOOQO n. f. (-da) boue.

DHOWAAN n. f. (-ta) proche, qui est près en parlant du temps. L'heure est proche : saacaddii waa dhowaan (waa dhowdahay).

DHOWEE v. accompagner qn.

DHUDHUMI v. mesurer l'avant-bras.

DHUDHUN n. m. (-ka) avant-bras.

DHUFAAN n. m. (-ka) neef la xiniinbixiyay : châtré, privé des organes nécessaires à la procréation.

DHUFAYS n. m. (-ka) tranchée.

DHUG n. f. (-ta) intelligence, finesse.

DHUGDHUGLE n. m. (-ha) moto, motocyclette.

DHUGLAAWE n. m. (-ha) stupide, dissipé. Un écolier dissipé : arday dhuglaawe ah (aan wax fahmayn).

DHUGO v. fiiri : regarder.

DHUKAAN n. m. (-ka) cudur geela ku dhaca : maladie des chameaux :

DHUL n. m. (-ka) terre.

DHULBAR n. m. (-ka) équateur.

DHULCAWSEED n. m. (-ka) savane.

DHULGARIIR n. m. (-ka) tremblement de terre.

DHULGOOSI n. m. (-ga) féodalité.

DHULLAX n. m. (-a) furoncle. Youssuf a un furoncle dans le dos : Yuusuf dhullax (fin) buu dhabarka ku leeyahay.

DHULMAREEN n. m. (-ka) voyageur.

DHUMUC n. f. (-da) épaisseur.

DHUNJI v. liq : avaler.

DHUNKO v. embrasser, baiser.

DHUQ n. f. (-da) vagin, vulve : marin ilmasidka ka yimaada oo u furan siilka.

DHUR v. puiser. Hersi est allé puiser de l'eau à la source : Xirsi wuxuu aaday inuu biyo ka soo dhuro (dhaamiyo) il biyoodda.

DHURWAA n. m. (-ga) hyène.

DHUUMO v. se cacher.

DHUUN n. f. (-ta) tuubo : tube.

DHUUNI n. m. (-ga) gourmand.

DHUURI n. m. (-ga) xanuun : douleur.

DHUUX n. m. (-a) moelle osseuse.

DHUXUL n. f. (-sha) charbon.

DIB n. m. (-ka) 1. queue. 2. derrière, après.

DIBAD n. f. (-da) étranger, extérieur.

DIBADJOOG n. m. (-ga) animal sauvage.

DIBDHAC n. m. (-a) retard.

DIBI n. m. (-ga) taureau.

DIBINDAABYO n. f. (-da) désagrément.

DIBJIR n. m. (-ka) vagabond, errant.

DIBLOOMAASI n. m. (-ga) diplomate.

DIBQALLOOC n. m. (-a) scorpion.

DIBUSOCOD n. m. (-ka) réactionnaire.

DIBUTAATI n. m. (-ga) député.

DICAAYAD n. f. (-da) propagande.

DIDI v. baqdin geli : effrayer, faire peur.

DIGAAG n. m. (-ga) volaille.

DIGIR n. f. (-ta) haricot.

DIGSI n. m. (-ga) casserole.

DIGTOONOW v. faire attention.

DIIBAAJI n. m. (-ga) dépôt.

DIID v. refuser.

DIIF n. f. (-ta) gaajo : faim, dépérissement.

DIIF n. m. (-ka) duuf : mucus.

DIIHAAL n. m. (-ka) faim. La faim dans le monde : diihaalka (gaajada) adduunka.

DIILLIN n. f. (-ta) ligne, tiret.

DIIN n. m. (-ka) tortue.

DIIN n. f. (-ta) religion.

DIINLAAWE n. m. (-ha) athée.

DIIQ n. m. (-a) coq.

DIIRI v. attiédir, chauffer.

DIIS v. hoos isugu riix : creuser, évider.

DIIWAAN n. m. (-ka) registre.

DIIWAANGELI v. enregistrer.

DIL v. tuer.

DIL n. m. (-ka) meurtre, assassinat.

DILLAAC n. m. (-a) crevasse.

DIR v. envoyer.

DIRAAC n. f. (-da) xilli abareed : saison sèche.

DIRIC n. m. (-a) 1. dégourdi, débrouillard. Un enfant débrouillard : cunug diric ah (isdebira). 2. dhar dumar : habit pour femme.

DIRIR v. combattre, faire la guerre.

DIYAARI v. préparer.

DIYO n. d. (-da) mag (-ta) : prix du sang.

DOC n. f. (-da) côté. Les bons côtés d'une affaire : docaha (dhinacyada) wanaagsan ee arrin.

DOCO v. faire des efforts pour accoucher.

DOOB n. m. (-ka) célibataire.

DOOD n. f. (-da) discussion, débat.

DOOFAAR n. m. (-ka) porc, cochon.

DOOG n. m. (-ga) caws cusub : frais pâturage.

DOOLLI n. m. (-ga) rat, souris.

DOON n. f. (-ta) bateau, embarcation.

DOON v. raadi : chercher. Abshir cherche partout son stylo : Abshir wuxuu meel walba ka doonayaa (ka raadinayaa) qalinkiisii.

DOOQ n. m. (-a) dookh (-a) : goût, plaisir.

DOOR v. choisir. sélectionner. Muhubo a choisi une robe verte : Muxubbo waxay dooratay cambuur cagaar ah.

DOORO v. 1. choisir. 2. voter pour qn, élire. Elire un député : dooro dibutaati.

DOOX n. m. (-a) shuban (-ka) : diarrhée.

DOOXATO n. f. (-da) brigand.

DOQON n. m. (-ka) sot, bête, idiot, imbécile.

DORRAAD n. f. (-da) avant-hier.

DOWDAR n. m. (-ka) seeg-seeg (-ga) : fainéant, qui ne veut rien faire.

DUB v. griller, rôtir.

DUB n. m. (-ka) harag (-ga) : peau. Peau de renard : dub dawaco.

DUBAALAD n. f. (-da) mèche.

DUBBE n. m. (-ha) burrus (-ka) : marteau.

DUBNAD n. f. (-da) domino, jeu de domino.

DUCO n. f. (-da) invocation de Dieu.

DUDDUN n. f. (-ta) termitière.

DUF n. f. (-ta) pelage. Le lion a le pelage fauve : libaaxu wuxuu leeyahay duf (dhogor) midab casuus ah leh.

DUFAN n. m. (-ka) subag (-ga) : gras.

DUGAAG n. m. (-ga) fauve, bête.

DUGGAAL n. m. (-ka) abri. Chercher un abri sous un arbre : ka raadi duggaal geed hoostiis.

DUGSI n. m. (-ga) école.

DUHUR n. m. (-ka) midi.

DUKAAN n. m. (-ka) boutique.

DUKAANLE n. m. (-ha) boutiquier.

DUL n. m. (-ka) daloolka sanka : narine.

DUL n. f. (-sha) oogada : partie supérieure de qch, dos, sommet, haut.

DULALAATI n. m. (-ga) passage, franchissement.

DULDHIG v. mettre qch sur qch d'autre.

DULLI n. m. (-ga) mal élevé, impoli.

DULMAR v. passer sur qch, dépasser, surmonter.

DULMI n. m. (-ga) oppression.

DULQAAD n. m. (-ka) patience.

DULUC n. m. (-a) ruban.

DUMAASHI n. f. (-da) belle-sœur.

DUMAR n. m. (-ka) femme.

DUMI v. démolir.

DUMMAD n. f. (-da) chat, matou.

DUN n. f. (-ta) fil.

DUQ n. m. (-a) vieux, vieille.

DUQEE v. bombarder. Les avions ont bombardé un pont : dayuura-dihii waxay duqeeyeen buundo.

DUQSI n. m. (-ga) mouche.

DUR v. piquer.

DURBAAN n. m. (-ka) tambour.

DURDUR n. m. (-ka) ruisseau.

DUREY n. m. (-ga) hargab (-ka) : rhume.

DURKI v. déplacer, changer de place, remettre.

DURUUF n. f. (-ta) condition, situation.

DUUB v. 1. enrouler. 2. enregistrer.

DUUD n. m. (-ka) dhabar (-ka) : dos.

DUUDSI v. inkir : nier, refuser, dénier.

DUUFAAN n. f. (-ta) tempête.

DUUFSO v. dévoyer.

DUUG n. m. (-ga) usure.

DUUG v. 1. masser. 2. enterrer, mettre un mort en terre.

DUUGMO n. f. (-da) massage.

DUUL v. voler.

DUULIYE n. m. (-ha) pilote.

DUULLAAN n. m. (-ka) assaut, attaque.

DUUMO n. f. (-da) malaria.

DUUNYO n. f. (-da) bétail, richesse.

DUUR n. m. (-ka) fourré, broussaille. Le lièvre s'est caché dans un fourré : bakaylihii wuxuu isku qariyay duur.

DUURJOOG n. f. (-ta) animal sauvage.

DUWO v. dévier, se détourner. Dévier de son chemin : ka du',ka leexi waddadiisii.

DUX n. f. (-da) gras. Un porc gras : doofaar dux (baruur) leh.

E

E' n. f. (-da) nom de la lettre « e ».

EBER n. m. (-ka) zéro.

EDBI v. élever, éduquer.

EDEB n. f. (-ta) éducation, bonne manière.

EDEBDARRO n. f. (-da) mal élevé, impoli.

EEBBE n. m. (-ha) Dieu.

EED n. f. (-da) délit.

EDAYSANE n. m. (-ha) coupable.

EEDBAX v. se défendre.

EEDDO n. f. (-da) tante paternelle.

EEDEE v. accuser qn.

EEG v. regarder.

EEX n. f. (-da) injustice.

EEY n. m. (-ga) chien.

EHEL n. m. (-ka) de famille, familial.

ENGEG n. m. (-ga) sec.

ENGEJI v. sécher.

ERI v. poursuivre.

F

FA ’n. f. (-da) nom de la lettre « f ».

FAA’IID v. gagner, toucher.

FAA’IIDO n. f. (-da) bénéfice, avantage.

FAAFI v. propager.

FAAG v. creuser, fouiller, déterrer.

FAAL n. m. (-ka) divination.

FAALALLOW n. m. (-ga) devin.

FAALLO n. f. (-da) commentaire.

FAAN n. m. (-ka) louange, éloge.

FAARUQ n. m. (-a) vide.

FAAS n. m. (-ka) hache.

FAC n. m. (-a) génération.

FACSHAR n. m. (-ka) scandale.

FADEEXO n. f. (-da) honte.

FADHI n. m. (-ga) être assis.

FADUUL n. f. (-sha) dérangement, gêne, désagrément.

FAHAN v. comprendre, saisir.

FAHMO n. f. (-da) intelligence.

FAJAC n. m. (-a) étonnement.

FAJAR n. m. (-ka) aube, première lueur du jour qui se produit à l’horizon.

FAKO v. échapper, éviter. Eviter un obstacle : ka fako caqabo.

FAL n. m. (-ka) verbe.

FAL v. faire.

FALLAAGO n. f. (-da) rebelle.

FALLAAR n. f. (-ta) flèche.

FALLIS v. concurrencer, rivaliser avec qn, entrer en concurrence avec quelqu’un.

FAN n. m. (-ka) art.

FANAX n. f. (-da) creux d’une dent, cavité.

FANNAAN n. m. (-ka) artiste.

FAQ v. parler à voix basse, parler doucement.

FAQIIR n. m. (-ka) pauvre.

FAQRI n. m. (-ga) pauvreté, misère.

FAR n. f. (-ta) 1. doigt. 2. écriture. Il a une belle écriture : far fiican buu leeyahay.

FARAATI n. m. (-ga) bague.

FARAGGELI v. intervenir, interférer, se mêler de.

FARAKH n. m. (-a) bâtard.

FARANKABOOLO n. f. (-da) timbre-poste.

FARAS n. m. (-ka) cheval.

FARAX n. m. (-a) gaieté.

FARAX v. se réjouir, s’égayer.

FARDHEXO n. f. (-da) doigt du milieu, médius.

FARGAN n. m. (-ka) fronde.

FARGEETO n. f. (-da) fourchette.

FARIID n. m. (-ka) brave.

FARIISO v. s’asseoir.

FAROOLEY n. f. (-da) râteau. Le jardinier ramasse les feuilles avec un râteau : jardinyeerigu (ninka beer ubaxeedka ku shuqul leh) wuxuu caleemaha ku uruurinayaa farooley (bir ilko wax lagu xaaro leh).

FARRIIN n. f. (-ta) message.

FARSAMO n. f. (-da) manufacture, fabrique.

FARUUR n. f. (-ta) lèvre.

FARUUR v. faire un canal d'écoulement.

FARXAAN n. m. (-ka) joyeux, gai, enjoué.

FASAHAAD n. f. (-da) abus (d'un privilège). 2. injustice.

FASAL n. m. (-ka) 1. classe (école). 2. xilli : saison.

FASAX n. m. (-a) 1. autorisation. 2. congé, vacances.

FASIR v. expliquer. Expliquer ses projets : fasirid qorsheyaashaada.

FATASH n. m. (-ka) perquisition.

FATUURAD n. f. (-da) voiture.

FEENO v. grignoter. Grignoter de la viande : feeno (ku cunid ilkaha) hilib.

FEER n. m. (-ka) poing, main fermée. Donner un coup de poing : hal feer ku dhifo.

FEER n. f. (-ta) côte.

FEERO n. f. (-da) kaawiyad (-da) : fer à repasser.

FEKER n. m. (-ka) pensée.

FEKRAD n. f. (-da) idée.

FEYNUUS n. m. (-ka) lampe à pétrole.

FIDI v. répandre, diffuser.

FIDNO n. f. (-da) fomentation.

FIDNEE v. fomenter.

FIICANAAN n. f. (-ta) bonté.

FIID n. m. (-ka) première partie du soir.

FIIDMEER n. f. (-ta) chauve-souris.

FIIN n. f. (-ta) sommet, cime. Le sommet d'une montagne : fiinta (caaradda ugu saraysa) ee buurta.

FIIQ v. xaqin mari : éplucher, nettoyer, essuyer.

FIIRI v. regarder.

FIIRO n. f. (-da) regard, coup d'œil.

FIL n. m. (-ka) âge.

FILFIL n. f. (-sha) poivrier.

FINFINIIN n. m. (-ka) écharde.

FIRAAQO n. f. (-da) vide, libre.

FIRAASH v. firaashid, goglid : faire le lit.

FIRCOON n. m. (-ka) pharaon. Les pharaons étaient les rois de l'ancienne Egypte : faraacinnadu waxay ahaayeen boqorrada Masartii hore.

FIRDHI v. disperser.

FIRIMBI n. m. (-ga) sifflet. L'agent de police a un sifflet : askariga boolisku wuxuu wataa firimbi.

FOGEE v. éloigner.

FOODSAAR v. affronter. Affronter un adversaire : foodsaar (ka hortag) qof aad ishaysaan.

FOOFI v. daaqgee : conduire au pâturage.

FOOL n. m. (-ka) front. Courber le front : foolka (gebida, wejiga) hoos u rog.

FOOL n. f. (-sha) xannuunka dhalmada : douleur de l'accouchement.

FOOLXUMO n. f. (-da) laideur.

FOORAD n. f. (-da) gain de jeu. Hier nous avons joué aux cartes et j'ai gagné : shalay turub baan ciyaarnay waxa aan ku badiyayna hal foorad.

FOORI n. f. (-da) sifflement.

FOORI v. siffler.

FOORNO n. f. (-da) four.

FOORORI v. retourner, basculer, renverser.

FOORORSO v. se courber, se plier.

FOOX n. m. (-a) encens.

FUDUDEE v. alléger.

FUJI v. détacher, arracher, déchirer.

FULEY n. m. (-ga) peureux, lâche.

FUQSO v. fuji : détacher pour soi.

FUR v. ouvrir.

FURDO n. f. (-da) dekad (-da) : douane.

FURE n. m. (-ha) clef.

FUREE v. gufee, awd : boucher. Bouche la bouteille : qaruuradda furee (aabbur saar).

FURFUR v. découdre.

FURSAD n. f. (-da) occasion.

FURUN n. m. (-ka) rooti (-ga) : pain.

FURUQ n. m. (-a) variole. La vaccination contre la variole est obligatoire : tallaalka ka hortagga cudurka furuqu waa khasab.

FUTO n. f. (-da) dabo, bari (-da) : derrière, postérieur.

FUUD n. m. (-ka) maraq (-a) : potage, bouillon.

FUUL v. monter. Il est monté dans sa chambre : wuxuu fuulay (koray) qolkiisa.

FUUNDI n. m. (-ga) maçon.

FUUQ v. siroter, boire à petits coups. Dalmar sirote son café : Dalmar wuxuu fuuqayaa (fiiqsanayaa, aayar ucabbayaa) kafeegiisa.

FUUQ n. m. (-a) douille.

FUUQSO v. boire. Boire de l'eau : fuuqso (cab) biyo.

FUUR v. enfler. Ses jambes enflent : kubabkiisu waa fuurayaan (bararayaan).

FUUSTO n. f. (-da) bidon.

G

GA 'nom de la lettre « g ».

GAAB adj. bas. Dans le salon, il y a une table basse : saalootada (bersedda), waxaa dhex yaal miis gaaban.

GAABI v. 1. abaisser, baisser. 2. ralentir. Les voitures doivent ralentir aux carrefours : gawaaridu waa inay socodka gaabiyaan markay marayaan isgoysyada.

GAAD v. attaquer, assaillir.

GAADIID n. m. (-ka) transport.

GAAJO n. f. (-da) faim.

GAAL n. m. (-ka) blanc, non musulman.

GAALAD n. f. (-da) femme de race blanche.

GAALOW v. devenir infidèle, cesser de pratiquer sa religion.

GAAR n. m. (-ka) particulier, spécial. Plante particulière à un climat : geed gaar u ah cimilo goonni ah.

GAAR n. m. (-ka) garde, surveillance. la garde des frontières : gaarka xuduudaha.

GAARDI n. m. (-ga) marche.

GAARHAYE n. m. (-ha) gardien. Gardien de la paix : gaarhayaha nabadda.

GAARI n. m. (-ga) véhicule.

GAARI n. f. (-da) bonne, brave : naag nadaafadda ku fiican.

GAARSII v. remettre, confier, faire parvenir.

GAAS n. m. (-ka) 1. pétrole pour illumination. 2. subdivision militaire.

GAASHAANBUUR n. f. (-ta) alliés.

GAASHAANBUURSO v. s'allier, s'associer, se coaliser.

GAASHAANLE n. m. (-ha) major.

GAASIR n. m. (-ka) incomplet, qui manque de qch. Une étude incomplète : waxbarasho gaasir ah (aan dhamaystirnayn).

GAASIR v. diminuer. Les jours diminuent : maalmuhu waa gaasirmayaan (dhinmayaan).

GABAGGABEE v. conclure.

GABAGGABO n. f. (-da) conclusion.

GABAN n. m. (-ka) enfant, petit.

GABAR n. f. (-ta) fille, vierge.

GABAREYMAANYO n. f. (-da) sirène.

GABAY n. m. (-ga) poésie, poème Moussa apprend un poème de Khaliif Sheekh Moxamuud : Muuse wuxuu qaybayaa (baranayaa) gabay uu Khaliif Sheekh Moxamuud leeyahay (tiriyay).

GABBAAD n. m. (-ka) abri.

GABBAL n. m. (-ka) tombée de la nuit, du jour.

GABOW n. m. (-ga) vieillesse.

GABYAA n. m. (-ga) poète. Mohamed Hersi » Yamyam » est un grand poète : Moxamed Xirsi « Yamyam » waa gabyaa weyn.

GACAL n. m. (-ka) cher. C'est son plus cher ami : waa saaxiibkiisa ugu gacalsan (qaalisan).

GACALO n. f. (-da) chère.

GACALNIMO n. f. (-da) amitié. Prendre quelqu'un en amitié : qof gacalnimo (saaxiibnimo) u qaado.

GACAN n. f. (-ta) main.

GACAN n. m. (-ka) canal.

GACANQABO v. aider. Aider ses amis : gacanqabo (caawi, saacid) saaxiibadaa.

GACANSAYR v. ku gacansayr : refuser.

GACANYARE n. m. (-ha) kaaliye : assistant.

GAD v. vendre.

GADAAL n. f. (-sha) derrière.

GADOOD n. m. (-ka) se fâcher, se mettre en colère.

GAF n. m. (-ka) erreur.

GAFUUR n. m. (-ka) museau. Museau de chien : gafuur (af soo yuuban) ee eey.

GAGGABI v. donner un coup qui fait perdre l'équilibre : ku dhifo jug uu la dhacdhaco.

GAHAYR n. m. (-ka) vert, âcre, aigre. Des fruits aigres : miro gahayr ah (aan weli bislaan).

GAL n. m. (-ka) gaine, enveloppe, étui. Etui à lunettes : gal ookiyaaleyaal.

GAL v. entrer.

GALAAS n. m. (-ka) 1. verre. 2. classe.

GALAB n. f. (-ta) après-midi.

GALABCARAW n. m. (-ga) voyage de l'après-midi.

GALBEED n. m. (-ka) occident, ouest.

GALLAD n. f. (-da) faveur.

GALLEY n.f. (-da) maïs.

GALTI n. m. (-ga) 1. étranger. 2. barbare.

GAM'I v. s'endormir. Guhaad s'est endormi à dix heures : Guhaad wuxuu gam'ay tobankii sacaaddu markay ahayd.

GAM'IWAA n.m. (-ga) insomnie.

GAMBAR n. m. (-ka) tabouret.

GAMBO n. f. (-da) kumi (-ga) : dix centimes.

GAMMAAN n. m. (-ka) shabbahaad faras leh : chevalin, qui ressemble à un cheval.

GAMUUN n. m. (-ka) hampe. La hampe du drapeau est le manche de bois auquel il est fixé : gamuunka calanku waa usha qoriga ah ee uu ka taaganyahay.

GAN v. lancer. Lancer des pierres : dhagaxyo gan (tuur).

GANAAX n. m. (-a) amende.

GANAC n. m. (-a) pancréas, glande située en arrière de l'estomac.

GANAC n. f. (-da) commerce. Quitter son commerce : ka tag ganacdaadii (ganacsigaagii).

GANACSATO n. f (-da) commerçant.

GAR n. m. (-ka) barbe.

GAR n. f. (-ta) justice, jugement.

GARAAC v. frapper.

GARAAD n. m. (-ka) intelligence.

GARAADLAAWE n. m. (-ha) idiot, imbécile.

GARAB n. m. (-ka) 1. épaule. 2. appui, soutien, support.

GARABSII v. soutenir.

GARAC n. m. (-a) bâtard.

GARAN n. m. (-ka) maillot.

GARANGAR n. f. (-ta) roue.

GARANGARI v. rouler. Rouler un tonneau : garangari (dilindillee) barmiil.

GARAS n. m. (-ka) grand arbre toujours vert.

GARBASAAR n. f. (-ta) châle pour femme.

GARDARRO n. f. (-da) tort, injustice, accusation à faux.

GARFEER n. f. (-ta) shanlo : peigne.

GARGAAR n. m. (-ka) secours, aide.

GARGAAR v. secourir, aider, assister.

GARHEL v. avoir raison.

GARIIR v. trembler.

GARMAQAATE n. m. (-ha) entêté, têtu.

GARNAQ v. juger.

GARNAYL n. m. (-ka) bombe à main.

GAROOB n. m. (-ka) femme divorcée.

GAROON n. m. (-ka) aéroport.

GAROOR n. m. (-ka) lait caillé, yaourt.

GARQAAD v. juger.

GARSOOR n. m. (-ka) justice.

GARSOORE n. m. (-ha) juge.

GARWAAQSO v. xasuuso : se souvenir, se rappeler.

GARXIIR n. f. (-ta) lame de rasoir.

GARYAQAAN n. m. (-ka) juriste, magistrat.

GASHAAN n. m. (-ka) amant.

GASHI n. m. (-ga) shaati : chemise.

GASHO v. mettre, porter un vêtement.

GEBI n. m. (-ga) totalité.

GEDDI n. m. (-ga) rivage, bord, rive. Les rives du Jubba : geddiyada (dhinacyada) Jubba.

GEDDI v. renverser, retourner.

GEDDIS n. m. (-ka) commerce.

GEDDISLEY n. f. (-da) commerçant.

GEDDOON v. renverser, mettre à l'envers. Renverser un verre : geddoonsii (qallib) bakeeri.

GEDGEDDI v. conjuguer. Conjuguer un verbe : gedgeddi (rogrog) fal.

GEE v. apporter qch à qn. Apporter des biens à une communauté : ugee (uqaad) xoolo beel meel fadhida.

GEED n. m. (-ka) arbre.

GEEDDI n. m. (-ga) voyage.

GEEDEE v. donner de la saveur, du goût à.

GEEDXAMAR n. m. (-ka) petite plante pour donner du goût au beurre ou au thé.

GEEL n. m. (-a) chameau.

GEELJIRE n. m. (-ha) chamelier.

GEENYO n. f. (-da) jument.

GEERAAR n. m. (-ka) type de poème.

GEERI n. f. (-da) mort.

GEERIGO'AN n. m. (-ka) endroit isolé, écarté.

GEES n. m. (-ka) 1. corne. 2. extrémité, bout.

GEESI n. m. (-ga) héros, courageux.

GEESIYAD n. f. (-da) courageuse.

GELI v. faire entrer.

GELIN n. m. (-ka) moitié de la journée.

GELITAAN n. m. (-ka) entrée.

GEMBI v. renverser, retourner.

GERI n. m. (-ga) girafe.

GEY v. pouvoir épouser.

GEYI n. m. (-ga) pays.

GEYR n. m. (-ka) marche arrière et avant. Geyrka bedel : changer de vitesse.

GEYRE n. m. (-ha) dabayl habeennimo : vent du soir.

GIBILCAD n. f. (-da) peau claire en parlant des types de somaliens.

GIDAAR n. m. (-ka) mur, cloison, paroi.

GIDDI adv. tout, entier.

GIGTIR v. tendre, tirer. Tendre un arc : gigtir (giiji) qaanso.

GIIJI v. tendre, tenir en état d'allongement. Tenir une corde : giiji xarig.

GIIS v. chantonner, chanter à mi-voix. Chantonner une qaaci : ku giis (hoos u qaad) hees qaaci ah.

GILGIL v. secouer. Secouer un arbre : gilgil (rux) geed.

GIRGIR n. m. (-ka) darafta : ourlet. L'ourlet de la robe est décousu : girgirkii (xortii, daraftii) maradu waa furfuratay.

GIRGIRE n. m. (-ha) barjiko (-da) : brasero.

GISI n. m. (-a) lo'duureed : buffle.

GO' n. m. (-a) 1. qayb : partie, morceau. 2. maro dhaqameed : habillement traditionnel.

GO' v. 1. couper, interrompre. Interrompre une personne qui parle : hadalka ka goo qof hadlaya. 2. mourir. Mourir de vieillesse : ugo'(u dhimo) gabow.

GO'AAMI v. décider, déterminer qn à faire qch.

GO'AAN n. m. (-ka) décision, détermination.

GO'DOOMI v. isoler.

GO'DOON n. m. (-ka) isolé.

GOB n. m. (-ka) 1. noble. 2. grand arbre à fruits comestibles : geed weyn oo miro la cuno leh.

GONANNIMADDOON n. m. (-ka) front de libération.

GOBANNIMO n. f. (-da) liberté, indépendance.

GOBOL n. m. (-ka) 1. partie, morceau. 2. région.

GOBOLAYSI n. m. (-ga) régionalisme.

GOCO v. xasuuso : se souvenir de.

GOD n. m. (-ka) fosse, trou, tombe.

GOD v. creuser. Creuser une pierre : god (qod) dhagax.

GODOB n. f. (-ta) tort, injustice.

GOGOL n. f. (-sha) drap.

GOGOL n. f. (-sha) étendre, étaler. Etaler des marchandises : gogol (dhulka ku war) badeeco, alaab ganacsi.

GOGOLDHIG n. m. (-ga) introduction.

GOGOLXAAR v. faire des préliminaires. Discours préliminaire : khudbo gogolxaar ah.

GOLAJOOG n. m. (-ga) participant, présent. Les participants à une réunion : golajoogyo (ka qaybgalayaal) shir.

GOLDALOOL n. f. (-da) défaut. Diamant sans défaut : dheemman (johorad) aan goldalool (cillad) lahayn.

GOLE n. m. (-ha) 1. lieu de réunion. 2. comité, conseil.

GOLXOB n. f. (-ta) grand poignard recourbé : billaawe weyn oo qallooca.

GOO v. couper. L'eau a été coupée : biyihii waa la gooyay.

GOOB v. chercher. Chercher quelqu'un dans une foule : ka goob (ka dhex raadi) qof xayn dad ah.

GOOBAAB n. f. (-ta) goobaabin : cercle.

GOOBJOOG n. m. (-ga) témoin oculaire.

GOOBO n. f. (-da) cercle.

GOOD n. m. (-ka) go'(-a) : morceau d'étoffe, de tissu.

GOOD n. m. (-ka) serpent venimeux : mas sun leh.

GOOF n. m. (-ka) champ. champ de blé, maïs : goof (beer) qamadi, galley iwm ku beeranyihiin.

GOOGGOO v. morceler, diviser, fragmenter.

GOOH n. m. (-a) gémissement. Pousser de longs gémissements : gooh (taah) badan la taah.

GOOL n. m. (-ka) but. Toucher au but : gool dhali.

GOOL n. f. (-sha) 1. lionne. 2. grosse.

GOOLWALE n. m. (-ha) gardien de but.

GOOMBAAR n. f. (-ta) négligée (en parlant d'une femme qui est toujours sans soin).

GOON n. m. (-ka) daan : zygoma, os de la pommette.

GOONNI n. f. (-da) seul.

GOONNO n. f. (-da) jupe.

GOOR n. f. (-ta) temps, fois, moment. Il est venu trois fois : saddex goor buu yimi.

GOOSAN n. m. (-ka) petite unité de force armée.

GOOSGOOS n. m. (-ka) réplique.

GOOSO v. 1. se décider. Il s'est décidé à travailler : wuxuu goostay inuu shaqeeyo. 2. couper.

GORFEE v. traiter. Traiter une question : gorfee (falanqee) su'aal.

GORGOR n. m. (-ka) vautour, charognard.

GORGORI v. négocier, marchander, discuter pour arriver à un accord. Négocier une valeur : gorfee (baayac) qiime.

GOROD n. m. (-ka) animal à tête colorée.

GORORI v. faire couler. Ce tonneau coule : barmiilkani waa gororayaa (daadanayaa).

GOROYO n. f. (-da) autruche.

GOTIN n. m. (-ka) meel godan : petit abaissement sur la terre.

GOWRAC v. égorger.

GOWRIIR v. rester. Rester à Paris : Baariis gowriir (iska fadhi).

GOWS n. m. (-ka) molaire. Les molaires de l'homme sont au nombre de vingt : gowsaha qofku waa tiro labaatan ah.

GOWS-HORAAD n. m. (-ka) prémolaire.

GU' n. m. (-ga) 1. printemps. 2. sannad : an.

GUB v. brûler.

GUCLEE v. ruclee : courir lentement.

GUCUMAALE n. m. (-ha) lion très dangereux.

GUD v. 1. circoncire, accomplir un rite obligatoire. 2. marcher dans la nuit.

GUDAGGAL v. approfondir.

GUDBI v. 1. passer qch à qn. 2. faire traverser, franchir.

GUDCUR n. m. (-ka) ténèbres, obscurité.

GUDDI n. m. (-ga) conseil.

GUDDOOMIYE n. m. (-ha) président d'une commission, d'un comité.

GUDDOON n. m. (-ka) décision.

GUDO n. m. (-ha) dedans.

GUDUUD n. m. (-ka) rouge.

GUDUUDANE n. m. (-ha) lynx. Le lynx est une sorte de grand chat sauvage : guudanuhu waa nooc mukulaal duureed weyn ah.

GUDUUDI v. rendre rouge.

GUFAACO n. f. (-da) dabayl xoog u dhacaysa : vent impétueux.

GUFEE v. boucher.

GUGUC n. m. (-a) onkod : tonnerre.

GUJEE v. aiguillonner, stimuler, encourager. Stimuler un enfant : gujee (guubaabi) ilmo.

GUJIS n. m. (-ka) sous-marin.

GULUUB n. m. (-ka) ampoule, lampe.

GULUUS n. m. (-ka) bouton.

GUMAAD v. détruire, exterminer, massacrer.

GUMAAR n. m. (-ka) aine, pubis.

GUMEYSO v. coloniser, soumettre.

GUMEYSTE n. m. (-ha) colonialiste.

GUMMUD n. m. (-ka) 1. moignon, ce qui reste d'un membre coupé. Moignon de jambe : gummud ka haray lug la gooyay. 2. mégot, bout qui reste d'une cigarette.

GUN n. f. (-ta) personne de basse caste qui est considérée inférieure aux autres.

GUNAANAD v. 1. réciter le Coran pour un mort. 2. conclure, compléter.

GUNDHO n. f. (-da) base, fond. La justice est la base d'un Etat : cadaaladdu waa gundhada (aasaaska) Qaran.

GUNGAAR v. atteindre un but.

GUNTI v. gunud : nouer, attacher, lier. Nouer une cravate : gunti (gunud, siriq uyeel) karafaati.

GUNTIINA n. f. (-da) vêtement que les femmes portent et qui laisse apparaître nus les épaules et le côté droit.

GUNTIN n. f. (-ta) nœud.

GUNUD v. nouer.

GUR v. 1. déplacer. 2. ramasser. Ramasser du bois mort : gur (ururi) xaabo, qoryo qallalan.

GUREY n. m. (-ga) gaucher.

GURGUURO v. marcher à quatre pattes.

GURI n. m. (-ga) maison, habitation.

GURIGEE v. accompagner qn dans une nouvelle maison.

GURMAD n. m. (-ka) sauveteur, secouriste.

GURMO v. secourir, aider, assister.

GURO n. f. (-da) sommet. Le sommet d'une montagne : gurada buurta.

GURUDDAMBAYS n. m. (-ka) plus jeune, benjamin.

GUUBAABI v. exhorter, encourager.

GUUD n. m. (-ka) général, ce qui est commun.

GUUL n. f. (-sha) victoire, succès.

GUULDARRO n. f. (-da) défaite, insuccès.

GUULEYSO v. gagner, vaincre, triompher.

GUULWADE n. m. (-ha) milicien.

GUUMEYS n. m. (-ka) célibataire.

GUUMEYS n. f. (-ta) 1. hibou. 2. vieille fille.

GUUR n. m. (-ka) mariage, noce.

GUUR v. déplacer, déménager.

GUURE n. m. (-ha) voyage nocturne.

GUUREE v. voyager la nuit.

GUURSO v. épouser, se marier.

GUUTO n. f. (-da) 1. groupe. 2. brigade.

GUUX n. m. (-a) grondement.

GUUX v. grogner.

H

HA' n. f. (-da) nom de la lettre « h ».

HAABO v. attraper, saisir. Attraper un voleur : haabo (qabo) tuug.

HAAD n. m. (-ka) volatile, oiseau.

HAAD v. duulid : voler.

HAADAAN n. f. (-ta) gouffre. Tomber dans un gouffre : haadaan (god weyn) ku dhex dhac.

HAADI v. vanner, secouer le grain. Vanner du blé : haadi qamadi.

HAAH adv. oui.

HAAJIR n. m. (-ka) émigrant.

HAAJIR v. émigrer, quitter son pays pour s'établir dans un autre pays.

HAAN n. f. (-ta) petit récipient pour le lait ou l'eau.

HAANEED v. tirer le lait, traire.

HAAR v. ladi waa' : se troubler, se mouvoir, bouger.

HAAR n. f. (-ta) cicatrice, blessure.

HAASAAWE n. m. (-ha) la cour à une femme.

HAASAAWI v. faire la cour à une femme, tenter de la séduire.

HAATAN adv. maintenant, à présent, actuellement.

HAAWI v. aérer, donner de l'air.

HAAWO v. respirer, prendre l'air.

HAB n. m. (-ka) manière, façon.

HAB v. nourrir, alimenter un enfant.

HABAABI v. faire perdre, désorienter.

HABAAR n. m. (-ka) malédiction.

HABAAR v. maudire.

HABAAS n. m. (-ka) poussière.

HABAR n. f. (-ta) 1. vieille femme. 2. mère, maman.

HABARJINNI n. f. (-da) vieille femme méchante.

HABAROW v. vieillir (en parlant d'une femme).

HABARWADAAG n. f. (-ta) demi-frère maternel.

HABARYAR n. f. (-ta) tante maternelle.

HABAY v. organiser, mettre en ordre.

HABBISO n. f. (-da) lassitude morale : daal niyadda ah.

HABDARRO n. f. (-da) désorganisation, désordre.

HABEE v. bien organiser, bien arranger, ordonner.

HABEEN n. m. (-ka) nuit, soir.

HABEENDHAX n. m. (-a) voyage de deux jours.

HABEENO n. f. (-da) mauvaise vision nocturne : wax aragla'aanta habeenkii.

HABLO n. m. pl. (-ha) jeunes filles.

HABOW n. m. (-ga) perte, trouble.

HABQORRAXEED n. m. (-ka) système solaire.

HABRAWADAAG n. f. (-ta) cousins maternels.

HABSII v. enlacer qn.

HABSO v. s'asseoir par terre.

HADAAF v. tartiib udhaqaaqid : avancer lentement.

HADAAQ v. bégayer, balbutier.

HADAF n. m. (-ka) objectif.

HADAL v. parler, bavarder, causer.

HADALTIRO n. f. (-da) causette, bavardage.

HADALYAQAAN n. m. (-ka) orateur.

HADEE v. daboolsaarid : mettre un couvercle sur qch.

HADHOW adv. bientôt, sous peu.

HADIMEE v. khatar gelin : mettre qn en danger.

HADIMO n. f. (-da) danger, désastre, catastrophe.

HADIYAD n. f. (-da) cadeau.

HADOODIL v. qarin, daboolid : couvrir.

HAFAR v. approprier.

HAFI v. noyer.

HAFO v. ku hafo : se noyer.

HAG v. guider, diriger vers.

HAGAAG v. ku hagaag : se diriger vers.

HAGAAJI v. arranger. ku hagaaji : adresser.

HAGAR n. f. (-ta) négligence, laisser-aller.

HARDAAMEE v. harceler, fatiguer par des attaques répétées.

HAGARDAAMO n. f. (-da) désagrément, taquinerie.

HAGOOG n. f. (-ta) masque, visière.

HAGOOG v. cacher, dérober. Cacher son visage : hagoog (qari) wejigaaga.

HAGOOGO v. se cacher.

HAGRO v, négliger, abandonner.

HAH n. f. (-da) âcre, aigre, acide, goût piquant.

HAKAD n. m. (-ka) virgule. Hakad iyo dhibic : point-virgule.

HAKI v. ralentir, retarder, entraver.

HAKO v. faire une pause.

HAL n. f. (-sha) chamelle adulte.

HALAAG v. anéantir, plonger qn dans un état d'abattement.

HALAALAC n. m. (-a) verdoiement. Le verdoiement de la campagne : halaalaca (laaca) baadiyaha ay dhirtu wada cagaartaan.

HALAB n. f. (-ta) crinière, poil. Les lions ont une crinière : libaaxyadu waxay leeyihiin halab.

HALABAYSO v. guudku ha kugu baxo, timo dheer yeelo : avoir beaucoup de cheveux, être très chevelu.

HAL-ABUUR n. m. (-ka) création poétique.

HALAC n. m. (-a) 1. vapeur chaude. 2. flamme. 3. avide, gourmand. C'est un enfant gourmand : waa ilmo halac ah (cir weyn).

HAL-ADAYG n. m. (-ga) solidité, constance.

HALAKEE v. blesser, endommager, dégrader, détériorer.

HALAKO n. f. (-da) dommage, dégât.

HALAQ n. m. (-a) l'ensemble des scorpions et des serpents.

HALEEL v. rattraper, rejoindre, retrouver.

HALGAN v. lutter, combattre, se battre.

HALHALEEL adv. vite, rapidement. Parler vite : halhaleel (boobsiis) u hadal.

HALIS n. f. (-ta) danger.

HALKUDHIG n. m. (-ga) argument, sommaire d'une narration, d'une pièce de théâtre.

HALLEE v. ruiner, endommager, abîmer.

HALMAAN v. oublier.

HALQABSO v. ku halqabso : faire une référence.

HALXIRAALE n. m. (-ha) devinette.

HALYEEY n. m. (-ga) héros. Gambool était un héros : Gambool wuxuu ahaa halyeey (geesi).

HAMBALYEE v. féliciter, complimenter.

HAMBALYO n. f. (-da) félicitation, compliment.

HAMBEE v. laisser qch dans l'assiette.

HAMBO n. f. (-da) haraa cunto : reste.

HAMHAM n. f. (-ta) discours privé de sens.

HAMMI n. m. (-ga) perturbation, embarras, trouble.

HAMMUUN n. f. (-ta) baahi subaxeed : faim causée par le fait de ne rien avoir mangé le matin.

HAMMUUNTIRO v. quraaco : prendre le petit déjeuner.

HAN n. m. (-ka) orgueil. L'orgueil se nourrit d'ignorance : hanku (qabka, islaweynida) waxaa dhuunya, quudiya jahliga.

HANAD n. m. (-ka) personne habile, adroite, capable, apte.

HANAQAAD n. m. (-ka) majeur, adulte.

HANDAD n. m. (-ka) sursaut, secousse.

HANDARAAB n. m. (-ka) loquet, verrou, targette.

HANFARIIR n. m. (-ka) peur, frayeur.

HANFI n. m. (-ga) vent chaud.

HANGOOL n. m. (-ka) outil qui a une forme de bâton.

HANJAB v. menacer.

HANNAAN n. m. (-ka) ordre, système, règlement.

HANO n. f. (-da) maladie du cuir.

HANO v. s'emparer, se rendre maître.

HANQALTAAG n. m. (-ga) prétention.

HANQAR n. m. (-ka) onkod : tonnerre.

HANSAD n. f. (-da) secousse, choc. Le train part sans secousse : tareenku wuxuu baxaa hansad la'an (si tartiib ah isaga oo aan ruxmin).

HANTAAQO n. f. (-da) 1. dégringolade. 2. déception.

HANTAATAC v. balbutier, articuler imparfaitement, avec hésitation et difficulté.

HANTI n. f. (-da) patrimoine, fortune.

HANTI v. s'approprier, s'adjuger. S'adjuger la meilleure part : hantiyid (yeelasho) qaybta ugu doorroon.

HANTIDHAWR n. m. (-ka) courdes comptes.

HANTIGGELIN n. f. (-ta) investissement.

HANTIGGOOSI n. m. (-ga) capitalisme. Le capitalisme est un système économique dans lequel les capitaux, les usines appartiennent à des particuliers et non à l'Etat : hantigoosigu waa nidaam dhaqaale oo ay hantida, warshadaha iska leeyihiin dad gaar ah ee aan Qaranku (dawladdu) lahayn.

HANTIILE n. m. (-ha) propriétaire, armateur.

HANTIWADAAG n. m. (-ga) socialisme.

HANUUNI v. orienter idéologiquement.

HANUUNIYE n. m. (-ha) celui qui oriente.

HAQAB n. m. (-ka) besoin.

HAQABBEEL v. ka haqabbeel : se rassasier.

HAQABTIR v. satisfaire.

HAR n. m. (-ka) 1. ombre. 2. midi.

HARAA n. m. (-ga) reste, résidu.

HARAARYOO v. souffler, haleter. Haleter après une longue course : haraaryood (neeftuur) orod dheer ka dib.

HARAATI n. f. (-da) coup de pied.

HARAATI v. donner un coup de pied.

HARAC n. m. (-a) ombragé. Un lieu ombragé : meel harac leh (wada hoos ah).

HARAGWAXAR n. m. (-ka) peau de chevreau.

HARAM n. m. (-ka) pyramide.

HARBI v. pousser. Pousser la porte : harbi (riix) albaabka.

HARDI v. donner un coup de tête.

HAREER n. f. (-ta) côté.

HAREEREE v. encercler.

HAREERI n. m. (-ga) grand arbre au tronc élevé et droit.

HARGAANTI n. m. (-ga) chasseur.

HARGAB n. m. (-ka) rhume.

HARGAL v. rester à l'ombre (à cause de la chaleur).

HARJAD v. s'agiter.

HARO n. f. (-da) lac.

HAROWSO v. khashiinso : bafouer.

HARQAAN n. m. (-ka) machine à coudre.

HARQAANLE n. m. (-ha) tailleur, couturier.

HARQAD n. f. (-da) petit morceau de tissu, d'étoffe.

HARQI v. noyer, étouffer.

HARRAAD n. m. (-ka) soif.

HARRAADTIR v. désaltérer. Une boisson qui désaltère : cibbitaan harraadtiraya, bi'inaya.

HARSIMO n. f. (-da) la partie la plus chaude de la journée.

HARSO v. se mettre à l'ombre pour éviter la chaleur.

HARUUB n. m. (-ka) couvercle du récipient à lait.

HARUUBGAAL n. m. (-ka) récipient utilisé pour tirer le lait.

HARYUUB n. f. (-ta) ride, pli.

HAS n. m. (-ka) poussière.

HAW n. f. (-da) haw ku dheh, ku soo bood : attaquer, agresser.

HAWAAR v. candhaaq : s'asseoir de façon désordonnée.

HAWAAWI v. oublier ce qui s'est passé.

HAWAGGEDIS n. m. (-ka) changement d'air.

HAWAMMAREEN n. m. (-ka) trachée-artère.

HAWD n. m. (-ka) forêt.

HAWEEN n. m. pl. (-ka) l'ensemble des femmes.

HAWEENEY n. f. (-da) femme. Ma mère est une femme remarquable : hooyaday waa haweeney cid la midihi jirin.

HAWEYSO v. désirer. Ali désire te parler : Cali wuxuu haweysanayaa (rabaa) inuu kula hadlo.

HAWL n. f. (-sha) travail.

HAWL-ABUUR n. m. (-ka) création de postes de travail.

HAWLDIID n. m. (-ka) fainéant.

HAWLFUDUDAYN n. f. (-ta) laaluush : pourboire.

HAWLGAB n. m. (-ka) retraité.

HAWLGACMEED n. m. (-da) travail manuel.

HAWLKAR n. m. (-ka) habile, capable, apte.

HAWLMAALMEED n. m. (-ka) travail quotidien.

HAWLWADEEN n. m. (-ka) fonctionnaire, employé, dirigeant.

HAWO n. f. (-da) air, atmosphère, espace.

HAWTULHAMAG n. m. (-ga) 1. insecte qui vient le soir à la lumière. 2. sot, idiot.

HAY v. avoir, tenir, garder.

HAYAAN n. m. (-ka) longue marche en cherchant un meilleur lieu.

HAYAAY n. f. (-da) rappel, appel.

HAYBAD n. f. (-da) prestige.

HAYBI v. demander.

HAYBSO v. demander à qn son origine, sa tribu.

HAYE adv. 1. oui, bien. 2. comment ça va ?

HAYIN n. m. (-ka) obéissant, docile.

HAYSO v. lahow : posséder.

HEBED n. m. (-ka) docile.

HEBEL n. m. (-ka) type, mec.

HEBLAAYO n. f. (-da) individu femme.

HEE adv. oui (pour répondre à qn qui vous appelle).

HEEGAN n. m. (-ka) arrière-garde.

HEELLO n. f. (-da) chant.

HEEN n. m. (-ka) écume.

HEENSO v. boire la dernière goutte.

HEER n. m. (-ka) niveau, degré.

HEERAAR n. m. (-ka) deyr weyn : grande clôture.

HEERKUL n. m. (-ka) température.

HEERYEE v. harnacher un chameau.

HEERYO n. f. (-da) harnachement.

HEES n. f. (-ta) chanson.

HEES v. chanter. Chanter comme un homme qui a goûté à l'amertumes des jours et aux cuisses des femmes : u hees sidii nin dhadhamiyay kharaarka maalmaha (waayaha) iyo bowdyaha dumarka.

HEL v. trouver.

HESHII v. se mettre d'accord.

HESHIIS n. m. (-ka) convention, accord. Les deux partis ont signé une convention : labadii xisbi waxay saxiixeen heshiis.

HEY'AD n. f. (-da) organisme, agence, corporation.

HIBEE v. donner, offrir.

HIBO n. f. (-da) don.

HIDDE n. m. (-ha) tradition, coutume.

HIGGAADI v. articuler, épeler.

HIGLO n. f. (-da) grand arbre toujours vert.

HIGSO v. hâter, presser, accélérer pour rejoindre qn.

HIIF v. canaano : gronder.

HIIG v. déchirer avec les dents une viande dure.

HIIL n. m. (-ka) aide. Accorder une aide à quelqu'un : qof hiil (gacan) sii.

HIIL v. u hiili : aider, favoriser, se rendre complice de. Le voleur a dénoncé ses complices : tuuggii waa uu sheegay dadkii u hiiliyay (gacanta ku siiyay) dambigiisa.

HIINDO n. f. (-da) maman.

HIINSO v. vider, siroter, gober. Il a vidé le café dans la tasse : waa uu hiinsaday (wada cabbay) kafeegii koobka ku jiray.

HIIR n. f. (-ta) aube.

HIIREYSO v. marcher, aller travailler à l'aube.

HIL v. charger. Charger une voiture, un navire : hil (rar) gaari, markab.

HILIB n. m. (-ka) viande.

HILIBLE n. m. (-ha) boucher.

HILIN n. m. (-ka) route, rue, voie. Nous nous mettons en route à huit heures : waxaannu hilinka (jidka) qaadaynaa siddeedda aroornimo.

HILLAAC n. m. (-a) éclair.

HILO v. charger.

HILOW n. m. (-ga) nostalgie.

HIMBIRIIRSO v. cligner de l'œil, fermer les yeux à demi pour regarder.

HIMILO n. f. (-da) aspiration, ambition. Avoir des aspirations très élevées : qab, yeelo himilooyin (damac) aad u sareeya.

HIMMAJAB n. m. (-ka) démoralisation, découragement.

HIMMAJEBI v. démoraliser.

HIMMO n. f. (-da) bonne volonté.

HINAAS n. m. (-ka) masayr (-ka) : jalousie.

HINDIS v. inventer, créer, imaginer.

HINJI v. soulever.

HIINRAAG n. m. (-ga) respiration.

HIR n. m. (-ka) vague, lame de fond qui remonte du fond de la mer.

HIRAAB n. f. (-ta) aroor, waabberi : aube.

HIRGELI v. initier.

HIRO v. ku hiro : demander une aide.

HIYI n. m. (-ga) esprit. Qu'as-tu à l'esprit ? : maxaa hiyiga (maanka) ku haysaa ?

HIYIKAC n. m. (-a) perturbation d'esprit.

HOBBOBBORO n. f. (-da) dauphin.

HOD v. tromper qn.

HODAN n. m. (-ka) riche.

HODMI v. enrichir.

HOG n. f. (-ta) fosse.

HOGEE v. rôtir, griller. Nous mangeons des côtelettes grillées : waxaannu cunaynaa feero la hogeeyay (la foorneeyay).

HOGGAAMI v. conduire, guider.

HOGGAAMIYE n. m. (-ha) dirigeant.

HOGGAAN n. m. (-ka) 1. longe. 2. direction.

HOGO v. rester valable.

HOGOL n. f. (-sha) nuage porteur de pluie : daruur roob wadda.

HOHOB n. f. (-ta) fruits secs et sauvages.

HOLOC n. m. (-a) flamme.

HOO n. f. (-da) offre, don.

HOO v. 1. prendre qch. 2. hoo : tiens, prends.

HOOBAD n. m. (-ka) degaandeg : descente.

HOOBI v. reebid, baabi'in : éliminer, détruire.

HOOBO v. descendre.

HOOBSO v. hiinso : vider qch.

HOODDI n. f. (-da) demander la permission dans un lieu privé (forme de politesse).

HOODO n. f. (-da) nasiib : fortune, chance.

HOOG n. m. (-ga) désastre, disgrâce, défaveur.

HOOL v. xoq : racler, gratter.

HOOMO n. f. (-da) dad liita : misérable.

HOORI v. verser, réunir un liquide dans un récipient. 2. réciter en chœur un verset du Coran.

HOOS n. m. (-ka) ombre.

HOOS n. f. (-ta) sous, dessous, au-dessous. Mettre un oreiller sous sa tête : barkin dhigo madaxaaga hoostiisa.

HOOSAASI v. ombrager.

HOOSEE v. être au-dessous.

HOOSEEYE n. m. (-ha) dénominateur.

HOOSGASHI n. m. (-ga) jupon, combinaison, sous-vêtement.

HOOSH v. voler, dévaliser, cambrioler.

HOOSJOOGE n. m. (-ha) subordonné.

HOOSMARI v. mettre au-dessous.

HOOSO n. f. (-da) atelier de réparation, garage.

HOOY interj. hé, ohé, hep !

HOOYO n. f. (-da) mère.

HOR adv. devant, en face. Regarder devant soi : hortaada fiiri.

HORDHAC n. m. (-a) introduction, avant-propos, préface.

HORE adv. précédent. La page précédente : boogga hore.

HOREE v. discipliner.

HORIN n. f. (-ta) groupe d'animaux ou de personnes.

HORJOOG v. rester devant.

HORJOOGE n. m. (-ha) 1. tête d'un groupe. 2. surveillant.

HORKAC v. guider.

HORMAR n. m. (-ka) progrès.

HORMARI v. anticiper.

HORMEE v. diviser en groupes.

HORMUUD n. m. (-ka) proviseur, doyen.

HOROR n. m. (-ka) féroce, atroce.

HOROR v. attaquer, agresser, assaillir.

HORREE v. être en avant.

HORSEED n. m. (-ka) avant-garde.

HORTAAG v. mettre en avant.

HORUKAC n. m. (-a) progrès, évolution.

HORUMAR n. m. (-ka) progrès, évolution.

HORYAAL n. m. (-ka) champion.

HOY n. m. (-ga) maison, domicile.

HOYAAD n. m. (-ka) voyage reporté d'une nuit.

HU' n. m. (-ga) dhar : habillement, vêtement.

HUB n. m. (-ka) arme, armement.

HUBAAL n. f. (-sha) sûreté. Elle met ses bijoux en sûreté : waxay suuqadaheeda (alaabteeda qaaliga ah sida : dahab iwm) dhigaysaa meel hubaal ah (ammaan ah).

HUBANTI n. f. (-da) certitude.

HUBI v. vérifier.

HUBKADHIGID n. f. (-da) désarmement.

HUBSO v. contrôler, vérifier.

HUF n. f. (-da) dafo (nooc shimbireed) : oiseau. rapace.

HUGUN n. m. (-ka) tapage. Faire du tapage : hugun (hadal shanqari weheliso) samee.

HUJUUN v. attaquer.

HUL v. qod : perforer, pratiquer un trou, percer.

HULUUQ v. tolid ku meelgaar ah : faufiler, coudre provisoirement.

HUMMAAG n. m. (-ga) wax aan si fiican u muuqan : vue indistincte.

HUNGEE v. mari, ka dhammee : vider.

HUNGURI n. m. (-ga) 1. nourriture. 2. œsophage.

HUNGURIWEYNE n. m. (-ha) vorace. Le brochet est très vorace : kalluun (nooc biyaha macaan ku nool) waa hunguriweyne aad ah.

HUNGURIYEE v. désirer fortement.

HUNQAACO n. f. (-da) vomissement.

HUNRI n. m. (-ga) kuleyl : chaleur.

HUR v. sacrifier.

HURDAN n. m. (-ka) jeu dans lequel on se bat avec les pieds : ciyaar caruureed lugaha la isku dilo.

HURDI n. m. (-ga) midab jaalle ah : jaune.

HURDO n. f. (-da) sommeil.

HURGUF v. secouer.

HURGUN n. m. (-ka) infection.

HURI v. enflammer.

HURIWAA n. m. (-ga) indispensable, nécessaire, essentiel.

HURUD v. dormir. Cette nuit, j'ai dormi huit heures : habeenkaan, siddeed saacadood baan ka hurday (seexday).

HUS exclam. aamus ! : silence ! Taisez-vous !

HUUR n. m. (-ka) kuleyl : chaleur étouffante.

HUURI n. m. (-ga) canoë.

HUWI v. envelopper, enrouler, entourer.

I

I' n. f. (-da) nom de la lettre « i ».

IBLIIS n. m. (-ka) diable.

IBRIIQ n. m. (-a) kirli, jalamad : théière.

IBTILEE v. mettre en ruines.

IBTILO n. f. (-da) désastre, catastrophe.

ICRAAB n. f. (-ta) analyse grammaticale.

ICTIQAAD n. m. (-ka) créance.

ICTIRAAF n. m. (-ka) reconnaissance.

IDAACAD n. f. (-da) 1. téléjournal. 2. propagande.

IDAN n. m. (-ka) autorisation, permission. Mon père m'a permis de sortir : aabbahay wuxuu ii idmay (ii oggolaaday) inaan baxo.

IDAN v. autoriser, permettre.

IDANQAADO v. demander l'autorisation.

IDIN pron. pers. vous.

IDLAAD n. m. (-ka) dhammaad : fin, limite, bout, terme.

IDLAYSO v. dhamayso : terminer, finir. As-tu déjà fini ton travail ? : durba ma idlaysay (dhammaysay) shaqadaadii ?.

IDLEE v. compléter.

IDO n. m. (-ha) troupeau de brebis.

IF n. m. (-ka) 1. lumière. 2. terrestre. Nous vivons sur le globe terrestre : waxaannu ku noolnahay (ku kor noolnahay) ifka (dhulka).

IFBAX n. m. (-a) soo ifbax : apparition. L'apparition de la vedette fut saluée par des applaudissements : soo ifbixii (soo muuqashadii) jilaaga waxaa lagu salaamay sacab.

IFBIXI v. soo ifbixi, soo shaacbixi : rendre célèbre.

IFI v. éclairer. Cette lampe n'éclaire pas bien : nalkaani si fiican uma ifayo.

IFMAALMEED n. m. (-ka) lumière du jour.

IFTIIN n. m. (-ka) lumière.

IGAAR n. m. (-ka) garçon, jeune.

ILHAANEE v. liid, yas : humilier Je refuse de m'humilier devant lui : waxaan diidayaa inaan hortiisa isku ilhaaneeyo (isku liido)..

ILHAANO n. f. (-da) humiliation.

IIB n. m. (-ka) vente.

IIBGEE v. vendre.

IIBSHE n. m. (-ha) vendeur.

IIDAAN n. m. (-ka) assaisonnement.

IIDHEH n. f. (-da) publicité.

IIMAAN n. m. (-ka) foi, croyance.

IIMAANDARRO n. f. (-da) intempérance.

IIMAANXUMO n. f. (-da) imtempérance.

IIMEE v. iin u yeelid : rendre défectueuse.

IIN n. f (-ta) défaut.

IJAAR n. m. (-ka) location, loyer, bail.

IKHTILAAF n. m. (-ka) iskhilaaf : désaccord, discorde.

IL n. f. (-sha) 1. œil. 2. ilaysi, cayuumaysi : mauvais œil. 3. il biyo ah : source.

ILAA prép. jusque.

ILAAH n. m. (-a) Dieu.

ILAALEE v. observer.

ILAALI v. veiller, surveiller.

ILAYS n. m. (-ka) lumière, lueur.

ILBAX n. m. (-a) civilisé.

ILEE v. dhejin, cayuumid : jeter le mauvais œil à qn.

ILIG n. m. (-ga) dent.

ILJEBI v. cligner de l'œil.

ILKACADDEE v. sourire.

ILLA`, ILLAAWE n. m. (-ha) qui louche, loucheur, bigle.

ILLAA adv. vraiment, sans blague.

ILLIN n. m. (-ka) entrée.

ILLIN n. f. (-ta) ilmo (-da) : larme.

ILLOW n. m. (-ga) oubli.

ILLOW v. oublier.

ILMA-ABTI n. m. (-ga) cousin, enfant d'un oncle maternel.

ILMA-ADEER n. m. (-ka) cousin, enfant d'un oncle paternel.

ILMA-EEDDO n. m. (-ha) cousin, enfant d'une tante paternelle.

ILMAGALEEN n. m. (-ka) utérus.

ILMASIDEEN n. m. (-ha) utérus.

ILMEE v. ooyid : pleurer.

ILMO n. m. (-ha) enfant.

ILMO n. f. (-da) biyo isha banii'aadanka ama tan xayawaanka ka yimaada : larme.

ILQEYTO n. f. (-da) indho kala jeeda : strabisme.

ILXIR n. m. (-ka) daah : rideau.

IMAAD n. m. (-ka) arrivée.

IMMINKA adv. maintenant, à présent.

IMMISA adv. combien ?

IMOW v. venir.

IMTIXAAN n. m. (-ka) examen.

IN n. f. (-ta) qayb : partie, quantité.

INAN n. m. (-ka) garçon.

INAN n. f. (-ta) fille.

INANLAYAAL n. m. (-ka) nin reerkii uu gabadha ka qabay la nool : homme qui vit avec son épouse auprès des parents de celle-ci.

INDHABBEEL n. m. (-ka) cécité. Ce pauvre homme est frappé de cécité : ninkaan miskiinka ah waxaa ku dhucay indhabbeel.

INDHACAGAARSHE n. m. (-ha) jaunisse, ictère.

INDHADARAANDAR v. rouler les yeux.

INDHADAALIS n. m. (-ka) arabesque.

INDHADDUUB n. m. (-ka) bandeau.

INDHAHABEENO n. f. (-da) incapacité de voir le soir avec une faible lumière.

INDHAKUUL n. f. (-sha) fard à paupières.

INDHALAAWE n. m. (-ha) aveugle.

INDHASARCAAD n. m. (-ka) bévue.

INDHATIR v. crever les yeux à, aveugler.

INDHEERGARAD n. m. (-ka) intellectuel.

INDHOOLE n. m. (-ha) aveugle.

INIIN n. f. (-ta) graine.

INJIR n. f. (-ta) pou.

INJIRBOODDO n. f. (-da) puce.

INKAAR n. f. (-ta) malédiction.

INKAARQABE n. m. (-ha) maudit.

INKASTA conj. quoique, bien que.

INKIR v. refuser, dénier.

INQILAAB n. m. (-ka) coup d'état.

INSAAN n. m. (-ka) humain, généreux.

INTA adv. halkaan : ici.

INTEE adv. 1. meeqa, imisa? : combien? 2. xaggee? : où?

IRBAD n. f. (-da) aiguille.

IRMAAN n. m. (-ka) animal dans une période d'allaitement.

IRRID n. f. (-da) porte, entrée.

IRSAAQ n. f. (-da) subsistance.

ISAFDHAAF n. m. (-ka) discorde.

ISAFGARANWAA n. m. (-ga) malentendu, équivoque.

ISARAG n. m. (-ga) kulan : rencontre.

ISBARBARDHIG n. m. (-ga) comparaison.

ISBEDDEL n. m. (-ka) changement, transformation.

ISBITAAL n. m. (-ka) hôpital.

ISCASILAAD n. f. (-da) démission.

ISDAAFAC n. m. (-a) défense personnelle.

ISDHIN n. m. (-ka) diminution, baisse.

ISGOYS n. m. (-ka) carrefour, croisement.

ISHAAR v. prévoir.

ISIR n. m. (-ka) descendance, origine.

ISKADHAL n. m. (-ka) métis.

ISKAHORIMAAD n. m. (-ka) collision.

ISKAYEELYEEL n. m. (-ka) simulation.

ISKOOL n. m. (-ka) école.

ISKORIS n. m. (-ka) voyou.

ISKUDDULNOOLAAD n. m. (-ka) parasitisme.

ISKUDUWE n. m. (-ha) coordinateur.

ISKUFIL n. m. (-ka) du même âge.

ISKUJIR n. m. (-ka) mélange.

ISKUMAGAC n. m. (-a) du même nom, homonyme.

ISKUMAR n. m. (-ka) contemporain.

ISKUMID n. m. (-ka) égal, pareil, identique.

ISMARIS n. m. (-ka) pain avec du beurre et de la confiture.

ISNIDAAMIS n. m. (-ka) gale.

ISNIIN n. f. (-ta) lundi.

ISRAAC n. m. (-a) union.

ISTALLAAB n. f. (-ta) croix.

ISTAREEX n. m. (-a) confort, aises.

ISTEERIN n. m. (-ka) volant.

ISTICMAAL v. utiliser.

ISTICMAAR n. m. (-ka) colonisation.

ISTIIL v. faire un effort.

ISTUSTUS n. m. (-ka) exhibitionnisme.

ISUTAG n. m. (-ga) union.

ISWEYDAAR n. m. (-ka) opposé.

ITAAL n. m. (-ka) force, vigueur, énergie.

ITAALDARRO n. f. (-da) faiblesse.

ITAALXUMO n. f. (-da) faiblesse.

IXSAAN n. m. (-ka) faveur.

IXTIRAAM n. m. (-ka) respect, considération.

IYO adv. et.

J

JA'n. f. (-da) nom de la lettre « j ».

JAA'IFEE v. dédommager. Dédommager quelqu'un d'une perte : jaa'ifee (magdhow sii) qof khasaare soo gaaray.

JAAJAABO n. f. (-da) qof muhimad yar leh : personne de peu de valeur.

JAAD n. m. (-ka) 1. espèce, sorte, genre. Bonne espèce de fruits : jaad (nooc) fiican oo miro ah. 2. Khât, Qat, sorte de plante dont l'effet est stimulant : geed leh saamayn maandooriyennimo.

JAAH n. m. (-a) direction, sens.

JAAHIL n. m. (-ka) ignorant, qui n'a point de savoir.

JAAHILNIMO n. f. (-da) ignorance.

JAAJAALE n. m. (-ha) bouffon, pitre, clown.

JAAJUUR n. m. (-ka) carreau.

JAAL n. m. (-ka) ami.

JAALLE n. m. (-ha) camarade.

JAAMACAD n. f. (-da) université.

JAAMICI n. m. (-ga) étudiant de l'université, diplômé, docteur.

JAANDHEER n. f. (-ta) type de danse traditionnelle.

JAANGOO v. 1. planifier. 2. ku jaangoo : comparer.

JAANSAAR n. m. (-ka) ressemelage.

JAANSAAR v. rapiécer, réparer avec des pièces.

JAAR n. m. (-ka) voisin. Il est mon voisin : jaar (deris) buu ila yahay.

JAARIYAD n. f. (-da) bonne, femme de ménage.

JAASUUS n. m. (-ka) jaajuus : espion.

JAB n. m. (-ka) 1. qayb : partie. 2. cassure, fracture.

JACAYL n. m. (-ka) amour.

JADEECO n. f. (-da) rougeole.

JADWAL n. m. (-ka) emploi du temps.

JAF v. secouer.

JAFAL n. m. (-ka) graine du café.

JAHAAD n. m. (-ka) guerre sainte.

JAHEE v. adresser, diriger.

JAHLI n. m. (-ga) ignorance.

JAHO n. f. (-da) direction.

JAJAB n. m. (-ka) fraction.

JALAMMAD n. f. (-da) kirli : théière.

JALXAD n. f. (-da) aashuun, haan weyn : jarre, grand vase pour conserver les poissons, l'huile.

JAMAC n. m. (-a) pluriel.

JAMCE n. m. (-ha) jimce : vendredi.

JANJEER n. m. (-ka) inclinaison.

JANNO n. f. (-da) paradis.

JAR v. goo : couper.

JARANJARO n. f. (-da) escalier.

JARCO n. f. (-da) maqaar xoolaad qalalan : peau sèche du bœuf.

JAREE v. xakamee : maîtriser, soumetttre.

JARJAR n. m. (-ka) fragment.

JARMAAD v. se réveiller tôt le matin.

JASIIRAD n. f. (-da) île.

JAW exclam. oh ! eh ! ho !

JAWAAB n. f. (-ta) réponse.

JAWAAN n. m. (-ka) sac.

JAWI n. m. (-ga) atmosphère.

JAY n. m. (-ga) gravier.

JEBI v. casser.

JEBISO n. f. (-da) python.

JEEB n. m. (-ka) poche.

JEEBLE n. m. (-ha) vendeur ambulant.

JEEDAALI v. fiiri : regarder.

JEEDAALO n. f. (-da) regard, coup d'œil.

JEEDAL n. m. (-ka) fouet.

JEEG n. m. (-ga) chèque, carnet de chèques.

JEEGAAN n. f. (-ta) qaansaroobaad : arc-en-ciel.

JEEGAXIIR n. m. (-ka) coupe de cheveux.

JEEGO n. f. (-da) nuque.

JEENI n. m. (-ga) lug dameedda ama lug horeedda xoolaha : membre postérieur ou antérieur d'un animal.

JEENIQAAR n. m. (-ka) bandoulière. Duullane porte un sac en bandoulière : Duulane boorso buu jeeniqaar u sitaa (garbaha suunkeedu uga kala roganyhay).

JEENSO v. tourner.

JEER n. m. (-ka) goor, mar : il est venu trois fois : saddex jeer buu yimi.

JEER n. f. (-ta) hippopotame.

JEERMI n. m. (-ga) germe.

JEESJEES v. se moquer.

JEEX n. m. (-a) 1. qayb : partie. 2. fosse, fossé. La voiture est allée dans le fossé : gaarigii wuxuu ka dhacay jeexa (hogga).

JEEX v. déchirer. Déchirer une lettre : jeex (dillaaci) warqad.

JEEXDIN n. f. (-ta) crevasse., fente. L'alpiniste est tombé dans une crevasse : buurofuulihii wuxuu ku dhacay jeexdin.

JENGELI n. m. (-ga) rustique, campagnard, de la campagne.

JIBAAL n. m. (-ka) cabbir dhulbeereed : mesure agricole.

JIBAAX v. jiir : s'engouffrer dans un lieu. Le vent s'engouffre par la fenêtre : dabayshu daaqadday soo jibaaxaysaa (xoog ku soo gelaysaa).

JICIIR n. f. (-ta) honte. Rougir de honte : jiciir (ceeb) la gaduudo.

JID n. m. (-ka) route, rue, voie.

JIDIIN n. m. (-ka) hunguri : œsophage.

JIDMAR n. m. (-ka) sahay safar : nourriture pour le voyage.

JIHEEYE n. m. (-ha) boussole.

JIID v. tirer, traîner.

JIIF v. sommeil.

JIIF v. être couché.

JIIFAA n. m. (-ga) mukulaal-duureed : lynx.

JIILAAL n. m. (-ka) saison sèche.

JIIR n. m. (-ka) 1. jir (-ka) aadanaha : chair. 2. doolli : rat, souris.

JIIR v. bousculer.

JIIRAAN n. m. (-ka) voisin.

JIIRNAX n. m. (-a) pitié.

JIIRSII v. pénétrer, passer au travers de. L'huile pénètre les étoffes : saliiddu waa jiirtaa (ka dustaa) maryaha.

JIIS n. m. (-ka) boiteux.

JIKO n. f. (-da) cuisine.

JILBAJABSO v. s'agenouiller.

JILCI v. faciliter.

JILDI n. m. (-ga) couverture d'un livre.

JILEEC n. m. (-a) 1. facilité. 2. faiblesse.

JILIF n. f. (-ta) qolof (-ta) : écorce.

JILLAAB n. f. (-ta) filet.

JIMICSO v. se dégourdir.

JIN n. m. (-ka) diable.

JINNOOLE adj. furieux ; possédé. Maryan est furieuse contre son frère : Maryan jinnoole bay walaalkeed ku tahay (mar kasta waa ku xanaaqdaa).

JINSIYAD n. f. (-da) nationalité.

JIR n. m. (-ka) corps.

JIRIIRICO n. f. (-da) frisson.

JIRJIR n. m. (-ka) dhabar, dhinac kore : dos.

JIRJIRROOLE n. m. (-ha) caméléon. Les caméléons peuvent changer de couleur : jirjirroolayaashu waxay awoodaan inay midabka bedelaan.

JIRNAX n. m. (-a) sursaut.

JIRRAB v. ku khasbid : obliger, forcer.

JIRRID n. f. (-da) tronc.

JIRRIQAA n. m. (-ga) grillon, cri-cri. Dans les prés, on entend le chant des grillons : kobaha cawska ah dhexdooda, waxaa laga maqlayaa dhawaaqa jirriqaaga (cayaan yaryar).

JIRRIQSO v. ilko iskuxoqid : grincer.

JIRRO n. f. (-da) maladie.

JIRRO v. tomber malade.

JIRROOLE n. m. (-ha) malade.

JIRSO v. roobka meel ka gal : chercher refuge (du fait qu'il pleut).

JISO n. f. (-da) compensation. Il a reçu un cadeau en

compensation : wuxuu helay hadiyad jiso marin ah (abaalmarin).

JITAABI v. tijaabin : essayer.

JOODARI n. m. (-ga) matelas.

JOOG n. m. (-ga) dherer : hauteur.

JOOGSI n. m. (-ga) arrêt ; point.

JOOGTO n. f. (-da) fixe.

JOOJI v. arrêter.

JUBBAD n. f. (-da) jaakad : veste, jaquette.

JUGEE v. garaac : frapper.

JUUDAAN n. m. (-ka) lèpre.

JUUNYO n. f. (-da) juin.

JUUQ n. f. (-da) 1. dhawaaq : son. 2. syllabe. Lapin (bakayle) est un mot de deux syllabes, formé par deux groupes de sons : (la) et (pin).

K

KA ’n. f. (-da) nom de la lettre « k ».

KAAB v. dhammaystir : compléter.

KAABI n. m. (-ga) daraf (ta), u dhow : tout près.

KAADAR n. m. (-ka) dirigeant.

KAADI n. f. (-da) urine.

KAADI v. uriner, pisser « fam. » (af suuqi). Le chien a pissé sur le tapis : eeygii wuxuu ku dul kaadshay kaddiifadda.

KAADIHAYS n. f. (-ta) vessie.

KAADIMACAAN n. f. (-ta) diabète.

KAADIMMAREEN n. m. (-ka) urètre.

KAADISOKOROW n. m. (-ga) diabète.

KAAFI v. suffire. Cette somme lui suffira pour payer ses dettes : lacagtaani waxay ka kaafindoontaa inuu iska bixiyo daymihiisa.

KAAFIR n. m. (-ka) incroyant, mécréant.

KAAH n. m. (-a) faible clarté.

KAAHI v. éclairer. Eclairer quelqu’un dans la nuit : kaahi (iftiin ku daar) qof waqti habeennimo ah.

KAAL v. caawin : aider.

KAALAY v. venẹz, viens.

KAALIN n. f. (-ta) rôle.

KAALIYE n. m. (-ha) assistant.

KAALMEE v. aider.

KAALMO n. f. (-da) aide.

KAAMIL v. dhammaystir : compléter.

KAAR n. m. (-ka) xanuun : douleur.

KAARAD n. f. (-da) danbiil timireed : sac pour les dattes.

KAARBUUNO n. f. (-da) tooj : torche.

KAAS adj. dem. m. ce. Ce livre-là : kaas, buuggaas.

KAASHO v. utiliser, se servir.

KAATUN n. m. (-ka) faraati : bague, anneau.

KAAWIYAD n. f. (-da) bir feero : fer à repasser.

KAB n. f. (-ta) chaussure.

KAB v. réparer. Le garagiste a réparé la voiture : garaashlihii waa kabay (hagaajiyay) baabuurkii.

KABBO n. f. (-da) gorgée, coup.

KABBO v. siroter, boire à petits coups.

KABEE v. graac : frapper, battre.

KABRIID n. m. (-ka) allumette.

KAC v. istaag : s’élever.

KACAAN n. m. (-ka) révolution.

KACAANDIID n. m. (-ka) antiré-volutionnaire.

KACSO v. kacsi dareemid : éprou-ver un désir sexuel.

KADALLOOBSO v. s'accroupir.

KADANKOOD n. m. (-ka) taag, buur yar : colline.

KADEED n. m. (-ka) souffrance, souci, tourment.

KADISO n. f. (-da) imprévu.

KAFAALAQAAD v. garantir.

KAFAD n. f. (-da) dambiil : cabas. Deeqa fait son marché avec un cabas : Deeqa adeegeeda suuqa waxay ku samaynaysaa dambiil.

KAFAFI v. qallaji : assécher.

KAFAN n. f. (-ta) suaire.

KAKABI v. ku kakabi (ku ciriiri) : pénétrer.

KAL n. m. (-ka) waqti : époque, temps, fois.

KAL n. f. (-sha) 1. kasha badarka lagu tumo : pilon. 2. sein : naas. 3. étang. Etang plein d'eau : kal (jid-haan, meel godan) oo biyo ka buuxaan.

KALAAN n. m. (-ka) hadal : paro-le. Avoir la parole douce : kalaan, hadal dabacsan (macaan) yeelo.

KALABBAR n. m. (-ka) 1. centre, milieu. 2. moitié.

KALAGOYS n. m. (-ka) articula-tion, jointure.

KALAGGUUR n. m. (-ka) scis-sion.

KALAQAAD v. kalafur : détacher, séparer.

KALASAAR v. diviser, scinder.

KALASOOC v. distinguer.

KALATAG n. m. (-ga) séparation.

KALE adv. autre.

KALFADHI n. m. (-ga) séance.

KALGACAL n. m. (-ka) affection.

KALIGITALIYE n. m. (-ha) dicta-teur.

KALIIL n. f. (-sha) kulayl ka ho-reeya marka roobku ina soo hayo : avant le commencement des pluies, saison sèche.

KALKAAL n. m. (-ka) caawimaad (da) : aide.

KALKAALISO n. f. (-da) infirmiè-re.

KALLAH v. voyage très tôt le ma-tin.

KALLEETI n. f. (-da) kor ukaadin (-ta) : jet d'urine.

KALLIF n. m. (-ka) effort.

KALLUUMAYSATO n. f. pl. (-da) pêcheurs.

KALLUUN n. m. (-ka) poisson.

KALSOONIDARRO n. f. (-da) manque de confiance.

KALTAN n. m. (-ka) tour. Parler à son tour : kaltankaaga (markaaga, tookadaada) hadal.

KALXAN n. f. (-ta) clavicule.

KAMMA'n. m. (-a) involontaire-ment, sans le vouloir.

KAN adj. dém. m. ce.

KANAAL n. m. (-ka) canal.

KANEECO n. f. (-da) moustique.

KANIISAD n. f. (-da) église.

KAR n. m. (-ka) ébullition, état d'un liquide qui bout.

KAR v. 1. awood : pouvoir, être capable de. 2. kabid : rapiécer, réparer avec des pièces.

KARAAHIYO n. f. (-da) répugnance, dégoût.

KARAAMO n. f. (-da) 1. honneur. 2. miracle.

KARAAN n. m. (-ka) capacité, pouvoir.

KARAH n. m. (-a) détester.

KARBAASH n. m. (-ka) cravache.

KARBUUNO n. f. (-da) torche.

KARI v. bislee : cuire, cuisiner.

KARKABEE v. stimuler. La présence du public stimule les sportifs : joogitaanka dadweynuhu wuxuu karkabadaynayaa (dhiirrigelinayaa) ciyaaryahannada.

KARTI n. f. (-da) capacité.

KARTIDARRO n. f. (-da) incapacité.

KARTIXUMO n. f. (-da) incompétence.

KAS n. m. (-ka) capacité de concentration.

KASAB v. acquérir. Acquérir une preuve : soo kasab (soo hel) caddayn.

KASHIF v. démasquer.

KASMO n. f. (-da) connaissance, savoir.

KASOOBBAX n. m. (-a) furoncle, bouton.

KASTA adv. indéf. chaque. Chaque homme : nin kasta.

KASTAN n. m. (-ka) douane.

KAWAAN n. m. (-ka) boucherie.

KAX n. f. (-da) meel lamaddegaan ah : zone déserte.

KAXEE v. conduire.

KAYD n. m. (-ka) épargne.

KAYN n. f. (-ta) forêt, bois.

KEBBIS n. m. (-ka) plancher. On a recouvert le plancher d'un tapis : kebbiskii (dhulkii shamiintaysnaa) waxaa la saaray kaddiifad.

KEBBIS v. planchéier.

KEE pron. interr. qui ? Qui est-ce ? Qu'est-ce que ?

KEEN v. apporter. Apportez-moi ce livre : ii keen buuggaas.

KEENO n. f. (-da) longe.

KEER pron. dém. celui-là.

KELI n. f. (-da) solitude.

KELINNIMO n. f. (-da) solitude.

KELLI n. m. (-ga) canal.

KELLI n. f. (-da) rein.

KELMED n. f. (-da) mot.

KHAA'IN n. m. (-ka) menteur, celui qui dupe.

KHAA'INNIMO n. f. (-da) duperie.

KHAALIS n. m. (-ka) aan la wehelin, wax kale la socon : pur.

KHAANAD n. f. (-da) tiroir.

KHAARIJ n. m. (-ka) dal (-ka) dibeddiisa : étranger.

KHAARIJI v. dil : tuer.

KHAAS adj. u gaar ah : particulier, spécial.

KHAATIR n. m. (-ka) qof halis ah : personne dangereuse.

KHABAAR n. m. (-ka) nouvelle.

KHABAAR v. informer. Les journaux nous ont informés des événements : jaraa'idka (joornaallada) ayaa nooga soo khabaaray dhacdooyinka.

KHABIID n. m. (-ka) malveillant.

KHAFIIF n. m. (-ka) léger ; facile.

KHAL n. m. (-ka) vinaigre.

KHALAFAD n. f. (-da) daaqad, dariishad : fenêtre.

KHALKHAL n. m. (-ka) déséquilibré.

KHALKHALGELI v. troubler.

KHALQI n. m. (-ga) dad : gens.

KHAMAAR n. m. (-ka) jeu de hasard.

KHAMIIR n. m. (-ka) levure, ferment.

KHAMIIS n. f. (-ta) jeudi.

KHAMIIS n. m. (-ka) chemise.

KHAMRIYACAB n. m. (-ka) alcoolique, qui abuse des boissons alcooliques.

KHAMRO n. f. (-da) alcool.

KHANIIS n. m. (-ka) pédéraste, homosexuel.

KHANSIIR n. m. (-ka) porc, cochon.

KHARAAB n. m. (-ka) panne, dommage.

KHARAABI v. endommager.

KHARAF n. m. (-ka) sot, idiot.

KHARAJ n. m. (-ka) dépense, frais.

KHARAJGAREE v. dépenser.

KHARIIDDO n. f. (-da) carte, plan.

KHARRIB v. ruiner.

KHASAANAD n. f. (-da) khasnad : coffre-fort. Les coffres-forts de la banque ont été dévalisés : khasaanadihii (khasnadihii) bangiga waa lala baxay wixii ku jiray oo dhan.

KHASAARO n. m. (-ha) perte, dégât.

KHASAB n. m. (-ka) obligation.

KHASHIIN adj. campagnard, de la campagne.

KHASIIS n. m. (-ka) anshaxlaawe : amoral.

KHASIR n. m. (-ka) gaspillage.

KHASIYAD n. f. (-da) maagis (-ta) : provocation.

KHASNAD n. f. (-da) coffre-fort.

KHASNAJI n. m. (-ga) caissier.

KHATAL v. duper, frauder. Je ne me suis pas laissé duper : isuma ogolaan in la i khatalo (khayaaneeyo).

KHATAR n. f. (-ta) danger.

KHATIF n. m. (-ka) khalad : erreur.

KHATIN v. soo gunaanad, soo afjar : terminer, finir.

KHAWAAF n. m. (-ka) désespéré.

KHAYAANEE v. gruger quelqu'un, duper.

KHAYAANO n. f. (-da) tromperie, duperie.

KHAYMAD n. f. (-da) aqal soomaali : hutte, cabane.

KHAYR n. m. (-ka) bien.

KHAYRAAD n. m. (-ka) ressource.

KHIBRAD n. f. (-da) expérience.

KHIDDAD n. f. (-da) projet.

KHILAAF n. m. (-ka) désaccord.

KHOORI n. m. (-ga) gacan badeed : golfe.

KHUDBAD n. f. (-da) discours.

KHUDBEE v. faire un discours.

KHUDRAD n. f. (-da) légumes.

KHURAAFAAD n. m. (-ka) blague, histoire.

KHUSEE v. saamayn : concerner.

KHUSHI n. m. (-ga) khushigaa : ton affaire.

KHUSHUUC n. m. (-a) humilité.

KHUURI v. ronfler.

KHUURO n. f. (-da) ronflement.

KIBIR n. m. (-ka) orgueil.

KIBIS n. f. (-ta) muufo : galette.

KIBRAAN n. m. (-ka) orgueilleux, vaniteux.

KIBRI v. gâter. Gâter un enfant : kibri (aad ukoolkooli) cunug.

KICI v. 1. soulever, lever. 2. réveiller. Réveiller un malade : kici (hurdada ka toosi) qof jirran.

KIDIF v. jarjar : morceler, fragmenter.

KIFAAX n. m. (-a) halgan (-ka) : lutte.

KIFAAYO adj. suffisant.

KII pron. dim. m. sing. celui-là, celui dont on a déjà parlé.

KIIL v. mesurer. Mesurer du blé : kiil (miis) qamadi.

KIINTAAL n. m. (-ka) quintal.

KIIS n. m. (-ka) kiish : sachet, sac. 2. cas judiciaire.

KIIS v. buuxi : remplir, entasser. Remplir une bouteille : kiis, buuxi dhalo.

KILKILO n. f. (-da) aisselle.

KIRISHBOOY n. m. (-ga) assistant d'un conducteur.

KIRISHOWMIRISH n. m. (-ka) calooleey : type de plat (entrailles de chèvre).

KIRISHTAAN n. m. (-ka) chrétien.

KIRKIR v. couper avec un couteau peu tranchant.

KIRLI n. m. (-ga) théière.

KIRO n. f. (-da) location, loyer.

KIS n. f. (-ta) xoogaa : peu, un peu.

KISTOO adv. quelque.

KITAAB n. m. (-ka) livre.

KITAABGAAB n. m. (-ka) sorcier. En Afrique, les sorciers jouaient un rôle important : Afrika, kitaabgaabyadu (sixiroolayaashu) door muhim ah bay ciyaarijireen.

KOB n. f. (-ta) lieu, endroit.

KOBCI v. 1. engraisser. 2. développer. La gymnastique développe le corps : jimicsigu wuxuu kobciyaa (koriyaa) jirka.

KOG v. se rétrécir. Ce drap s'est rétréci au lavage : dhiinsoolahaani wuxuu ku kogay dhiqiddii.

KOJI v. faire rétrécir.

KOL n. m. (-ka) mar (-ka) : fois.

KOLAY n. m. (-ga) dambiil : corbeille, couffin.

KOMBALEESO n. f. (-da) complexe.

KOO pron. dém. celui-là.

KOOB n. m. (-ka) verre, tasse.

KOOB v. comprendre. Paris comprend vingt arrondissements : Baariis waxay ka koobantahay labaatan xaafadood.

KOOD n. f. (-da) taag (-ga) : colline.

KOOFIYAD n. f. (-da) chapeau.

KOONFUR n. f. (-ta) sud, midi.

KOONE n. m. (-ha) gees : coin, angle.

KOOR n. m. (-ka) veste, jaquette.

KOOSAAR n. f. (-ta) iidaan (-ka) : assaisonnement.

KOOW adj. num. un.

KOWAAD adj. num. premier.

KOOX n. f. (-da) 1. groupe, équipe. 2. groupe musical.

KOR adv. en haut, au-dessus.

KORDHI v. augmenter, accroître.

KORJAD n. f. (-da) vingtaine, groupe de vingt.

KORJOOG n. m. (-ga) surveillance.

KORMEER n. m. (-ka) inspection.

KORMEERE n. m. (-ha) inspecteur.

KORNAYL n. m. (-ka) colonel.

KORONTO n. f. (-da) courant électrique.

KOROR n. m. (-ka) augmentation.

KOROW n. m. (-ga) singe.

KORSAAR n. m. (-ka) bénéfice, revenu, profit.

KORSAAR v. mettre qch au-dessus de quelque chose d'autre.

KORYEERI n. m. (-ga) autobus.

KUB n. m. (-ka) jambe.

KUBBAD n. f. (-da) balle, ballon.

KUBEERTO n. f. (-da) couverture.

KUBKUSIIGAALE n. m. (-ha) passant, personne qui passe, qui vient de loin à pied.

KUD n. m. (-ka) cudur geela ku dhaca : maladie de chameau.

KUD v. accoupler. Les animaux s'accouplent pour se reproduire : xayawaanku waxay isukudaan si ay wax u dhalaan.

KUDAAL n. m. (-ka) accouplement.

KUDDO n. f. (-da) dagaal isku soo boodis ah : bagarre, mêlée, accrochage.

KUDHAC n. f. (-da) suuq qiimo jaban leh : marché.

KUDKUDE n. m. (-ha) puce du sable.

KUF v. tomber.

KUFRI n. m. (-ga) incroyant, mécréant.

KUFSO v. violer une femme.

KUL n. m. (-ka) chaleur.

KULAAL v. dab isu dhigid, iskululayn : se réchauffer.

KULAALE n. m. (-ha) tropique.

KULAN n. m. (-ka) réunion, congrès, conférence.

KULBEEG n. m. (-ga) thermomètre.

KULLI adv. tout, toute.

KULLIYAD n. f. (-da) faculté.

KULMI v. réunir, rassembler.

KULULEE v. chauffer, réchauffer.

KUMA pron. interr. qui ?

KUMAAD n. m. (-ka) millier. Il y avait un millier de personnes sur la place : kumaad (kun ku dhowaad) qof baa barxadda joogay.

KUMEELGAAR n. m. (-ka) provisoire, qui ne dure pas.

KUN adj. num. mille.

KUR n. f. (-ta) madax (-a) : tête.

KURAANKUR n. f. (-ta) rotule. Daahir s'est cassé la rotule en tombant : Daahir wuxuu markuu dhacay isjebiyay kuraankurta (lafta jilibka).

KURAY n. m. (-ga) adolescent.

KURDAD n. f. (-da) veste pour femme.

KURMAAN n. m. (-ka) grumeau. Ma crème est pleine de grumeaux : kareemkayga waxaa ka buuxa kurmaan (buruqyo yar yar).

KURSI n. m. (-ga) chaise.

KURSIJIIF n. m. (-ka) transatlantique, chaise longue.

KURTUN n. m. (-ka) tronc.

KURUS n. m. (-ka) bosse.

KUSHIIN n. m. (-ka) cuisine.

KUSIME n. m. (-ha) régent.

KUSIN v. remplacer, substituer.

KUTAAN n. f. (-ta) punaise.

KUTIRI-KUTEEN n. m. (-ka) cancan, racontar, ragot. N'écoute pas ces cancans ! : ha dhegaysan kutiri-kuteemahaan (xamahaan).

KUUG n. m. (-ga) cuntokariye : cuisinier.

KUUL n. f. (-sha) collier.

KUUMI n. m. (-ga) dix centimes.

KUUNI n. m. (-ga) jalousie. Si Ali dit du mal de toi, c'est par jalousie : haddii Cali wax xun kaa sheego, waa kuuni, hinaas.

KUURKUURSO v. secouer, agiter.

KUUS n. m. (-ka) ramassé, trapu. Ali est trapu : Cali waa kuus (gaab ballaaran).

KUXIGE n. m. (-ha) adjoint.

L

LA' n. f. (-da) nom de la lettre « l ».

LAAB n. m. (-ka) pli, pliage, courbe, tournant, virage.

LAAB v. plier. Plier du linge : laab (laalaab) hu',dhar.

LAAB n. f. (-ta) poitrine.

LAABIS n. m. (-ka) qalin rasaas : crayon.

LAABJEEX n. m. (-a) brûlure d'estomac.

LAABLAABO v. warwareeg : faire des tours.

LAABLAKAC n. m. (-a) impulsion.

LAABO v. détourner, dévier. Dévier de son chemin : ka laabo (ka noqo) waddadaadii.

LAABQOYAN adj. aan aad u qallalin : pas complètement sec.

LAABRAAC n. m. (-a) désir, envie. Il a le désir de partir en vacancs : waxaa haya laabraac (rabitaan) ah inuu fasax aado.

LAABSAMI n. f. (-da) niyadsami : bonne foi, loyauté, sincérité.

LAAC v. qabo, haabo : attraper, saisir. Saisir quelqu'un au collet : qof kulleetiga laac.

LAACIB n. m. (-ka) joueur.

LAAD n. m. (-ka) coup de pied.

LAAJI n. m. (-ga) exilé, réfugié.

LAALUUSH v. corrompre.

LAAMI n. m. (-ga) goudron.

LAAN n. f. (-ta) 1. branche. 2. section.

LAANGARE adj. boiteux.

LAANQAYR n. f. (-ta) croix.

LAAS n. m. (-ka) ceel yar : petit puits.

LAASHIN n. m. (-ka) gabyaa : poète.

LAASIM n. m. (-ka) joogto : permanent.

LAAXIN n. m. (-ka) khalad : erreur, faute.

LAAYAAN n. m. (-ka) dilaa : agressif.

LAAYAC n. m. (-a) dayac : négligence.

LAB n. m. (-ka) 1. mâle. 2. confusion. Baadi a fait une confusion de dates : Baadi waxuu lab ku sameeyay (isaga labmay) taariikhaha.

LAB v. qas, walaaq, isku khaldid : confondre, mêler, mélanger.

LABAAD n. m. (-ka) second.

LABAATAMEEYE n. f. (-da) vingtaine.

LABACLABAC n. m. (-a) go'aan qaadasho xumi : hésitation.

LABADDARAALE adv. quoi qu'il en soit, de toute façon.

LABADDIBLEE v. ligoter, attacher solidement.

LABAJIBBAAR n. m. (-ka) double.

LABAKACLE n. m. (-ha) renouvellement, rénovation.

LABALAAB v. doubler.

LABALLAFOOD adj. costaud.

LABALLEGDEE v. se retourner sur le lit.

LABALLUGOOD n. m. (-ka) qof lug ah, gaari wadan : piéton, personne qui va à pied.

LABASHUB v. 1. wada shubid ceel laba qof : puiser à deux. 2. alterner. Les jours et les nuits alternent régulièrement : maalmaha iyo habeennadu waa labashubmaan (iska dabayimaadaan) si joogta ah.

LABAXIDDIGLE n. m. (-ha) lieutenant.

LABAYSO v. redoubler, répéter deux fois.

LABBIS n. m. (-ka) habillement, vêtement.

LABBISO v. s'habiller. Sooyaan met une heure à s'habiller : Sooyaan hal saac bay ku qaadataa inuu labbisto.

LABEE v. doubler.

LABEEB n. m. (-ka) personne ou animal bisexuel : qof ama xayawaan leh laba xubno tarameed.

LABEEN n. f. (-ta) crème.

LABO n. f. num. (-da) deux.

LACAG n. f. (-ta) monnaie, argent.

LACIIF adj. frêle, délicat, fragile.

LAD v. isku lad : négliger, délaisser, se désintéresser.

LADNAYSII v. 1. rendre sain. 2. rendre prospère.

LAF n. f. (-ta) os, colonne.

LAFDHABAR n. f. (-ta) colonne vertébrale.

LAFEE v. fendre la tête de qn : qof madaxa kala jeex.

LAFGARAB n. f. (-ta) omoplate.

LAFILAAN n. m. (-ka) prévisible.

LAFMADAX n. f. (-da) crâne.

LAGAMAMAARMAAN n. m. (-ka) indispensable, nécessaire, essentiel.

LAGARROONE n. m. (-ha) bête, idiot, stupide, imbécile.

LAHAN n. m. (-ka) douleur.

LAHAYE n. m. (-ha) maxbuus : détenu.

LAHJAD n. f. (-da) afguri : dialecte.

LAKAB n. m. (-ka) couche, strate. On a mis deux couches de peinture sur le mur : laba lakab (xajmi) oo ranji ah baa derbiga la saaray.

LAL v. duul : voler. L'avion vole à 300 mètres : dayuuraddu waxay lashaa (duushaa) 300 mitir meel dhulka ka koraysa.

LALI v. duuli : faire voler.

LALLABO n. f. (-da) envie de vomir.

LALMI v. pendre.

LAMADDEGAAN n. m. (-ka) désert.

LAMAHURAAN n. m. (-ka) nécessaire.

LAMBAR n. m. (-ka) numéro.

LAMBARI v. numéroter.

LAMMAAN n. m. (-ka) couple.

LAMMAANI v. accoupler.

LAQANYO n. f. (-da) nausée. Cette odeur de la viande me donne la nausée : hilibkaan urkiisu laqanyo (lallabo) buu igu ridayaa.

LAQDABO n. f. (-da) ruse.

LASOW n. m. (-ga) dhadhan xun : mauvais goût.

LATALIYE n. m. (-ha) conseiller, consultant.

LAX n. f. (-da) brebis.

LAXAAMAD n. f. (-da) étain.

LAXAW n. m. (-ga) xanuun : douleur.

LAXLE n. m. (-ha) guêpe.

LAXNI n. m. (-ga) faute. Ton calcul est faux : xisaabintaada laxni (khalad) baa ku jira.

LAXOOX n. f. (-da) beignet, crêpe.

LAY v. exterminer. Yuusuf a acheté un produit pour exterminer les fourmis : Yuusuf wuxuu soo gatay sun si uu ulaayo quraanyada.

LAYAAB n. m. (-ka) étonnement, surprise.

LAYIIG n. m. (-ga) fluide. Les liquides et les gaz sont des fluides : dareeraha iyo hooruhuba waa layiig (laba wax oo qulqula).

LAYLI n. m. (-ga) entraînement.

LAYLI v. exercer, entraîner.

LAYLOON n. m. (-ka) nylon.

LAYN n. m. (-ka) diillin : ligne.

LAYR n. f. (-ta) neecow, hawo : air.

LAYRI v. aérer.

LAYSO v. dhammayso : consommer complètement.

LE'EKAYSII v. égaliser.

LEBI n. m. (-ga) geed weyn : type de grand arbre.

LEEB n. m. (-ka) flèche.

LEEF v. lécher.

LEEFSII v. faire lécher.

LEEXI v. dévier.

LEEXO n. f. (-da) wiifow (-ga) : hamac.

LEEXO v. ka leexo : éviter. Evite de fumer ! : ka leexo (iska dhaaf) sigaar cabbista !

LEG n. m. (-ga) shaf : poitrine, sternum.

LEGDAN n. m. (-ka) judo.

LEGED v. terrasser, jeter à terre.

LEH v. avoir, posséder. Posséder une maison : guri lahow (yeelo).

LEXEJECLO n. f. (-da) amour de l'argent.

LEYLISARKAAL n. m. (-ka) élève-officier.

LIB n. f. (-ta) 1. succès, victoire, triomphe. 2. gré, gratitude, reconnaissance.

LIBAAX n. m. (-a) lion.

LIBAAXBADEED n. m. (-ka) squale, requin.

LIBDHI v. ku libdhi, hoos ugu riix : pénétrer profondément.

LIBIN n. f. (-ta) succès, victoire.

LID n. m. (-ka) contraire, inverse.

LIFAAQ v. 1. enfiler. 2. joindre, ajouter, nouer.

LIGLIG v. ruxrux : secouer.

LIHI n. f. (-da) propriété.

LIIBAAN n. f. (-ta) bien-être, aisance.

LIIC v. tomber en décadence.

LIICLIIC v. dodeliner.

LIID v. considérer comme imbécile.

LIIDNIMO n. f. (-da) stupidité.

LIIFAD n. f. (-da) mèche d'une bougie.

LIILLIIJI v. ruxrux : secouer un peu.

LIIMOXAALI n. f. (-da) liinmacaan : pamplemousse.

LIINMACAAN n. f. (-ta) pamplemousse.

LIIS n. m. (-ka) liste.

LIKAY v. ka likay : enfoncer.

LILLAAHI n. f. (-da) sincérité.

LILLAAHIDARRO n. f. (-da) insincérité.

LIQ v. avaler.

LIQDAAR n. m. (-ka) droit, fixe.

LIS v. traire, tirer le lait.

LIX n. f. num. (da) six.

LIXAAD n. m. (-ka) force, vigueur.

LIXAADLA'AAN n. f. (-ta) perte de l'usage d'un membre.

LIXDAMEEYO n. f. (-da) soixantaine.

LIXDAN n. m. (-ka) soixante.

LO' n. f. (-da) bovins.

LO'JIR n. m. (-ka) gardien de troupeau.

LOHOD n. m. (-ka) xayawaan badeed aan laf lahayn : mollusque.

LOODI v. courber, incliner. Le vent courbe les branches : dabayshu waxay loodinaysaa (marba dhinac u ridaysaa) laamaha.

LOOFAR n. m. (-ka) qof lacagta ku ciyaara : gaspilleur.

LOOLLAN n. m. (-ka) lutte, compétition.

LOOX n. m. (-a) tableau, planche.

LOOXALMAXFUUD n. m. (-ka) livre du destin.

LOW n. m. (-ga) jilib (-ka) : genou.

LOWS n. m. (-ka) cacahuète.

LUG n. f. (-ta) pied.

LUGABAXSO v. se promener.

LUGEE v. marcher, aller à pied.

LUGAY adj. boiteux.

LUGGO' v. s'efforcer inutile-
ment.

LUKOWLE n. m. (-ha) socod lug
keliya ah : cloche-pied.

LUL v. rux : agiter.

LULLUME n. m. (-ha) larve.

LULMO n. f. (-da) sommeil. J'ai
sommeil, ce soir : lulmo (hurdo)
baa i haysa, caawa.

LUMI v. perdre.

LUQLUQ n. m. (-a) eau avec laquelle on se rince la bouche.

LUQLUQO v. se rincer la
bouche.

LUQUN n. f. (-ta) cou.

LUR n. f. (-ta) dhib : ennui, dérangement, gêne.

LUUBAAN n. f. (-ta) encens.

LUUDI n. m. (-ga) bir wax lagu
tumo : pilon.

LUUL n. m. (-ka) perle.

LUULYO n. f. (-da) juillet.

LUUQ n. m. (-a) jid yar : impasse,
chaussée rétrécie.

LUUQEE v. ku luuqee : chanter
une chanson.

M

MA' n. f. (-da) nom de la lettre « m. ».

MA interr. Cali ma yimi? : Ali est-il venu?

MA nég. ne…. pas. Cali ma uusan imaan : Ali n'est pas venu.

MA conj. ou, bien. Vaincre ou mourir : adkow (ray) ama dhimo.

MAACUUN n. m. (-ka) vaisselle.

MAAD n. f. (-da) comique, cocasse, drôle.

MAADAAMA conj. puisque.

MAADDO n. f. (-da) matière, sujet.

MAADEYS n. m. (-ka) comédie.

MAAG v. provoquer.

MAAGEER v. enclore. Enclore un jardin : maageer (dayr ku wareeji) beer.

MAAHI v. distraire, détourner l'esprit d'une application. Distraire quelqu'un de son travail : ka maahi (qalbigiisa ka jeedi) qof shaqadiisii.

MAAHMAAH n. f. (-da) proverbe.

MAAL n. m. (-ka) richesse.

MAAL n. f. (-sha) malax : pus.

MAAL v. traire pour soi.

MAALEEYO n. f. (-da) goudron.

MAALGELI v. investir.

MAALIN n. f. (-ta) jour.

MAALINDHAAF n. m. (-ka) tous les 2 jours.

MAALINJOOG n. m. (-ga) visite d'un jour.

MAALINNIMO n. f. (-da) journée.

MAALINSOCOD n. m. (-ka) une journée de marche.

MAALIYAD n. f. (-da) 1. richesse. 2. finance.

MAALQABEEN n. m. (-ka) riche.

MAAMUL n. m. (-ka) administration.

MAAMULE n. m. (-ha) directeur, administrateur.

MAAMUUS n. m. (-ka) honneur, respect.

MAAMUUSJAB n. m. (-ka) perte d'honneur, déshonneur.

MAAMUUSJEBI v. déshonorer.

MAAN n. m. (-ka) esprit.

MAANAC v. ka maanac, u diid : défendre, interdire.

MAANDHAAF n. m. (-ka) désaccord.

MAANDOORIYE n. m. (-ha) stupéfiant.

MAANGAAB n. m. (-ka) déficient, idiot.

MAANGAL n. m. (-ka) raisonnable. Prix raisonnable : sicir maangal (caqligal) ah.

MAANLAAWE n. m. (-ha) idiot, stupide.

MAANSO n. f. (-da) poésie.

MAANYO n. f. (-da) bad (-da) : mer.

MAAR n. f. (-ta) cuivre.

MAAREE v. 1. regarder attentivement. 2. diriger.

MAAREEYE n. m. (-ha) dirigeant, président d'un organisme.

MAARRIIN n. m. (-ka) marron.

MAARSO n. f. (-da) mars.

MAAS n. m. (-ka) corroyage, travail d'assouplissement du cuir : hawsha jilcinta haragga.

MAATO n. f. (-da) les plus faibles de la communauté.

MAAWEELI v. amuser, divertir.

MAAWEELO n. f. (-da) passe-temps.

MAAX n. f. (-da) eau claire : biyo saafi ah.

MAAXI v. laisser jaillir (eau).

MAAYAD n. f. (-da) courant de la mer.

MABDA' n. m. (-a) idéologie.

MAC n. f. (-da) 1. dhunkasho : baiser, bise. 2. lait frais : caano dhay ah. 3. doux. Doux comme le miel : mac sida malabka.

MACAAMILO n. f. (-da) rapport.

MACAAN n. m. (-ka) douceur, sucre.

MACAANE n. m. (-ha) doux, sucré.

MACAANEE v. sucrer, adoucir.

MACAASH n. m. (-ka) belle affaire, bénéfice.

MACAL n. f. (-sha) double menton.

MACALGAD n. f. (-da) cuiller, cuillère. Mets des cuillères sur la table : macagado miiska dulsaar.

MACALIMAD n. f. (-da) institutrice, femme professeur.

MACALIN n. m. (-ka) instituteur, professeur, enseignant.

MACALUUL n. f. (-sha) maigreur.

MACANGAG n. m. (-ga) entêté, têtu.

MACRIFAD n. f. (-da) connaissance.

MACASALAAMEE v. dire adieu ou au revoir.

MACAYSHAD n. f. (-da) cunto : aliment.

MACBIL n. m. (-ka) négociant.

MACBUUD n. m. (-ka) Dieu.

MACDUUN n. m. (-ka) chose rare.

MACHAD n. m. (-ka) institut.

MACMACAAN n. m. (-ka) douceur, sucrerie.

MACMIL n. m. (-ka) chose usée (voiture, table).

MACNOGARO v. comprendre ce que dit ou fait quelqu'un.

MACNE n. m. (-ha) signification, sens.

MACNEE v. expliquer.

MACOOYO n. f. (-da) ayeeyo : grand-mère.

MACQUUL n. m. (-ka) logique, normal, naturel.

MACRIIFAD n. f. (-da) connaissance, relation.

MACRUUF n. m. (-ka) personne que l'on connaît.

MACSARO n. f. (-da) sésame.

MACSHAR n. m. (-ka) assemblée, où se réunissent beaucoup de personnes : meel dad badani isugu yimaadaan.

MACSI n. f. (-da) péché.

MACSILEY n. f. (-da) femme à la vie dissolue.

MACSILOW n. m. (-ga) homme à la vie dissolue.

MACSUUN n. m. (-ka) invité.

MAD n. m. (-ka) nooc dhagxaanta ka mid ah : : granit, roche cristalline.

MAD v. lapider, tuer à coups de pierres : tuuryee, dhagax ku dil.

MADAAL n. m. (-ka) shay lagu beego iniinyaha : récipient pour mesurer les graines.

MADADDAALI v. faire passer le temps, divertir, amuser.

MADADDAALIS n. m. (-ka) amusement, passe-temps.

MADAL n. f. (-sha) ballan (-ta) : rendez-vous.

MADAX n. m. (-a) tête.

MADAX n. f. pl. (-da) les gens au pouvoir.

MADAXBANNAANI n. f. (-da) indépendance, liberté.

MADAXFALLUUQ n. m. (-a) petite folie.

MADAXFURASHO n. f. (-da) rançon.

MADAXTOOYO n. f. (-da) présidence.

MADAXWAREER n. m. (-ka) vertige.

MADAXWEYNE n. m. (-ha) chef d'état, président.

MADAX-XANUUN n. m. (-ka) mal de tête.

MADBACAD n. f. (-da) imprimerie.

MADBAKH n. m. (-a) cuisine.

MADDAALANIMO n. f. (-da) résistance, endurance.

MADDAALE n. m. (-ha) infatigable.

MADDIIBAD n. f. (-da) bol, jatte.

MADDIIDEE v. se faire aimer d'une femme en utilisant la magie.

MADDOOYAA n. m. (-ga) geed dawo ahaan loo isticmaalo : arbuste médicinal.

MADDUUL n. m. (-ka) suie. La cheminée est pleine de suie : shooladda madduul (wax madow oo qaaca ka hara) baa ka buuxa.

MADFAC n. m. (-a) canon.

MADHAAFAAN n. m. (-ka) limite maximale, optimale.

MAD-HAB n. f. (-ta) rite.

MADHALE n. m. (-ha) homme stérile.

MADHASHO n. f. (-da) femme stérile.

MADHINTE n. m. (-ha) 1. immortel. 2. Dieu.

MADI n. m. (-ga) fils unique.

MADKEE v. allumer un feu en utilisant deux petits bâtons : dab ka dhalin laba ulood.

MADLUUN n. m. (-ka) triste.

MADOOBAAD n. m. (-ka) noircissement.

MADOOBEE v. noircir.

MADOORSOOME n. m. (-ha) inchangé, invariable (événement, chose).

MADOW n. m. (-ga) couleur noire.

MAFIIQ n. f. (-da) xaaqin : balai.

MAG n. f. (-ta) prix du sang.

MAGAAD n. m. (-ka) cendre au goût âcre.

MAGAALAMMADAX n. f. (-da) capitale d'un pays.

MAGAALO n. f. (-da) ville.

MAGAC n. m. (-a) nom.

MAGACOW v. nommer.

MAGACUYAAL n. m. (-ka) pronom.

MAGAGGOOYE n. m. (-ha) fourmi, fourmilière.

MAGAN n. f. (-ta) protection.

MAGANGELI v. protéger, donner asile.

MAGANGELYO n. f. (-da) asile. Magangelyo siyaasadeed : asile politique.

MAGDHABO v. recevoir le prix du sang.

MAGDHOW n. m. (-ga) dédommagement, indemnisation.

MAGGAABO n. f. (-da) kabbo (-da) : gorgée.

MAGGARAFOON n. m. (-ka) microphone, haut-parleur.

MAGGUURTO n. f. (-ta) immobile.

MAHAD n. f. (-da) remerciement.

MAHADCELI v. remercier.

MAHADHO n. f. (-da) scélérat. Actes scélérats : falal mahadhooyin ah.

MAHIIGAAN n. m. (-ka) tiro farabadan : beaucoup, grande quantité.

MAHRAJAAN n. m. (-ka) fête de gymnastique.

MAHURAAN n. m. (-ka) nécessaire, indispensable.

MAJAAJILLEE v. faire de la comédie.

MAJAAJILLO n. f. (-da) comédie.

MAJABE n. m. (-ha) invulnérable, qui ne peut être blessé.

MAJARAFAD n. f. (-da) badiil, badeel : pelle.

MAJARAHAYE n. m. (-ha) hage : guide.

MAJIIR v. traverser, franchir.

MAJIIRSII v. faire traverser.

MAJIN n. f. (-ta) patte, pied.

MAJLIS n. m. (-ka) meel la isugu yimaado : lieu où on se réunit.

MAJNUUN n. m. (-ka) fou. Une maison de fous : guri dad majnuuniin ah (waalan).

MAJUUJI v. essorer. Essorer du linge : majuuji (marooji) dhar.

MAKAAN n. m. (-ka) lieu. Lieu charmant : makaan (meel) soo jjidasho leh.

MAKAANIG n. m. (-ga) mécanicien.

MAKHAAYAD n. f. (-da) restaurant.

MAKHBIYAD n. f. (-da) femme tenue, qui sort rarement.

MAKHLUUQ n. m. (-a) création.

MAKIINAD n. f. (-da) 1. machine. Barni écrit une lettre à la machine : Barni waxay waraaq ku qoraysaa makiinadda. 2. lame de rasoir : garxiir.

MAKTABAD n. f. (-da) 1. bibliothèque. 2. librairie.

MAL n. m. (-ka) saxaro jilicsan : excrément.

MALAA'IG n. f. (-ta) ange.

MALAAS v. enduire. Muuna s'est enduit la peau de crème : Muuna waxay korka (dubka) isaga malaastay, iska marisay labeen.

MALA-AWAAL n. m. (-ka) conjecture, supposition.

MALAB n. m. (-ka) miel.

MALEG n. m. (-ga) ange de la mort.

MALAWAD n. m. (-ka) partie finale de l'intestin, rectum.

MALAX n. f. (-da) pus.

MALAYSO v. s'attendre à recevoir qch.

MALCAMAD n. f. (-da) dugsi quraan : école coranique.

MALCUUN n. m. (-ka) méchant.

MALDAH v. dissimuler une parole.

MALE n. m. (-ha) pensée.

MALEE v. supposer.

MALIIL n. m. (-ka) qof ay jirro laciifisay : dépérissement d'une personne.

MALKHABAD n. f. (-da) châle pour femme.

MALLAAY n. m. (-ga) kalluun : poisson.

MALLUUG n. m. (-ga) profil. Dans cette photo, on te voit de profil : sawirkaan malluuggaaga baa looga dhex jeedaa (si fiican uma muuqatid).

MALMALAADDO n. f. (-da) confiture.

MALYUUN n. m. (-ka) million.

MAMLAKAD n. f. (-da) saldano, xukun : règne. Cela s'est passé pendant le règne de Louis XIV : taasi waxay dhacday intii uu mamlakadda (saldanada, xukunka) uu hayay Luwiigii afar iyo tobnaad.

MAMNUUC n. m. (-a) interdit, défendu.

MANAAFACAAD n. m. (-ka) avantage, utilité, bénéfice.

MANDARAD n. f. (-da) muraayad (-da) : miroir, glace.

MANDHEER n. f. (-ta) placenta.

MANDIIL n. f. (-sha) couteau très effilé.

MANFAC n. m. (-a) bénéfice, avantage.

MANHAJ n. m. (-ka) programme d'étude.

MANI n. f. (-da) shahwo (-da) : sperme.

MANJABBAXSO v. aller se promener.

MANJASAAR v. kaadisiin ilmo yar : faire uriner un enfant.

MANJAXAABI v. chavirer.

MANNEXE n. m. (-ha) cruel, impitoyable, implacable.

MANNOOGE n. m. (-ha) infatigable.

MANQAS n. m. (-ka) ciseaux.

MANTAG n. m. (-ga) vomissement.

MAQAALAD n. f. (-da) article de journal.

MAQAAN n. m. (-ka) 1. meel, jago : lieu, position. 2. valeur, importance.

MAQAAR n. m. (-ka) peau.

MAQAASIIN n. m. (-ka) magasin, dépôt.

MAQAAXI n. f. (-da) restaurant.

MAQAL n. m. (-ka) ouïe. Bayddan a une bonne ouïe : Bayddan waxay leedahay maqal fiican.

MAQAL n. f. pl. (-sha) waxaro : chevreaux.

MAQNOW v. s'absenter.

MAQRIB n. m. (-ka) coucher de soleil.

MAQSIN n. m. (-ka) qol : chambre.

MAQSUUD n. m. (-ka) content, satisfait.

MAR n. m. (-ka) fois.

MAR v. 1. passer, traverser. 2. wacad mar : jurer.

MARABI n. f. (-da) animaux domestiques.

MARABOOB n. f. (-ta) caws dharka qabsada : sorte d'herbe.

MARAG n. m. (-ga) témoin.

MARAGFUR v. témoigner.

MARAGMADDOONTO n. f. (-da) hubanti (-da) : certain, sûr.

MARAKANEECO n. f. (-da) sansiyeeri : moustiquaire.

MARAQ n. m. (-a) potage.

MARASHI n. f. (-da) dhar : vêtement.

MARAWAXAD n. f. (-da) 1. éventail. 2. ventilateur. 3. toux sèche.

MARDAADDI n. m. (-ga) xarrago (-da) : élégance.

MARDEE v. iskuxirid : lier transversalement.

MARDHOOF n. m. (-ka) personne qui a voyagé une seule fois dans sa vie, notamment à l'étranger.

MARDUUF n. m. (-ka) faisceau de Qat.

MARGO v. étouffer.

MARI v. 1. vider. 2. faire passer.

MARIID n. m. (-ka) type de poison pour les flèches : sun leebabka fallaaraha la mariyo.

MARIN n. m. (-ka) passage.

MARKHAATI n. m. (-ga) témoin.

MARMAR n. m. (-ka) marbre.

MARMARSIINYO n. f. (-da) prétexte.

MARO n. f. (-da) toile.

MAROODI n. m. (-ga) éléphant.

MAROOJI v. essorer.

MAROOR n. m. (-ka) rectum.

MAROORI v. marooji : essorer.

MAROORSO v. ka xad, ka boob : détourner, voler.

MARQAAN n. m. (-ka) ivresse après le Qat.

MARRIIN n. m. (-ka) dhar : vêtement.

MARSHO n. f. (-da) boîte à vitesse.

MARSII v. faire passer.

MARSO n. f. (-da) deked : port.

MARSO v. 1. enduire. 2. se consommer.

MARTI n. f. (-da) hôte, invité.

MARTIGGELI v. loger, héberger.

MARTIQAAD n. m. (-ka) festin, banquet, grand repas.

MARTISOOR v. inviter.

MARWO n. f. (-da) dame, épouse, maîtresse.

MARXABBA adv. d'accord, entendu.

MARXALAD n. f. (-da) 1. situation, circonstance. 2. époque, ère.

MARXUUM n. m. (-ka) qof dhintay : défunt.

MAS n. m. (-ka) serpent.

MAS'UUL n. m. (-ka) responsable.

MAS'UULIYAD n. f. (-da) responsabilité.

MASAAFEE v. porter à une distance de plus d'un jour de marche (une fille qui veut se marier en cachette).

MASAAFIR n. m. (-ka) voyageur.

MASAAFIRI v. expulser.

MASAAFO n. f. (-da) parcours, trajet, à mi-chemin.

MASAAJID n. m. (-ka) mosquée.

MASAAMAX v. pardonner.

MASAAR n. f. (-ta) hache.

MASAARIIF n. f. (-ta) dépense, frais.

MASAAXAD n. f. (-da) oogada kore ee dhul : superficie.

MASABBID n. m. (-ka) calomnie.

MASAF n. m. (-ka) entonnoir. On verse l'eau dans les bouteilles avec un entonnoir : biyaha waxaa dhalooyinka, qaruuraddaha lagula shubaa masaf.

MASALLE n. m. (-ha) petite natte en cuir pour la prière.

MASALUGALEY n. f. (-da) varan.

MASAR n. m. (-ka) mouchoir, fichu. Elle porte un fichu sur la tête : masar (fastaleeti) baa madaxa u saaran.

MASAWIR n. m. (-ka) photo.

MASAX v. 1. frotter. Il faut frotter le linge avec du savon : waa in dharka lagu masaxaa, la mariyaa saabuun. 2. effacer, gommer un mot.

MASAXAD n. f. (-da) torchon.

MASAYR n. m. (-ka) jalousie.

MASDARAD n. f. (-da) règle.

MASHAQEYSTE n. m. (-ha) fainéant.

MASHAQEE v. dhibaatee : troubler.

MASHAQO n. f. (-da) problème, trouble.

MASHASHUUR v. is mashashuur : faire la coquette. Fille qui fait la coquette ou fille coquette : gabar is manshashuuraysa (inay wax cajabiso rabta).

MASHQUUL n. m. (-ka) occupé, pris.

MASHRUUC n. m. (-a) projet, plan, programme.

MASIIXI n. m. (-ga) chrétien.

MASJID n. m. (-ka) mosquée.

MASKAX n. f. (-da) cerveau. la fuite des cerveaux vers les Etats-Unis : baxsadka maskaxeedyo (aqoonyahanno) u baxsadeen Ameerika.

MASLAXAD n. f. (-da) arbitrage.

MASRAX n. m. (-a) théâtre.

MASRUUF n. m. (-ka) dépense mensuelle.

MASRUUF v. entretenir, nourrir.

MATAAN n. m. (-ka) jumeau.

MATAAN n. f. (-ta) jumelle.

MATAANEE v. jumeler. Ces deux villes sont jumelées : labadaan magaalo waa mataanoobeen.

MATARAARIYE n. m. (-ha) qori darandoorri u dhaca : mitrailleuse.

MATILAAD n. f. (-da) interprétation.

MATXAF n. m. (-ka) musée.

MAWJAD n. f. (-da) vague, flot, onde.

MAWDUUC n. m. (-a) argument, sujet, thème.

MAWQIF n. m. (-ka) position, situation, point de vue.

MAXADDO n. f. (-da) arrêt d'autobus, gare.

MAXAJABAD n. f. (-da) femme qui ne sort jamais de chez elle.

MAXBUUS n. m. (-ka) détenu.

MAXKAMAD n. f. (-da) tribunal, cour.

MAYDDI n. m. (-ga) foox : type d'encens.

MAYR v. dhaq : laver.

MAYRAC v. daaji, xoolo mayrac : faire paître.

MAYRAX n. f. (-da) fibre.

MAYRO n. f (-da) caw (-da) type de palmier.

MEEL n. f. (-sha) lieu, place.

MEELDHEXAAD n. m. (-ka) intermède.

MEELEE v. placer, régler, arranger.

MEELGAAR n. m. (-ka) ku meelgaar : provisoire.

MEELKADHAC n. m. (-a) bêtise, erreur, faute.

MEELKUGAAR n. m. (-ka) provisoire.

MEELMAR n. m. (-ka) valable, efficace.

MEEQA interr. combien ? Combien sont-ils ? meeqay, imisay yihiin ?

MEER v. warwareeg : se balader.

MEERE n. m. (-ha) planète.

MEHER n. m. (-ka) contrat de mariage.

MEHERAD n. f. (-da) métier, profession.

MEHERSO v. se marier avec.

MERGI n. m. (-ga) tendon.

MERJI v. ceeji : étrangler.

MEYD n. m. (-ka) 1. cadavre, mort. 2. faible.

MICI n. f. (-da) canine.

MICIIN n. m. (-ka) avantage, profit, utile. Son voyage en Alle-magne lui a été d'un grand profit : safarkisii uu dalka Jarmalka ku tegay miciin (faa'iido) badan buu u lahaa.

MICIINDARRO n. f. (-da) dureté, rudesse. Le prisonnier a été traité avec dureté : maxbuuskii waxaa loola dhaqmay si maciindarro ah.

MID n. m. num. (-ka) un, un seul.

MIDAB n. m. (-ka) couleur.

MIDABEE v. colorer.

MIDABTAKOOR n. m. (-ka) racisme.

MIDEE v. unifier.

MIDIG n. f. (-ta) droite, main droite.

MIDOW n. m. (-ga) union.

MIHI v. leurrer. Il s'est laissé leurrer : wuxuu isu ogolaaday mihin, in la mihiyo (waxaan jirin loo ballanqaado).

MIID n. f. (-da) casiir : jus.

MIIDAAMI v. fogee : éloigner, écarter. Eloigner quelqu'un de son pays : miidaami, ka fogee qof dhulkiisii.

MIINSHAAR n. f. (-ta) scie.

MIIQ n. m. (-a) dun (-ta) suufka : fil de coton.

MIIR v. filtrer, égoutter.

MIIRE n. m. (-ha) filtre, égouttoir.

MIIS n. m. (-ka) table.

MIIS v. miisaamid : peser.

MIISAAN n. m. (-ka) balance.

MIL v. faire fondre. 1. Faire fondre ou fondre un métal : mil bir (kululee ilaa ay ka noqonayso dareere). 2. Le sel fond dans l'eau : milixdu, cusbadu waxay ku milantaa biyaha. 3. Le beurre fond au soleil : subaggu waa ku milmaa (ku dhaqaaqaa) qorraxda.

MILIC n. f. (-da) kulayl qorraxeed : chaleur du soleil.

MILICSO v. apercevoir, commencer à voir. Apercevoir une montagne dans le lointain : ka milicso (ka arag) buur meel fog.

MILIL n. m. (-ka) dhacaan dhiig la socdo : sérum.

MILITERI n. m. (-ga) militaire.

MIN n. m. (—ka) guri, minan : maison, habitation.

MINDHICIR n. m. (-ka) entrailles.

MINDI n. f. (-da) couteau.

MINGIS n. m. (-ka) maladie mentale.

MINTID v. muujin dadaal dheeraad ah : s'efforcer, s'engager, s'appliquer.

MINWEYN n. f. (-ta) nin dhowr xaas leh tan uu ugu hor guursaday : première femme d'un homme.

MIR n. m. (-ka) une chose. Mir sigaar ah : une cigarette.

MIRIR n. m. (-ka) rouille.

MIRO n. m. (-ha) fruits.

MISIG n. f. (-ta) os iliaque.

MISKIIN n. m. (-ka) pauvre.

MITIRKUBBE n. m. (-ha) mètre cube.

MIYI n. m. (-ga) compagne.

MIYIR n. m. (-ka) calme, tranquillité.

MIYIRBEEL n. m. (-ka) perte de connaissance, évanouissement.

MOOS n. m. (-ka) banane.

MOOTI v. dhaafi : faire passer.

MOOTO n. f. (-da) moto.

MOTOOR n. m. (-ka) moteur.

MOWLAC n. m. (-a) lieu de culte.

MO'ALLIF n. m. (-ka) compositeur.

MUCAARAD n. m. (-ka) opposant, adversaire.

MUCJISO n. f. (-da) prodige.

MUDANE n. m. (-ha) messieurs honorables, monsieur honorable.

MUDDAHARAAD n. m. (-ka) manifestation.

MUDDAC n. m. (-a) dispute, querelle.

MUG n. m. (-ga) volume, quantité qu'un récipient peut contenir.

MUGDI n. m. (-ga) ténèbres. Marcher dans les ténèbres : ku dhexsoco mugdiga.

MUHAAJIR n. m. (-ka) exilé, personne qui vit en exil : qof dalkiisii iskiis ama khasab uga tegey.

MUHIM n. m. (-ka) important.

MULKI n. m. (-ga) possession, propriété.

MUNAAFAQ n. m. (-a) hypocrite.

MUNAASAB n. m. (-ka) qui convient.

MUNDUL n. m. (-ka) paillote.

MUNNAARAD n. f. (-da) phare. Il y a un phare à l'entrée du port : dekedda horteeda waxaa ku taal munnaarad (iftiin kaah badan leh oo maraakiibta haga).

MUQSHABEEL n. m. (-ka) qof labadiisa waalid kala jinsi duwanyihiin : métis.

MURAAD n. m. (-ka) but. Son but est de te faire peur : muraadkiisu waa inuu ku baqdingeliyo.

MURAARADILLAAC n. m. (-a) grande peine morale, déplaisir.

MURAAYAD n. f. (-da) glace, miroir. Le miroir des eaux : muraayadda biyayow (uu qofku iska arkayo markuu biyaha isdultaago).

MURAN n. m. (-ka) dispute.

MURTI n. f. (-da) sobre en paroles.

MURUG n. f. (-ta) mélancolie, tristesse.

MURUQ n. m. (-a) muscle.

MURUQMAAL n. m. (-ka) ouvrier, journalier.

MURXI v. peler, écorcher. Ecorcher un lapin : ka murxi maqaarka bakayle.

MUSHAAX n. m. (-a) promenade.

MUSHKILAD n. f. (-da) problème.

MUSHQAAYAD n. f. (-da) compensation.

MUSHTAR n. m. (-ka) ganacsade : commerçant.

MUSIIBO n. f. (-da) catastrophe.

MUSLIN n. m. (-ka) musulman.

MUSMAAR n. m. (-ka) clou.

MUSQUL n. f. (-sha) toilette.

MUSTACMARAD n. f. (-da) gumeysi : colonie.

MUSTAQBAL n. m. (-ka) avenir, futur.

MUSTAREEX n. m. (-a) xasiloonaan : sérénité. La sérénité de l'âme : mustareexa nafta.

MUSUQMAASUQ n. m. (-a) corruption.

MUTACALLIN n. m. (-ka) instruit.

MUTEYSO v. mériter. Mériter une punition : muteyso ciqaab.

MUUFO n. f. (-da) petit pain rond.

MUUJI v. faire apparaître, montrer. Je lui ai montré qu'il avait tort : waxaan u muujiyay (tusay) inuu khaldanaa.

MUUS n. m. (-ka) mandiil (-sha) : rasoir.

MUWAADDIN n. m. (-ka) citoyen. Tout citoyen doit obéir aux lois : muwaaddin kastaa waa inuu yeelo, addeeco shuruucda.

MUXAADARO n. f. (-da) conférence.

MUXTAAJ n. m. (-ka) besogneux.

N

NA' n. f. (-da) nom de la lettre « n ».

NAADI n. m. (-ga) club. Tooxow s'est inscrit à un club sportif : Tooxow wuxuu isqoray naadi ciyaareed.

NAADI v. proclamer, annoncer.

NAADIR n. m. (-ka) dhif : rare.

NAADO n. f. (-da) ban, proclamation.

NAAFO n. f. (-da) atrophie.

NAAG n. f. (-ta) femme.

NAAGNIMO n. f. (-da) féminité.

NAAKHUUDE n. m. (-ha) capitaine d'un bateau.

NAANEYS n. f. (-ta) surnom.

NAANNAAB n. m. (-ka) importun. Eloigner un importun : fogee qof naannaab ah (dadka baryo ku dhiba).

NAAQUS n. m. (-ka) incomplet.

NAAQUS v. diminuer.

NAAR n. f. (-ta) enfer.

NAARAJIIN n. f. (-ta) cocotier.

NAAS n. m. (-ka) sein. Donner le sein à un enfant : ilmo naaska sii (u dhig).

NAASLEY n. f. (-da) mammifère.

NAASNUUJI v. favoriser. Favoriser un débutant : naasnuuji (tixgelin goonni ah sii) qof bilow ah.

NAASTARO n. f. (-da) magnétophone.

NAAX v. cayilid : engraisser.

NAB v. attacher, fixer. Fixer un tableau sur le mur : ku nab (ku dhaji) sabuurad darbiga.

NABAAD n. m. (-ka) dhir : plante, arbuste.

NABAADDIINO n. f. (-da) au revoir, adieu.

NABAADGUUR n. m. (-ka) tarissement, dessèchement.

NABAD n. f. (-da) paix.

NABADAY interj. au revoir, adieu.

NABADDOON n. m. (-ka) conciliateur.

NABADGELI v. badbaadi : sauver.

NABADSUGID n. f. (-da) sécurité.

NABAR n. m. (-ka) blessure, plaie.

NABDAADI v. saluer. Saluer un ami : nabdaadi (bariidi, salaan ka qaad) qof aad saaxiib tihiin.

NABDAYSO v. salaamid : saluer.

NABSI n. m. (-ga) châtiment, punition.

NAC n. m. (-a) haine. Avoir de la haine pour le mensonge : nac (ka-rah) u qab beenta.

NAC v. diid : refuser.

NACAB n. m. (-ka) cadow (-ga) : ennemi.

NACALAD n. f. (-da) malédiction.

NACAS n. m. (-ka) sot, idiot.

NACFI n. m. (-ga) substance, essence.

NACNAC n. m. (-a) bonbon.

NACNACLEE v. parler sans réfléchir.

NADIIF n. m. (-ka) propre, net.

NADIIFI v. nettoyer.

NAF n. f. (-ta) vie.

NAFAQADARRO n. f. (-da) mal nutrition.

NAFAQO n. f. (-da) nourriture.

NAFAR n. m. (-ka) individu.

NAFBAX n. m. (-a) décès.

NAFLACAARI n. m. (-ga) désespéré.

NAFLEY n. f. (-da) être vivant.

NAFTIHURE n. m. (-ha) sacrificateur.

NAJAASEE v. salir.

NAJAASO n. f. (-da) impureté, saleté.

NAL n. m. (-ka) fanal, lampe, ampoule.

NAMUUN n. m. (-ka) nooc : échantillon. Je voulais un échantillon de ce tissu : waxaan rabilahaa namuunad dharkaan ah.

NAQ v. celi : rendre, redonner.

NAQAS n. m. (-ka) sécrétion.

NAQASH n. m. (-ka) ornementation.

NAQSHAD n. f. (-da) ornementation.

NAQSHADEE v. orner, décorer.

NAQTIIMI v. ku celi : répéter, recommencer à étudier.

NASAB n. m. (-ka) personne de haut lignage.

NASTEEXO n. f. (-da) avertissement.

NASI v. remplacer, substituer.

NASIIB n. m. (-ka) fortune, chance.

NASIIBDARRO n. f. (-da) malchance, malheur.

NASIIBWANAAG n. m. (-ga) bonne chance.

NASIIBXUMO n. f. (-da) malchance.

NASIINO n. f. (-da) repos.

NASO v. se reposer.

NATIIJO n. f. (-da) résultat, issue.

NAX v. cabsi qabid : avoir peur.

NAXAAS n. f. (-ta) airain.

NAXARIIS n. f. (-ta) pitié.

NAXASH n. m. (-ka) qalab maydka lagu qaado : cercueil : Le cercueil a été descendu dans la tombe : naxashkii waxaa loo dejiyay qabriga gudihiisa.

NAXDIN n. f. (-ta) baqdin : peur, frayeur.

NAYL n. f. (-sha) neef yar oo ido ah : agneau.

NABERI n. m. (-ga) baleine. Une baleine peut peser 150 tonnes :

culeyska halkii naberi wuxuu no-
qonkaraa 150 tan.

NEBI n. m. (-ga) prophète.

NEECAABI v. layri : aérer.

NEEF n. m. (-ka) bétail.

NEEF n. f. (-ta) air, vent.

NEEFEE v. bambee : pomper.

NEFIS n. m. (-ka) temps libre, espace.

NICMO n. f. (-da) prospérité.

NIDAAM n. m. (-ka) système, règlement.

NIDAAMDARRO n. f. (-da)
désordre, pagaille.

NIDAAMI v. ordonner, ranger,
classer.

NIDAAMLA'AAN n. f. (-ta)
désordre.

NIKAAX n. m. (-a) contrat de mariage.

NIKAAXSO v. se marier avec.

NIN n. m. (-ka) homme.

NINKARMEED n. m. (-ka) homme habile.

NINNIMO n. f. (-da) virilité.

NIRIG n. f. (-ta) neef yar oo geel
ah : petite chamelle.

NISHAAB v. shiish : viser.

NIYAJAB n. m. (-ka) déception.

NIYEYSO v. rabid : vouloir.

NOLOLMAALMEED n. m. (-ka)
vie quotidienne.

NOOC n. m. (-a) sorte, type, genre.

NOOG v. daalid : se lasser, se fatiguer.

NOOJI v. causer de la fatigue à
quelqu'un.

NOOLI n. m. (-ga) sicir, kharash
baabuurraac (-a) : prix, tarif du
transport.

NOOLI v. ka bixi kharashkii baa-
buurraaca : payer le voyage de
quelqu'un.

NOOLOW v. barwaaqayso : prospérer.

NOOTAAYO n. f. (-da) notaire.

NUGEYL n. m. (-ka) tendresse.

NUS n. m. (-ka) moitié.

NUUG v. sucer, téter.

NUXUUS n. m. (-ka) personne
qui apporte le malheur. Funeste
accident : shil nuxuus ah (nasiib
xun keenay).

O

O n. f. (-da) nom de la lettre « o ».

ODAY n. m. (-ga) vieux, ancien.

ODAYNNIMO n. f. (-da) vieillesse.

ODAYTINNIMO n. f. (-da) ancienneté, sagesse.

ODDOROS n. m. (-ka) saadaalis (-ka) : prédiction.

OG v. savoir. Sais-tu la nouvelle ? : ma ogtahay khabaarka ?

OGAAL n. m. (-ka) connaisseur.

OGEYSII v. faire connaître, informer.

OGEYSIIS n. m. (-ka) information, avis, annonce.

OGGOL n. m. (-ka) accord, acceptation.

OGGOLAYSII v. convaincre, persuader.

OGOW v. ogaansho : savoir. Il sait la nouvelle : waa uu ogyahay khabaarka.

OGSOONOW v. penser toujours à qch ou à qn. Je pense souvent à toi : mar walba waa ku ogsoonahay (waa kaa fekeraa).

OL'OLE n. m. (-ha) campagne d'alphabétisation.

OLOL n. m. (-ka) flamme.

OLOLI v. enflammer, incendier.

OMOS n. m. (-ka) dhul qallalan : terre aride. Un sol aride : ciid omos ah (qallalan oo aan waxba ka bixin).

ONKOD n. m. (-ka) tonnerre.

OO conj. oo kale : comme.

OOD v. bloquer, barrer. L'autoroute est bloquée par un accident : jidkii waxaa ooday, xannibay shil.

OODKAC n. m. (-a) luqmad (-da) : viande coupée en petits morceaux.

OOFI v. maintenir, tenir une promesse.

OOG v. fomenter, susciter. Fomenter une révolte : oog (diyaari) kacdoon.

OOKIYAALE n. m. (-ha) lunettes.

OOMI v. épuiser, tarir. La sécheresse a tari les puits : abaartii waxay oomisay (qallajisay, biyo la'aan dhigtay) ceelashii.

OOMANE n. m. (-ha) lieu aride et sec.

OON n. m. (-ka) soif. Soif de l'or : oon (harraad) u qabid dahab.

OONBEEL v. se désaltérer.

OONTIR v. désaltérer.

OORI n. f. (-da) naag la qabo : épouse.

OOY v. pleurer. Cige pleure la mort de son père : Cige wuxuu la oooyayaa dhimashada aabbihiis.

ORAAH n. f. (-da) mot, parole.

ORGEE v. avoir une relation sexuelle surtout avec la race caprine.

ORGI n. m. (-ga) bouc, mâle de la chèvre.

ORGOBBE n. m. (-ha) anthropophage, cannibale. Des peuplades anthropophages : kooxo dad orgobbayaal ah (hilibka dadka cuna).

ORI v. qayli : crier. Discuter sans crier : doodid iyadoo aan la qaylin.

OROD n. m. (-ka) course.

OROD v. courir.

ORDISII v. faire courir.

Q

QA' n. f. (-da) nom de la lettre «q».

QAAB n. m. (-ka) 1. forme, structure. 2. manière, mode.

QAABIL v. accueillir, recevoir. Recevoir un ami : qaabil (soo dhowee) qof aad saaxiib tihiin.

QAABILAAD n. f. (-da) soo dhoweyn (-ta) : accueil.

QAABDARRO n. f. (-da) foolxumo : laideur, hideur.

QAABLAAWE n. m. (-ha) amorphe.

QAAC n. m. (-a) fumée. Dépenser son argent en fumée : lacagtaada hawada raaci sida qaaca.

QAACI v. faire fumer.

QAACIDO n. f. (-da) règle, système.

QAAD n. m. (-ka) Qat ou Khat.

QAAD v. porter. Porter un sac sur ses épaules : garbahaaga ku qaad boorso.

QAADDACAAD n. f. (-da) interruption. Travailler sans interruption : qaaddacaad la'aan (hakad la'aan) shaqee.

QAADDO n. f. (-da) cuiller.

QAADO v. prendre pour soi.

QAADWALE n. m. (-ha) vendeur de Qat.

QAAFIRI n. m. (-ga) baaquli : bol. En avoir ras le bol : khaati ka taagnaan.

QAAJEER n. f. (-ta) trace blanche que la sueur laisse sur la peau : calaamad cad ee dhididku korka qofka ku reebo.

QAALI n. m. (-ga) cher, coûteux. Voyage coûteux : safar qaali ah.

QAALIB n. m. (-ka) usuel, ordinaire. Le stylo est un objet usuel : qalinku waa shay qaalib ah (isticmaalkiisu joogto yahay).

QAALIGAREE v. augmenter le prix de qch.

QAALIN n. f. (-ta) jeune chamelle.

QAALIYEE v. augmenter le prix de qch.

QAALLI n. m. (-ga) juge.

QAALMARROGO v. faire une culbute.

QAAMUUS n. m. (-ka) dictionnaire.

QAAN n. f. (-ta) dédommagement, indemnisation.

QAANGAAR n. m. (-ka) adulte.

QAANQAAMI v. qabanqaabi, abaabul : organiser.

QAANSAROOBAAD n. f. (-da) arc-en-ciel.

QAANSO n. f. (-da) arc. Arc de triomphe : aargo (-da) guusha.

QAANUUN n. m. (-ka) loi, droit:

QAAQ n. f. (-da) hurlement.

QAAR n. m. (-ka) partie.

QAARAAN n. m. (-ka) contribution.

QAARAD n. f. (-da) continent. Le nouveau continent, l'Amérique : qaaradda cusub ee Ameerika.

QAAREE v. ulee : frapper à coups de bâton.

QAARJEEX n. m. (-a) bronchite.

QAATIL n. m. (-ka) assassin, homicide.

QAAWANOW v. rester nu.

QAAWI v. dharkadhigid : dénuder, déshabiller. Crâne dénudé : lafmadax qaawan (bidaari gashay).

QAAXO n. f. (-da) tuberculose.

QAAYE n. m. (-ha) valeur, importance, bonne qualité, vertu. Le courage, la générosité, l'honnêteté sont des vertus : geesinnimada, deeqsinnimada, aamminnimada waa qaaye (sifooyin wanaagsan).

QAB n. m. (-ka) kibir : orgueil, fierté, amour-propre.

QAB v. lahaansho : avoir, tenir.

QABAAL n. m. (-ka) weel xoolaha lagu waraabiyo : bassin.

QABALLUUS n. m. (-ka) qof tarbiyad xun : grossier.

QABANDHACO n. f. (-da) jiriirico (-da) : malaise, gêne.

QABANQAABI v. organiser, préparer.

QABATIN n. m. (-ka) xanuun marna ku sii daynaya marna ku qabanaya : élancement, un coup au cœur.

QABATO n. f. (-da) birqabato, biinso : pince, tenaille.

QABBIR v. entraver, mettre des entraves à un cheval ou un autre animal.

QABIIL n. m. (-ka) tribu, clan.

QABIIX n. m. (-a) dabeecad adag : mauvais caractère.

QABO v. tenir, avoir qch dans la main.

QABOOBE n. m. (-ha) hiver.

QABOOJI v. refroidir.

QABOOJIYE n. m. (-ha) frigorifique, réfrigérateur.

QABOONO n. f. (-da) goor hore oo subax ah : tôt le matin.

QABOW n. m. (-ga) froid, gel.

QABQABOOW n. m. (-ga) rafraîchissement, boisson, réception, cocktail.

QABRI n. m. (-ga) tombe.

QABSIN n. m. (-ka) appendice.

QABSO v. tenir pour soi.

QABUURO n. m. (-ha) cimetière.

QABXAD n. f. (-da) dhillo : prostituée.

QABYAALAD n. f. (-da) tribalisme.

QABYO n. f. (-da) incomplet.

QAC n. f. (-da) coup.

QAD v. waxba ha cunin : être à jeun, jeûner.

QADAAD n. m. (-ka) jeego (-da) : nuque.

QADAF n. m. (-ka) gaf (-ka) : offense, affront.

QADDAC n. m. (-a) daasad saliidda lagu beego : petit récipient pour mesurer de l'huile.

QADDAR n. m. (-ka) xoogaa (-ga) : une certaine quantité.

QADDARI v. ixtiraamid : respecter, honorer.

QADDIYAD n. f. (-da) objectif, but.

QADEE v. déjeuner. Ahmet m'a invité à déjeuner : Axmed wuxuu igu casumay inaan qadeeyo.

QADI v. cunto u diidid : interdire de manger.

QADIIN n. m. (-ka) wax in badan soo jiray : vieux.

QADO n. f. (-da) déjeuner.

QADOODI n. m. (-ga) wax cunid la'aan : jeûne.

QAFAAL n. m. (-ka) afduub : enlèvement, rapt.

QAFAS n. m. (-ka) qafis : cage.

QAFIL n. m. (-ka) cadenas.

QAFLAD n. f. (-da) à l'improviste.

QAHAR n. m. (-ka) difficulté, tracas.

QAL n. m. (-ka) daan (-ka) : mâchoire.

QAL v. 1. opérer. 2. égorger.

QALAANQAL n. m. (-ka) inquiétude, souci. Pars sans inquiétude, je m'occupe de tout : iskatag qalaanqal la'aan (rabsho la'aan) anigaa wax walba qabanaya.

QALAB n. m. (-ka) équipement.

QALABEE v. équiper.

QALAD n. m. (-ka) erreur, faute.

QALAD v. qalad samayn : faire erreur, mal faire.

QALAGGOO v. s'adapter à. S'adapter aux circonstances : qalaggoo (la qabsasho) duruufaha.

QALALABI v. aad u qurquri : gargouiller.

QALANJO n. f. (-da) actrice.

QALBAC n. m. (-a) jab : valve.

QALBI n. m. (-ga) âme.

QALBIJEBI v. démoraliser, décourager.

QALCAD n. f. (-da) dhismo difaac adag leh oo magaalada laga ilaaliyo : forteresse.

QALFOOF n. m. (-ka) squelette.

QALIN n. m. (-ka) 1. stylo. 2. argent.

QALINJEBI v. terminer les études.

QALINSHUBATO n. f. (-da) khaa'in : escroc.

QALLAD n. f. (-da) malheur, malchance.

QALLAF n. m. (-ka) adayg (-ga) : dur, rude, difficile.

QALLAFI v. adkee : endurcir.

QALLAJI v. sécher.

QALLAJIS n. f. (-ta) nooc mulaca ka mid ah : gecko, lézard.

QALLAL n. m. (-ka) paralysie.

QALLAL v. qallal ku dhicid : paralyser.

QALLE n. m. (-ha) accomplissement.

QALLEYF n. m. (-ka) adayg (-ga) : dureté, raideur.

QALLIB v. rog : renverser.

QALLOOC n. m. (-a) tordu.

QALLOOCI v. tordre.

QALNIIN n. m. (-ka) opération chirurgicale.

QALQAALI v. organiser, procurer, fournir.

QALWO n. f. (-da) petite cabane. Cabane à lapins : qalwo (xero yar) ee bakayle.

QAMADI n. m. (-ga) sarreen : blé.

QAMANDHACO n. f. (-da) jiriirico : chair de poule. Avoir la chair de poule (fam.) : qamandhaco ku jajabid ama xanuun, qandho, baqdin iwm la gariirid.

QAMUUNYO n. f. (-da) rage.

QANAC v. se contenter. Il se contente de peu : wax yar buu ku qancaa.

QANAX n. m. (-a) bir duugoowday : ferraille, vieux fers hors d'usage.

QANCI v. assouvir.

QANDARAAS n. m. (-ka) adjudication.

QANDHO n. f. (-da) fièvre.

QANDICI v. kululee : attiédir, tiédir.

QANDUUR n. f. (-ta) qandhuur : vagin.

QANI n. m. (-ga) riche.

QANIIMAD n. f. (-da) richesse.

QANIIN v. mordre.

QANIINYO n. f. (-da) morsure.

QAR n. m. (-ka) montagne de rocher.

QARAABAKIIL v. u qaraabakiil : favoriser qn.

QARAAR n. m. (-ka) 1. go'aan : décision. 2. caddayn, war cad : déclaration.

QARAAXAD n. f. (-da) mélodie, suite de sons.

QARAF n. m. (-ka) kibriid (-ka) : allumette.

QARAMEE v. nationaliser.

QARAN n. m. (-ka) nation.

QARAS n. m. (-ka) embarras digestif.

QARAW v. ku hadlid hurddada dhexdeeda : parler dans le sommeil.

QARAX n. m. (-a) explosion.

QARBAQARBEE v. dedeji : hâter, presser. Hâter le pas : qarbaqarbee (dedeji) tallaabada.

QARBAQARBO n. f. (-da) degdeg (-ga) : hâte.

QARBUD v. créer des confusions.

QARDAAS n. m. (-ka) cornet, papier roulé. Cornet de bonbons : qardaas nacnac ah.

QARDAJEEX n. m. (-a) jid ka bixid : quitter la route (un véhicule).

QARDAYSII v. amaahi : prêter.

QARDAAS n. f. (-ta) amulette.

QARE n. m. (-ha) pastèque.

QAREEN n. m. (-ka) avocat.

QARI v. cacher.

QARIIB n. m. (-ka) étranger.

QARNI n. m. (-ga) siècle.

QAROON n. f. (-ta) geed qoloftiisa wax lagu aslo (ranjiyo) oo midab gaduudan bixiya : type de plante résineuse.

QARQAR n. m. (-ka) garab (-ka) : épaule.

QARQAR v. dhaxan ama baqdin la gariir : trembler de froid, de peur.

QARQARSI v. xirxirid awr geel ah : entraver un chameau.

QARQARYO n. f. (-da) dhaxan : tremblement de froid.

QARRAAF v. socod habeen waqti dambe qof dhillaysi raadinaya : se promener tard la nuit en cherchant une partenaire occasionnelle.

QARSOODI n. m. (-ga) secret.

QARUURAD n. f. (-da) dhalo : bouteille.

QARXI v. faire sauter, exploser.

QARYAD n. f. (-da) magaalo yar, tuulo : petite ville, village.

QAS n. m. (-ka) 1. walaaq (-a) : mélange. 2. walaac (-a) : trouble.

QAS v. 1. mêler, mélanger. 2. troubler.

QASAAL v. dhaq : laver.

QASAB n. m. (-ka) canne à sucre.

QASABAD n. f. (-da) robinet.

QASAC n. m. (-a) boîte de métal.

QASACADEE v. mettre en boîte.

QASAD n. m. (-ka) visée.

QASHINQUB n. m. (-ka) poubelle, boîte à ordures.

QASHIR n. m. (-ka) qolof (-ta), diir (-ka) kafeega : écorce, pelure du café.

QASIIDO n. f. (-da) hymne. « soomaliyeey toosooy » est l'hymne national somalien : heesta « soomaaliyeey toosooy » waa qasiido (hees) qarameed soomaliyeed.

QASLI n. m. (-ga) ablution, purification religieuse qui consiste à se laver le corps.

QASRI n. m. (-ga) château, habitation royale ou seigneuriale.

QATAAR n. m. (-ka) loquet, cadenas, verrou.

QAW n. f. (-da) coup sec.

QAWL n. m. (-ka) parole. Homme de parole : nin qawl leh (aan hadalkiisa ka noqon).

QAWMIYAD n. f. (-da) nationalisme.

QAWRAR n. m. (-ka) dillaac (-a) : fissure (d'une muraille).

QAX n. m. (-a) fuite. prendre la fuite : qax galid, baxsasho.

QAX v. s'enfuir, se sauver.

QAXAAB n. f. (-ta) dhillo : prostituée.

QAAXOOTI n. m. (-ga) réfugié, exilé.

QAXWE n. m. (-ha) café.

QAXWEE v. prendre du café.

QAYAX v. bayaani, caddee : rendre clair, éclaircir.

QAYB n. f. (-ta) partie.

QAYB v. mémoriser, apprendre. Apprendre les mathématiques : qayb (baro) xisaabaha.

QAYBGALE n. m. (-ha) ka qaybgale : partisan.

QAYBI v. diviser, partager, répartir. Répartissez cette somme : qaybi lacagtaan.

QAYIR n. m. (-ka) dhalan rogmad : détérioration.

QAYLADHAAMI v. crier pour avertir d'un danger.

QAYLI v. crier.

QAYLO n. f. (-da) cri. J'ai entendu un grand cri : qaylo xoog leh baan maqlay. Cette nouvelle l'a mis en rage : khabaarkaani qamuunyo (caro xun) buu ku riday.

QEEX v. déterminer, définir.

QIBLO n. f. (-da) direction de La Mecque.

QIIL n. m. (-ka) justification, preuve.

QIIMABBARAR n. m. (-ka) sicirbarar : inflation.

QIIMADHAC n. m. (-a) dépréciation.

QIIME n. m. (-ha) prix, valeur.

QIIXDHEER n. f. (-ta) coqueluche.

QIRO v. avouer. Avouez qu'il a raison : qiro (qir) inuu saxsanyahay.

QISH v. copier, tricher.

QISO n. f. (-da) récit, histoire.

QIYAAME n. m. (-ha) jour du jugement dernier (après la mort).

QIYAAS v. 1. mesurer. 2. estimer, apprécier.

QOD v. creuser.

QODATO n. f. (-da) beeraley : agriculteur, cultivateur.

QODAX n. f. (-da) épine.

QODOB n. m. (-ka) 1. article grammatical. 2. clou.

QOF n. m. (-ka) quelqu'un, personne.

QOL n. m. (-ka) chambre, salle.

QOLO n. f. (-da) qabiil : tribu.

QOLOF n. f. (-ta) écorce.

QOOB n. m. (-ka) sabot (cheval, bœuf, porc etc).

QOOL n. m. (-ka) longe, licou.

QOOMAMO n. f. (-da) regret.

QOON n. m. (-ka) gens.

QOORAANSO v. fiiri : regarder.

QOORDIIDO v. timojaro : se raser.

QOORGOO v. tun, garaac : frapper, battre.

QOOSH v. walaaq : mélanger.

QOQOB v. faquuq, goonniyee : isoler.

QOR v. écrire. Sayid Mohamed a écrit de nombreux poèmes : Sayis Moxamed wuxuu qoray gabayo farabadan.

QORAA n. m. (-ga) écrivain. Nuuraddiin Faarax est un grand écrivain : Nuuraddiin Faarax waa qoraa weyn.

QORAAL n. m. (-ka) écriture.

QORFE n. m. (-ha) cannelle.

QORI n. m. (-ga) 1. bois. 2. buntukh (-a) : fusil.

QORRAX n. f. (-da) soleil.

QARRAXDHAC n. m. (-a) coucher de soleil, déclin.

QORSHEE v. planifier.

QOSOL n. m. (-ka) rire.

QOSOL v. rire. Aimer à rire : qosol jeclaan.

QOWLE n. m. (-ha) burcad : bandit.

QOWSAAR n.m. (-ka) xoolo-jire : berger.

QOYAAN n.m. (-ka) humidité.

QOYS n.m. (-ka) famille.

QUB v. jeter.

QUBLE n.m. (-ha) roob in yar da'ayay : pluie de courte durée, averse.

QUF v. vider. Les déménageurs ont vidé l'appartement : kuwii wax rarayay waa qufeen (dhameeyeen, mariyeen) wixii yiillay qayb-guriga.

QUFAC n.m. (-a) toux.

QULQULAD n.f. (-da) instigation. Il a agi à l'instigation de son frère : waa kuu ka dhiidhiyay qulquladdii walaalkii.

QUMBE n.m. (-ha) noix de coco.

QUN n.m. (-ka) amygdale. Les amygdales sont de petits organes situés de chaque côté de la gorge : qumanku waa xubno yaryar oo ku yaal cunaha labadiisa dhinac.

QUNSUL n.m. (-ka) consulat.

QURAAC n.f. (-da) petit déjeuner.

QURAAN n.m. (-ka) Coran.

QURAARAD n.f. (-da) bouteille.

QURMI v. pourrir. Ces fruits commencent à pourrir : mirahaani waxay bilaabeen inay qurmaan.

QURMUUN n.m. (-ka) puanteur, mauvaise odeur.

QURUUN n.f. (-ta) dadkii hore : ancienne génération.

QURUURUX n.m. (-a) gravier, petits cailloux.

QURUX n.f. (-da) beauté.

QUSUR n.m. (-ka) meel biyuhu hoos u dheer yihiin, mool yihiin : profondeur de l'eau.

QUUD n.m. (-ka) cunto : nourriture.

QUUDI v. nourrir.
QUUS v. immerger, plonger.
QUWO n.f. (-da) force.

QUXUUB n.m. (-ka) waayeel : vieux, inutile (homme, chameau, etc.).

R

RA' n.f. (-da) nom de la lettre « r ».

RA'IIS n.m. (-ka) madaxweyne : président.

RA'IISALWASAARE n.m. (-ha) premier ministre.

RA'YI n.m. (-ga) opinion, idée, avis.

RA'YULCAAN n.m. (-ka) opinion publique.

RAAC v. accompagner, aller avec.

RAACATO n.f. (-da) xoolo-dhaqato : nomades, bergers.

RAACDAYSO v. poursuivre.

RAACI v. 1.faire surveiller qch par qn. 2.israaci (dhammaystir) : compléter.

RAAD n.m. (-ka) trace, empreinte.

RAADGAD v. tirtirid qof ama xoolo raadkood : effacer la trace de qn.

RAADGOOB v. raac raadka qof ama mid xoolaad : suivre la trace de qn.

RAADI v. chercher.

RAADIYE n.m. (-ha) radio.

RAADRAAC n.m. (-a) référence.

RAADSO v. chercher pour soi.

RAAF n.m. (-ka) ratissage. Le voleur s'est fait prendre au cours d'un ratissage : tuuggii waxaa la qabtay mar uu raaf socdo.

RAAG v. 1.durer, persister. 2.vivre. 3.retarder.

RAAJI v. faire retarder.

RAALLI n.m. (-ga) satisfaction.

RAALLIGELI v. satisfaire.

RAALLIYO n.f. (-da) femme obéissant à son mari.

RAANDHIIS n.m. (-ka) waxtar waara : utilité permanente.

RAARICI v. soo lul : suspendre, pendre.

RAARID v. ka raarid (ka dhaadhici) : faire comprendre qch à qn.

RAAS n.m. (-ka) hoy (-ga) : domicile, habitation.

RAASAMAAL n.m. (-ka) capital, fortune.

RAAXAYSO v. se divertir, s'amuser.

RAAXO n.f. (-da) divertissement.

RAB v. vouloir, désirer. Vous aurez tout ce que vous voudrez : waad helidoontaa wax kasta oo aad rabtid.

RABASH n.m. (-ka) dérangement.

RABBEE v. élever, éduquer un enfant.

RABBI n.m. (-ga) Dieu.

RABLEE v. boodbood : sautiller. L'oiseau sautille : shimbirtii waa rablaynaysaa (boodboodaysaa).

RADI v. jilci : attendrir, assouplir, amollir.

RAFAAD n.m. (-ka) gêne, embarras, incommodité.

RAFCAAN n.m. (-ka) appel d'un jugement.

RAFIIQ n.m. (-a) saaxiib : ami, compagnon, camarade, copain.

RAFO v. contorsionner.

RAG n.m.pl. (-ga) hommes.

RAH n.f. (-da) grenouille.

RAJAY n.m. (-ga) ilmo hooyadiis dhimatay : enfant d'une mère morte ou divorcée.

RAJEE v. espérer, attendre.

RAJO n.f. (-da) espoir.

RAKAAB n.m. (-ka) passager.

RAKE n.m. (-ha) rah (da) : grenouille.

RAKIB v. ajuster une chose à une autre.

RAKO n.f. (-da) meel taag ah : lieu élevé.

RAMADAAN n.m. (-ka) Ramadan.

RAQ n.f. (-da) haraa qof ama xayawaan dhintay : reste d'une personne ou d'un animal mort.

RAQ v. boire en mettant la bouche dans le liquide.

RAQIIS n.m. (-ka) bon marché.

RAQIISI v. rendre bon marché, peu cher.

RAR n.m. (-ka) xammuul (-ka) : charge, fardeau. La voiture est trop chargée : gaarigu aad buu u raranyahay.

RAR v. charger, surcharger.

RARMI v. ku karin dambas ama ciid kulul : cuire dans la cendre ou le sable chaud.

RASAAS n.f. (-ta) plomb, balle.

RASAASEE v. tirer, faire feu.

RASEE v. entasser. A six heures du soir, les gens s'entassent dans le métro : lixda fiidnimo markay tahay, dadku waxay istuumiyaan metrooga (tareen dhulka hoos mara).

RASIIN n.m. (-ka) concentration d'un liquide.

RASMI n.m. (-ga) officiel.

RASO n.f. (-da) amas. Un amas de tables : raso (tiro badan oo isdulsaaran) oo miisas ah.

RASTO n.f. (-da) jid : route, rue.

RASUUL n.m. (-ka) prophète.

RATI n.m. (-ga) chameau.

RAXAN n.f. (-ta) koox : troupeau, bande d'animaux.

RAXIIN n.m. (-ka) deeqsi : généraux.

RAXMAD n.f. (-da) deeqsinnimo : générosité.

RAY v. ka ray, ka guuleyso : vaincre.

RAYID n.m. (-ka) civil.

RAYIIS n.m. (-ka) rayiisle (-ha), timajare (-ha) : coiffeur.

RAYS n.m. (-ka) ciid roob qooyay : sable humide.

RAYSO v. buskood : guérir.

REEB v. retenir, garder, empêcher.

REEME n.m. (-ha) durbaan : tambourin.

REEN v. taahid : gémir.

REER n.m. (-ka) 1.famille. 2.clan.

REERGUURAA n.m. (-ga) nomade, qui n'a pas de domicile fixe.

REERMAGAAL n.m. (-ka) habitant de la ville.

REERMIYI n.m. (-ga) habitant de la campagne.

RI'n.f. (-da) chèvre.

RIB n.f. (-ta) cufnaan : dense, épais.

RICIR n.f. (-ta) vertèbre.

RID v. faire tomber.

RIDIQ v. shiid : moudre.

RIF v. plumer. Le cuisinier a plumé deux poulets : cuntokariyihii labo digaag ah buu rifay.

RIGAYSO v. dominer, asservir, soumettre.

RIGEE v. saf geli : aligner.

RIIG n.m. (-ga) foreuse.

RIISHAD n.f. (-da) détente. Le chasseur a appuyé sur la détente : ugaarsadihii wuxuu cadaadiyay, riixay riishaddii (meesha bunduqa laga rido).

RIIX n.m. (-a) tuf (-ta) : rhumatisme.

RIIX v. pousser. Pousser la porte : albaabka riix.

RIKOOR n.m. (-ka) magnétophone. Un magnétophone est un appareil qui enregistre et reproduit les sons : rikoor waa qalab duuba kuna soo cesha codadka.

RIMI v. uur u yeel : engrosser, rendre enceinte.

RINJI n.m. (-ga) peinture, vernis.

RINJIILE n.m. (-ha) vernisseur, peintre.

RIS n.m. (-ka) caws dhulka ku naban : sorte d'herbe.

RIWAAYAD n.f. (-da) spectacle théâtral.

RIYO n.f. (-da) rêve. Cet espoir n'est qu'un rêve : rajadaani waa uun riyo (wax aan waxba ka suuroobayn).

RIYOOD v. rêver. J'ai rêvé toute la nuit : habeenkii oo dhan waa aan riyoonayay.

ROG v. renverser, culbuter.

ROGAALCELI v. recommencer. La pluie recommence : roobkii waa soo rogaalcelinayaa (mar kale buu da'ayaa).

ROOB n.m. (-ka) pluie.

ROOKEE v. mamnuuc : interdire. Le médecin lui a interdit l'usage du vin : takhtarku wuxuu ka rookeeyay, ka mamnuucay khamro cabidda.

ROOR n.m. (-ka) orod (-ka) : course.

ROOR v. courir. Ce cheval ne court pas aujourd'hui : faraskaani maanta ma roorayo (ordayo).   .

ROORI v. ordisii : faire courir.

ROORSO v. cayrso, baacso : poursuivre, courir après (une femme) pour avoir des relations sexuelles avec elle.

ROOTIILE n.m. (-ha) boulanger.

RUBAD n.f. (-da) dhuun, cune : gorge. Il saisit son adversaire à la gorge : wuxuu rubadda (booca) hayaa kii ay ishayeen.

RUBAC n.m. (-a) quart.

RUCLEE v. tartiib orod : courir lentement.

RUJI v. siib : arracher.

RUKUN n.m. (-ka) macmiil : client.

RUKUUC n.m. (-a) courbette, révérence.

RUMEE v. croire. Je crois ce que vous me dites : waa rumaysanayaa waxaad ii sheegayso.

RUMMAY n.m. (-ga) caday (-ga) : petit morceau de bois qu'on utilise comme brosse à dents.

RUMMAYSO v. se nettoyer les dents.

RUN n.f. (-ta) vérité, réalité.

RUSHEE v. biyo ku bilbil : arroser, asperger.

RUUB v. hoos u geli, ugu riix : enfoncer, envoyer par le fond.

RUUG v. ronger. Ronger ses ongles : ciddiyahaaga ruug (calasho).

RUUM n.f. (-ta) nooc khamro ah : rhum.

RUUX n.m. (-a) qof : personne, individu.

RUX v. secouer, agiter. Agiter un liquide : rux hoore, dareere.

S

SA' n.f. (-da) nom de la lettre « s ».

SAA adv. 1.ainsi, de cette façon, comme cela, comme ça. Pourquoi me regardez-vous ainsi ? : maxaad saa (saas, sidaas) iigu fiirinaysaa ?

SAAB n.m. (-ka) 1.saableey (feeraha iyo wixii la halmaala) : thorax. 2.entrelacement.

SAABBUUN n.f. (-ta) savon.

SAABIL v. xadid : escroquer.

SAACAD n.f. (-da) 1.horloge, montre. 2.heure. Un jour dure 24 heures :

maalintu waxay socotaa 24 saaccadood.

SAACID v. caawi, gacan sii : aider.

SAAD n.m. (-ka) provision, ensemble de choses nécessaires ou utiles. Saado fait provision de sucre : Saado waxay iibsanaysaa saad (kayd) sonkor ah.

SAADAAL n.f. (-sha) prédiction.

SAADAALI v. prédire.

SAADI v. prophétiser. Ce journaliste avait prophétisé les événements : weriyahaani wuxuu sii saadiyay dhacdooyinka.

SAAF v. hilib googoyn : couper en morceau (viande).

SAAFI n.f. (-da) pureté.

SAAFIR v. voyager.

SAAGOOTI v. accompagner qn.

SAAJIN n.m. (-ka) sergent.

SAAKA adv. ce matin.

SAAKUUN adv. laba maalmood ka dib : deux jours après.

SAALO n.f. (-da) saxaro, xaar xoolaad : bouse, fiente.

SAAMAX v. pardonner.

SAAMEE v. influencer.

SAANAD n.f. (-da) munition.

SAANQAAD v. faire le premier pas.

SAAQID n.m. (-ka) fainéant.

SAAR v. 1.mettre au-dessus. 2.charger.

SAARIQ n.m. (-a) tuug (-ga) : voleur.

SAARO v. wasid : faire l'amour avec une femme.

SAAS adv. ainsi, de cette façon.

SAATAN adv. sidattan : de cette façon.

SAAXI n.m. (-ga) conscient.

SAAXIIB n.m. (-ka) ami, copain.

SAAXIIBAD n.f. (-da) amie, copine.

SAAXIIBNIMO n.f. (-da) amitié.

SAAXIL n.m. (-ka) xeeb : côte.

SAAXIR n.m. (-ka) sixirroole : magicien.

SAAYID n.m. (-ka) surplus, excédent.

SAAYIDI v. augmenter.

SABAALI v. deji : calmer. Calmer une foule de mécontents : sabaali (deji) koox dad ah oo farxaddarro qaba.

SABAAYAD n.f. (-da) beignet.

SABAB n.f. (-ta) cause, motif.

SABBEE v. dul, kor heehaabid : flotter, surnager. La bouée flotte à la surface de l'eau : shaygii silsiladdu hoos ka hayso wuxuu dul sabbaynayaa biyaha korkooda.

SABEEN n.f. (-ta) agneau. Nous avons mangé un gigot d'agneau : bowdo sabeen (neef yar oo ido ah) baannu cunnay.

SABIIB n.f. (-ta) miro canab la qallajiyay : raisin sec.

SABIIL n.f. (-sha) xubinta taranka ee xayawaanka : vagin d'animaux.

SABOOL n.m. (-ka) faqri (-ga) : pauvre.

SABOOLNIMO n.f. (-da) pauvreté.

SABUUL n.m. (-ka) épi. Ali mange un épi de maïs ; : Cali wuxuu cunayaa sabuuul galley ah.

SABUURAD n.f. (-da) tableau noir.

SAC n.m. (-a) vache.

SACAB n.m. (-ka) 1.paume. 2.applaudissement.

SACABI v. sacab tumid : applaudir.

SACIIM n.m. (-ka) honoraire.

SACSAC n.m. (-a) démence.

SADAQO n.f. (-da) aumône.

SADAR n.m. (-ka) ligne.

SADDEXAGAL n.m. (-ka) triangle.

SADDEXAN n.m. (-ka) groupe de trois, triade.

SAF n.m. (-ka) rang, queue.

SAFAR n.m. (-ka) voyage.

SAFIIR n.m. (-ka) ambassadeur.

SAFIITO n.f. (-da) plafond.

SAGAAL n.m.num. (-ka) neuf.

SAGAARO n.f. (-da) antilope.

SAGAASHAN n.m.num. (-ka) quatre-vingt-dix.

SAGAL n.m. (-ka) shucaac (-a) : rayon de lumière.

SAGAX n.m. (-a) fidsan ; qallalan : plat ; sec.

SAGSAAG v. maqnaansho : s'absenter.

SAGXAD n.f. (-da) ban, bannaan, dhul siman : plaine.

SAHAL n.m. (-ka) simple, facile. Travail facile : hawl sahlan.

SAHAMI v. explorer.

SAHAMIYE n.m. (-ha) explorateur.

SAHAN n.m. (-ka) exploration.

SAHAY n.f. (-da) provision.

SAHWI n.m. (-ga) illowsho (-ha) : oubli.

SAHYUUNIYAD n.f. (-da) sionisme.

SAJAAYAD n.f. (-da) salli (-ga) : natte pour la prière.

SAKARAAD n.m. (-ka) souffrance de la mort, agonie.

SAKHRAAN n.m. (-ka) ivre, soûl.

SAKIIN n.f. (-ta) lame de rasoir.

SAKO n.f. (-da) aumône.

SAL n.m. (-ka) 1.base, fond (de la mer). 2.postérieur.

SALAAD n.f. (-da) 1.tôt le matin. 2.prière.

SALAAN n.f. (-ta) salutation.

SALAASA n.f. (-da) talaada : mardi.

SALAAX v. caresser. Les chats aiment qu'on les caresse : mukulaaluhu waa jecelyihiin in la salaaxo.

SALALI v. ka nixi qof hurdo ku jira : faire sursauter.

SALDANO n.f. (-da) xukun (-ka) : pouvoir, autorité, règne.

SALDHIG n.m. (-ga) 1.base militaire. 2.poste de police.

SALGAAR v. ka salgaar : atteindre à.

SALIID n.f. (-da) huile.

SALIIDEE v. huiler, lubrifier.

SALLAAN n.m. (-ka) jaranjaro (-da). escalier, échelle.

SALLAX v. adapter, ajuster, appliquer. Adapter un robinet à un tuyau : ku sallax (geli, ku hagaaji) qasabad dhuun.

SALOOL v. torréfier. Torréfier du café : salool (dub) kafee.

SALUUG n.m. (-ga) insatisfait.

SAMADDOON n.m. (-ka) notable.

SAMADIID n.m. (-ka) mauvaise foi.

SAMAFAL n.m. (-ka) charité.

SAMAN n.m. (-ka) waqti : époque, ère.

SAMATABBAX n.m. (-a) badbaado (-da) : état de celui qui a échappé à un malheur.

SAMAWADE n.m. (-ha) conciliateur.

SAMBAB n.m. (-ka) poumon.

SAMBOOR n.m. (-ka) rhinite.

SAMBUUS n.m. (-ka) beignet de viande.

SAMEE v. faire.

SAMI n.m. (-ga) isku magac : du même nom.

SAN n.m. (-ka) nez.

SANAM n.m. (-ka) idole, statue.

SANCEE v. fabriquer.

SANCO n.f. (-da) fabrication.

SANDULLE n.m. (-ha) khasab (-ka). : obligation.

SANDUUQ n.m. (-a) caisse, boîtier.

SANNAD n.m. (-ka) année, an.

SANNADGUURO n.f. (-da) anniversaire.

SANO n.f. (-da) année, an.

SANQAR n.f. (-ta) bruit.

SANQAROOR n.m. (-ka) nez.

SANQO n.f. (-da) nez.

SANQOOLE n.m. (-ha) personne qui parle d'une voix nasale.

SANSAAN n.m. (-ka) comportement.

SANUUN n.f. (-ta) urka walax la shiilayo : odeur de friture.

SANUUNAD n.f. (-da) suugo (-da) : sauce.

SAQAF n.m. (-ka) oogo (-da) : toit. Toit de chaume : saqafka (dusha, ogada) guri cariish ah.

SAQIIR n.m. (-ka) petit bébé.

SAR v. inciser.

SARAJOOG v. istaagnow : rester debout. Quand le président est entré tout le monde s'est levé : markii uu madaxweynuhu soo galay, qof walbaa waa sarajoogsaday (istaagay).

SARAKAC v. toos, istaag : se lever.

SARAR n.f. (-ta) feer (-ta) : côte, entrecôte.

SARBEEB n.f. (-ta) allégorie.

SARCO n.f. (-da) cudur gariir iyo suuxdin wata : épilepsie.

SARGAAL n.m. (-ka) 1.fonctionnaire. 2.officier.

SARIIR n.f. (-ta) lit. faire le lit : sariir goglid.

SARMO n.f. (-da) incision.

SARAYSII v. poser une chose sur une autre.

SARREEN n.m. (-ka) blé, froment.

SARREEYE n.m. (-ha) 1.supérieur. 2.général de brigade, de division etc.

SARRIF n.m. (-ka) monnaie.

SARRIF v. changer, échanger.

SARRIIGO v. xishood, yaxyaxid : avoir honte, être honteux.

SAS n.m. (-ka) cabsi (-da), baqdin (-ta) : peur, frayeur.

SAWAAXIL n.m. (-ka) xeeb (-ta) : côte.

SAWAX n.m. (-a) qaylo (-da) : hurlement. Le hurlement du loup : sawaxanka (qaylada) yeeyda.

SAWD n.m. (-ka) cod (-ka) : son, voix. Avoir une voix de ténor : lahaansho sawd dheer oo faseex ah.

SAWIR n.m. (-ka) 1.image, photo, figure. 2.nacas (-ka) : idiot.

SAWIR v. sawirid, sawir qaadid ; mala'awaalid : photographier ; imaginer.

SAWIRLE n.m. (-ha) photographe.

SAWO n.f. (-da) isle'eg, isku mid ah : égal, pareil.

SAX n.m. (-a) correct, exact, juste.

SAX v. corriger. Corriger une épreuve : sax imtixaan tijaabo ah.

SAXAAFAD n.f. (-da) journalisme.

SAXAARAD n.f. (-da) cageot.

SAXAN n.m. (-ka) 1.assiette. 2.disque.

SAXAR n.m. (-ka) fragment.

SAXARIIR n.f. (-ta) souffrance. Etre dur à la souffrance : adkaysi u lahaansho saxariirta.

SAXARIIRI v. faire souffrir.

SAXARO n.f. (-da) selles, matières fécales.

SAXIIMAD n.f. (-da) doon yar : canot.

SAXIIX v. signer. Deeq a signé sa lettre : Deeq waa uu saxiixay warqaddiisii.

SAXO n.f. (-da) caafimaad (-ka) : santé. Ménager sa santé : hagaaji (nidaami) saxadaada.

SAY n.m. (-ga) nin naag leh : mari.

SAYLAD n.f. (-da) suuq (-a) : marché.

SAYN n.f. (-ta) timo fardood : crin.

SYANIS n.m. (-ka) science.

SAYNISYAHAN n.m. (-ka) scientiste.

SAYR v. jeter.

SAARUUKH n.m. (-a) missile, fusée.

SEE adv. inter. comment ? Comment a-t-il pu réussir ? see buu u awooday inuu ku guuleysto.

SEEB n.m. (-ka) qoryo huuriyada lagu wado : rame.

SEEDDI n.m. (-ga) beau-frère.

SEEF n.f. (-ta) épée.

SEEFLABOOD n.m. (-ka) impatient. Un malade impatient : qof jirran oo seeflabood ah (aan sabur lahayn).

SEEG v. haleeliwaa : perdre, manquer.

SEEGEYSO v. masturber.

SEEGO n.f. (-da) masturbation, onanisme.

SEEJI v. faire perdre.

SEENYO n.f. (-da) ri'aan geeso lahayn : une chèvre sans corne.

SEEREE v. xadee : délimiter, cerner, borner.

SEERIWALE n.m. (-ha) siiriwale, garsoore kubbad : arbitre. S'en rapporter à un arbitre : kalsooni ku qabid seeriwale, garsoore.

SEEXI v. 1.faire dormir. 2.demin matoor, nal iwm : éteindre un moteur.

SEEXO v. se coucher, se mettre au lit.

SEBTEMBAR n.f. (-ta) septembre.

SEYLAD n.f. (-da) marché.

SEYLICI n.f. (-da) type de danse traditionnelle.

SHAABAAB n.m. (-ka) jeune. Jeune fille : gabar shaabaab ah (dhallinyaro ah).

SHAABBAD n.f. (-da) cachet, tampon.

SHAABUUG n.m. (-ga) cravache.

SHAABUUGEE v. cravacher.

SHAAC n.m. (-ga) rayonnement d'une lumière.

SHAACBAX v. soo shaacbax : devenir fameaux.

SHAACI v. diffuser. Diffuser une nouvelle : shaaci (faafi) khabaar.

SHAACIR n.m. (-ka) poète. Ali El-mi « Afyare » était un poète : Cali Cilmi « Afyare » wuxuu ahaa shaacir (gabyaa).

SHAACIRO n.f. (-da) bouffonnerie.

SHAADALI n.m. (-ga) qaxwe-xaraar, bun soomaali : café léger.

SHAADIR n.m. (-ka) maro madow oo dumarku qaataan : voile noir que portent les femmes musulmanes.

SHAAFI v. soigner. Soigner un malade : shaafi (dawee, baxnaani) qof jirran.

SHAAG n.m. (-ga) roue.

SHAAH n.m. (-ha) thé. Inviter quelqu'un à un thé : ku casun qof shaah.

SHAAH v. shaah cabbid : boire du thé.

SHAAHID n.m. (-ka) marag (-ga) : témoin. J'ai été témoin d'un accident : waxaan shaahid ka ahaa (goobjoog u ahaa) shil dhacay.

SHAAL n.m. (-ka) châle de l'Inde.

SHAANDHEE v. mélanger (jeu de cartes).

SHAAR n.m. (-ka) chemise.

SHAARUB n.m. (-ka) moustache. Les moustaches du chat : shaarubada mukulaasha.

SHAATI n.m. (-ga) chemise.

SHABAAB n.m. (-ka) jeune. Cette musique plaît aux jeunes : muusikadaani waxay cajabinaysaa shabaabka (dhalinyarada).

SHABAABNIMO n.f. (-da) jeunesse.

SHABAAG n.f. (-ta) filet.

SHABAAKO n.f. (-da) daaqad, dariishad : fenêtre.

SHABAG n.m. (-ga) filet, cage.

SHABEEL n.m. (-ka) léopard.

SHACAB n.m. (-ka) peuple. Le peuple français : shacabka faransiiska.

SHAHAADO n.f. (-da) certificat, diplôme. Un certificat de scolarité : shahaado waxbarasho.

SHAHIID n.m. (-ka) qof u saxariira sidii uu cibaadadiisa (diintiisa) u difaacan lahaa : martyr.

SHAHWO n.f. (-da) sperme.

SHAKHSI n.m. (-ga) 1. individu. 2. personnel. Qualités personnelles : sifooyin shakhsiyadeed.

SHAKHSIYAD n.f. (-da) personnalité. Respecter la personnalité humaine : xurmee shakhsiyadda banii'aadameed.

SHAKI n.m. (-ga) suspect.

SHALAY adv. hier. Il faisait beau hier : shalay hawadu waa fiicnayd. J'ai vu Salaad avant-hier : Salaad baan doraad arkay.

SHALLAY n.m. (-ga) qoomammo (-da) : repentir. Il a montré un repentir sincère : wuxuu muujiyay shallay daacadnimo ah.

SHAMAC n.m. (-a) bougie, chandelle.

SHAMIITO n.f. (-da) ciment.

SHAN n.f.num. (-ta) cinq.

SHANDAD n.f. (-da) valise.

SHANGEESLE n.m. (-ha) pentagone. Il ne faut pas confondre avec le Pentagone (E.U.) : waa in aadan ku khaladin Bantagoonaha dalka Maraykanka (wasaaradda iyo taliska ciidanka dalkaas).

SHANLAYSO v. se coiffer, se peigner.

SHANLO n.f. (-da) peigne.

SHANSHO n.f. (-da) tibia. Mursal s'est cassé le tibia : Mursal wuxuu ka jabay shanshada (lafta soo horaysa ee kubka).

SHAQAALE n.m. (-ha) travailleur.

SHAQAL n.m. (-ka) voyelle.

SHAQEE v. travailler.

SHAQO n.f. (-da) travail, boulot, emploi.

SHAQOLI'I n.f. (-da) shaqola'aan : chômage. Etre au chômage : shaqol'i ahow.

SHAQOQORID n.f. (-da) embauche, recrutement. En ce moment, il n'y a pas d'embauche : waqtigaan, shaqoqoridi ma jirto.

SHAR n.m. (-ka) mal. Les maux de la guerre : shararka (belaayada) dagaalka.

SHARAAB n.m. (-ka) boisson.

SHARABAAD n.m. (-ka) iskaalso : chaussette.

SHARAD n.m. (-ka) pari. J'ai perdu mon pari : waa la iga helay sharadkii.

SHARAF n.f. (-ta) réputation, honneur, dignité.

SHARAFDHAC n.m. (-a) déshonneur.

SHARAFJEBI v. déshonorer. Il a déshonoré sa famille : waa uu sharafjebiyay reerkiisii.

SHARAX n.m. (-a) 1.explication. Il m'a demandé l'explication de mon retard : wuxuu i weydiiyay inaan sharax ka bixiyo (macneeyo) soo daahidayda. 2.qurxin (-ta) : décoration.

SHARBAD n.f. (-da) dawo la isku qaras bixiyo : purgatif.

SHARBEED n.m. (-ka) sirop.

SHARCI n.m. (-ga) loi, droit.

SHARCIDARRO n.f. (-da) illégalité. Commettre une illégalité : sharcidarro samee.

SHARCIJEBIN n.f. (-ta) promulgation d'une loi.

SHARCIYEE v. légaliser.

SHAREECO n.f. (-da) droit islamique.

SHARMUUTO n.f. (-da) prostituée.

SHARRAX v. enjoliver, orner, embellir, décorer.

SHATAAR v. sicir, qiime gorgorin : traiter, négocier, marchander.

SHATI n.m. (-ga) licence, autorisation, permission.

SHAWR n.m. (-ka) discussion discrète.

SHAX n.f. (-da) schéma.

SHAXAAD n.m. (-ka) flatterie.

SHAY n.m. (-ga) chose.

SHAYBAAR n.m. (-ka) laboratoire.

SHAYDDAAN n.m. (-ka) diable, démon. Avoir le diable au corps : qof belaayo sidato oo awooda inuu xumo oo dhan sameeyo.

SHEEG v. dire. Dites-moi comment cela s'est passé : ii sheeg (iiga warran) sida arrintaasi u dhacday.

SHEEKABARALEY n.f. (-da) fable.

SHEEKEE v. raconter, conter une histoire.

SHEEKO n.f. (-da) récit, histoire, conte. Afraxeey a écrit de nombreux contes : Afraxeey wuxuu qoray sheekooyin badan.

SHEEL v. qari : cacher, dérober.

SHEELLARE n.m. (-ha) accélérateur.

SHEELLAREE v. accélérer.

SHEEX n.m. (-a) xishood : pudeur.

SHIB n.f. (-ta) silence. Garder le silence : shibta ku dadaal, afkaaga xiro.

SHIBBANE n.m. (-ha) consonne. Le mot «parti» contient trois consonnes (p, r, t) et deux voyelles : erayga «parti» wuxuu ka koobanyhay saddex shibbane (p, r, t) iyo labo shaqal.

SHICIR n.m. (-ka) gabay : poème.

SHID v. allumer. Allumer une cigarette : xabbad, hal sigaar ah shid.

SHIDAAL n.m. (-ka) combustible.

SHIDDEE v. ennuyer, agacer. Le citron agace les dents : liindhanaantu waa shiddaysaa (dhibtaa) ilkaha.

SHIDDO n.f. (-da) ennui, gêne. Colaad a des ennuis d'argent : Colaad shiddo (dhib) lacageeed baa haysata.

SHIID v. 1.moudre. 2.dhagaxyee : lancer de pierre.

SHIIKH n.m. (-a) ascète.

SHIIL v. frire.

SHIIQSO v. mâcher, mastiquer. Mastiquer lentement chaque bouchée : shiiqso (tartiib u calali) luqmad kasta.

SHIIR n.m. (-ka) ur xun : puanteur.

SHIISH v. viser. Il a visé longuement avant de tirer : in badan buu shiishay (shiishka ku hayay) intuusan ridin ka hor.

SHIL n.m. (-ka) accident. Accident de chemin de fer : shil ka dhacay waddada tareennada.

SHILIN n.f. (-ta) tique.

SHILIS n.f. (-ta) gras, qui a beaucoup de graisse. Un porc gras : doofaar shilis ah.

SHIMBIR n.f. (-ta) oiseau.

SHINEEMO n.f. (-da) cinéma. Aller au cinéma : shineemo aadid.

SHINNI n.f. (-da) abeille.

SHIR n.m. (-ka) réunion.

SHIRAAC n.m. (-a) voile de bateau.

SHIRKAD n.f. (-da) société, agence.

SHIRKI n.m. (-ga) qaab diimeed oggolaanaya in Alle loo shirigyeelo (cid kale awood lala wadaajiyo) : polythéisme.

SHIRQOOL n.m. (-ka) machination, complot.

SHIRWEYNE n.m. (-ha) congrès. Le congrès de Paris (1856) mit fin à la guerre de Crimée : shirweynihii Baariis ee 1856 wuxuu soo afjaray dagalkii Kirimee ee Ukree'iinya.

SHISHEEYE n.m. (-ha) étranger.

SHITO n.f. (-da) vagin.

SHIXNAD n.f. (-da) xamuul (-ka) : charge.

SHOOB n.m. (-ka) xarrago (-da) : élégance.

SHOOLAD n.f. (-da) cheminée.

SHUB v. verser. Verser de l'eau sur les mains : gacmaha biyo ku shubo.

SHUBAN n.m. (-ka) diarrhée Baashi a la diarrhée : Baashi shuban baa haya (calooshaa soconaysa)..

SHUCAAC n.m. (-a) rayon du soleil.

SHUCUB n.m. (-ka) grappe. Les grains de raisin sont disposés en grappe : miraha canabku waxay ku wada yaalliin hal shucub (hal laan bay ka wada lushaan).

SHUCUUR n.f. (-ta) esprit, sentiment.

SHUFEER n.m. (-ka) chauffeur.

SHUFTO n.f. (-da) bandit, malfaiteur.

SHUGRI n.m. (-ga) remerciement.

SHUKAAN n.f. (-ta) isteerin : volant, guidon.

SHUKULAATO n.f. (-da) chocolat.

SHUMMEE v. dhunko, shummi : embrasser, baiser. Baiser la main d'une dame : shummee (dhunko) gacanta haweenay (naag) marwo ah xurmayn darteed.

SHUQUL n.m. (-ka) shaqo : travail.

SHURUF n.m. (-ka) mauvaise odeur.

SHUUCI n.m. (-ga) communiste.

SHUUCIYAD n.f. (-da) communisme. Le communisme est une doctrine qui veut mettre les richesses en commun : shuuciyaddu waa mabda'doonaya in ladnaanshaha laga wada sinnaado.

SHUUSH n.m. (-ka) cudur : maladie.

SHUUX n.m. (-a) roob yar : petite pluie de courte durée.

SHUXLEE v. socod xarrago wata : marcher avec élégance (femme surtout).

SIBIIBIX n.m. (-a) meel kula siibanaysa : glissade.

SIBIIBIXO v. glisser. Le verre m'a glissé des mains : koobkii waa iga sibiibixday (farahayguu ka siibtay).

SIBIR n.m. (-ka) shamiinto : ciment.

SIBQI v. laq, dhunji : avaler. Avaler une gorgée d'eau : sibqi (liq) kabbo biyo ah.

SIBRAAR n.m. (-ka) outre. Une outre pleine d'eau : sibraar (maqaar ari) biyo ka buuxaan.

SICIR n.m. (-ka) prix. Baisser les prix : sicir, qiime hoos u dhigid.

SID n.m. (-ka) muddada ay dumarku ama xayawaanka dhiddigi ilmaha sidaan : période de la grossesse.

SIDBO v. siibo, siimbiriirixo : glisser.

SIDDEED n.f.num. (-da) huit.

SIDDEETAN n.m.num. (-ka) quatre-vingts.

SIDDO n.f. (-da) manche. Manche d'un couteau : siddada (daabka) mindi.

SIFEE v. 1.nadiifi : nettoyer. 2.décrire. Peux-tu me décrire ta maison ? : gurigaaga si fiican ma iigu sifayn kartaa (iigu cayimi kartaa, tilmaami kartaa).

SIFO n.m. (-ha) description.

SIGAAR n.m. (-ka) cigarette.

SIGAARYACAB n.m. (-ka) fumeur.

SII v. donner. Donner son bien aux pauvres : sii hantidaada dadka saboolka ah (fakhriga ah).

SIIB v. doorasho bakhtiyaa nasiib ah : tirer au sort.

SIIGO n.f. (-da) bus (-ta), boor (ka) : poussière.

SIIHAYE n.m. (-ha) régent.

SIIJEED n.m. (-ka) partie dorsale.

SIILAANYO n.f. (-da) petit reptile.

SIIN n.m. (-ka) taar (-ka) : télégramme.

SIINAD n.f. (-da) qurrux : beauté.

SILAC n.m. (-a) silic : souffrance.

SILCI v. lanciner. Une douleur lancinante : xanuun wax silcinaya.

SILIG n.m. (-ga) fil de fer.

SILSIL v. remuer. Cesse de remuer sans arrêt ! : jooji silsilitaan kaan (dhaqdhaqaaqid) aan joogsiga lahayn.

SILSILAD n.f. (-da) chaîne. Chaîne de fer : silsilad bir ah.

SIMINAAR n.m. (-ka) séminaire.

SIN n.f. (-ta) hanche.

SIN v. isle'ekaysiin : rendre égale.

SINAYSO v. dhillayso : avoir des rapports sexuels avec une femme qui n'est pas la sienne.

SINJI n.m. (-ga) origine.

SINJIBIIL n.f. (-sha) gingembre.

SIR n.f. (-ta) secret. Confier un secret à quelqu'un : qof sir ku aammin.

SIRIQ n.f. (-da) nœud.

SIRMAQABE n.m. (-ha) innocent.

SIRQO n.f. (-da) qof da'du soo ridatay : personne ou animal décrépits.

SINSIN n.f. (-ta) sésame.

SIXIR n.m. (-ka) magie.

SIXIRROW n.m. (-ga) magicien.

SIYAADI v. augmenter. Augmenter son revenu : dakhligaaga siyaadi.

SIYAADO n.f. (-da) augmentation. Augmentation de volume : siyaado (kordhin) mug.

SIYAARO n.f. (-da) booqasho : visite. Nous avons eu la visite de Raage : waxaa siyaaro (booqasho) noogu yimi Raage.

SIYAASAD n.f. (-da) politique.

SIYAASI n.m. (-ga) politicien.

SOCDAAL n.m. (-ka) safar (-ka) : voyage.

SOCO v. marcher. Marcher rapidement : degdeg u socosho (tallaabo dedejin).

SOCOD n.m. (-ka) marche. Ralentir sa marche : gaabin socodkaaga.

SODDOG n.m. (-ga) beau-père.

SODDON n.m.num. (-ka) trente.

SOGOB n.m. (-ka) orgi, wan la xinniiyo bixiyay : mouton ou bouc châtré.

SOGSOG n.m. (-ga) caato : très maigre.

SOKE adv. dhow : près, voisin, proche.

SOKOR n.f. (-ta) sonkor : sucre. Sucre en poudre : sonkor budo ah.

SOL v. dub : rôtir. Warsan a mis un poulet à rôtir : Warsan xabbad diggaagad ah bay solaysaa (solayga saaratay).

SOLAY n.m. (-ga) rôti.

SOOC v. séparer, distinguer. La mer sépare la France de l'Angleterre : badda ayaa kala soocda Faransiiska iyo Ingiriiska.

SOOFE n.m. (-ha) lime.

SOHHDIN n.f. (-ta) xudduud : frontière.

SOON v. soomid : faire le Ramadan, jeûner.

SOONQAAD n.m. (-ka) le mois de Ramadan.

SOOR n.f. (-ta) maïs.

SU'AAL n.f. (-sha) demande, question. Poser une question embarrassante : weyddii su'aal qallafasan, silloon.

SUBAG n.m. (-ga) beurre.

SUBAX n.m. (-a) matin.

SUG v. attendre. Attendre l'autobus : sug baska.

SUGUL n.m. (-ka) madow : noir. Des cheveux noirs : timo sugul ah (madow ah).

SUJUUD n.f. (-da) prosternation.

SULDAAN n.m. (-ka) sultan.

SUMEE v. empoisonner.

SUN n.f. (-ta) poison.

SURIN n.m. (-ka) wadiiqo, jid ciriiri ah : sentier, chemin. Chemin forestier : surin (waddo yar) oo kayn dhex marta.

SURWEEL n.m. (-ka) pantalon. Resserre la ceinture de ton pantalon sinon il va tomber : dhuujiso (xegso) suunka surweelkaaga haddii kale waa uu dhacayaa.

SUUBBI v. 1, faire qch, mettre qch à sa place, accommoder. 2.rendre qn bon.

SUUF n.m. (-ka) coton.

SUUFI n.m. (-ga) ascète.

SUUGAAN n.f. (-ta) littérature.

SUUGO n.f. (-da) sauce.

SUUL n.m. (-ka) gros orteil, pouce du pied ou du doigt.

SUUN n.m. (-ka) ceinture. Serrer sa ceinture : dhuujiso, xiro suunka.

SUUQ n.m. (-a) marché. Marché aux légumes : suuq khudradda lagu iibiyo.

SUURAD n.f. (-da) chacun des 114 chapitres du Coran.

SUURAGAL n.m. (-ka) possible. Le moins de fautes possible : khaladaadka ugu yar ee suuragalka ah.

SUUX v. s'évanouir.

SUUXDIN n.f. (-ta) évanouissement.

SUXUL n.m. (-ka) coude.

SUXUUR n.f. (-ta) repas qu'on prend tard la nuit pendant le Ramadan.

SUYUC n.m. (-a) ur meel muddo badan xirnayd : odeur de renfermé.

T

TA' n.f. (-da) nom de la lettre « t ».

TAA pron. démon. celle-là.

TAAB v. toucher. Ma maison touche la vôtre : gurigaygu kaaguu taabayaa (taabanayaa, u dhowyahay).

TAABBAGAL n.m. (-ka) à terme, qui a abouti, fini en temps voulu. La discussion a abouti à un accord : wada hadalkii wuxuu noqday taabbagal (heshiis baa laga gaaray).

TAABSII v. faire toucher.

TAAG n.f. (-ta) force, énergie. Les lois n'étaient pas observées (étaient sans force) : xeerarku waxay ahaayeen kuwo aan taag lahayn.

TAAG v. lever. Lever la tête : madaxa taag.

TAAGDARREE v. affaiblir.

TAAH n.m. (-ha) gémissement. Pousser de longs gémissements : taahid muudo dheer lala taaho.

TAAH v. gémir. Le malade gémit : qofkii jirranaa baa taahaya.

TAAJ n.m. (-ka) couronne.

TAAJIR n.m. (-ka) riche.

TAAJIR v. lacag yeelasho : s'enrichir, rendre riche.

TAAKEE v. cabbir : mesurer.

TAALLO n.f. (-da) monument.

TAAM n.m. (-ka) dhammaystiran : complet, total, absolu.

TAAMBUUR n.m. (-ka) teendho ciidan : tente militaire.

TAAMYEEL v. dhammaystir : compléter. Compléter son mobilier : taamyeel (dhammaystir) gogol guri.

TAANGI n.m. (-ga) 1.réservoir. Le réservoir de la voiture est plein : taangiga (haanta shidaalka) ee gaarigu waa buuxdaa.

TAANO n.f. (-da) shan santi : pièce de cinq centimes.

TAAR n.m. (-ka) télégramme.

TAARIIKH n.f. (-da) 1.histoire. 2.date. 3.calendrier.

TAARIIKHEE v. dater. N'oublie pas de dater ta lettre : ha illaawin inaad taariikhayso (taariikhda ku qorto) waraaqdaada.

TAARWALE n.m. (-ha) télégraphiste.

TAAS pron. démon. celle-là.

TAAYAR n.m. (-ka) lug baabuur : pneu.

TAB n.f. (-ta) truc, astuce. J'ai trouvé une astuce pour résoudre ce problème : waxaan helay tab (hab) aan u xalliyo dhibaatadaan.

TABAABULEE v. abaabul : organiser.

TABAALO n. f. (-da) dhibaato dhaqaale : difficulté économique.

TABAASHIIR n. f. (-ta) jeeso (-da) : craie.

TABABBAR n. m. (-ka) entraînement, formation.

TABABBAR v. entraîner. Le champion s'entraîne : horyaalkii waa uu tababaranayaa.

TABAR n. f. (-ta) force. Le malade a repris des forces : qofkii jirranaa tabartii baa u soo noqotay (ku soo noqotay).

TABARAYSO v. xoog yeelo : se rendre plus solide.

TABARDARREE v. s'affaiblir, perdre ses forces.

TABARGAL v. devenir adulte, majeur.

TABARRUC n. m. (-a) cawimaad : contribution.

TABBEELLO n. m. (-ha) tableau, panneau.

TABCAAN n. m. (-ka) fatigué, las. Je suis las après cette journée : tabcaan baan ahay (waa daallanahay) maalintii i soo martay ka dib.

TABCEE v. faire un croc-en-jambe.

TABCO n. f. (-da) croc-en-jambe.

TACAB n. m. (-ka) 1. shaqo : travail. 2. wax soo saar beereed : production agricole ou industrielle.

TACABBIR v. dhulkaaga iskaa uga tag : s'expatrier.

TACADDI n. m. (-ga) caddaalad xumo : injustice.

TACLIIMI v. waxbar : enseigner, faire apprendre.

TACLIIN n. f. (-ta) enseignement, éducation.

TACSI n. f. (-da) condoléances.

TADDAWUR n. m. (-ka) horumar (-ka) : évolution.

TAF n. f. (-ta) limbe.

TAF v. korid, fuulid : escalader.

TAFAAFUL n. m. (-ka) sixir (-ka) : magie.

TAFAASIIL n. f. (-sha) en détail.

TAFARAARUQ n. m. (-a) discorde, désaccord.

TAFIIRGOO v. exterminer une famille.

TAFSIIR v. expliquer.

TAG v. quitter, laisser. Ka tag : abandonner.

TAGOOG n. f. (-ta) avant-bras.

TAGRIFAL v. ku tagrifal : utiliser l'argent public d'une façon arbitraire.

TAGSI n. m. (-ga) taxi.

TAHAR n. f. (-ta) hilib adag oo caato ah : viande dure et sans gras.

TAHBIIB v. ku tahbiib, ku khasbid cunto qof jirran : obliger un malade à manger.

TAHLIIL n. f. (-sha) biyo ay wadaaddo Quraan ku tufeen : bénédiction d'eau.

TAHLUUKO n. f. (-da) khatar (-ta) : danger.

TAKHALLUS v. ka takhallus, khaariji, dil : éliminer, exécuter.

TAKHASUS n. m. (-ka) spécialisation.

TAKHSIIR v. ganaaxid : infliger.

TAKHTAD n. f. (-da) sanduuq : caissette, cageot.

TAKHTAR n. m. (-ka) médecin, docteur.

TAKOOR v. 1. ka soocid dadka kale : isoler un malade. 2. discriminer.

TALAADO n. f. (-da) mardi.

TALAGGAL v. ku talaggal : prédisposer à, préparer à.

TALAJEEDIN n. f. (-ta) soo talajeedin : proposition. J'ai refusé sa proposition : waan diiday talajeedintiisii (wixii uu ii soo jeediyay).

TALEEFAN n. m. (-ka) téléphone.

TALI v. conseiller.

TALIYE n. m. (-ha) commandant.

TALLAAB v. gudub : traverser. Traverser une forêt : ka tallaab, ka gudub kayn.

TALLAABO n. f. (-da) pas. Marcher à petits pas : ku socosho (qaadid) tallaabooyin yaryar.

TALLAAJAD n. f. (-da) qaboojiye : réfrigérateur.

TALLAAL n. m. (-ka) vaccination.

TALLAAL v. vacciner. Le médecin nous a vaccinés contre le

tétanos : takhtarkii wuxuu naga tallaalay teetano.

TALO n. f. (-da) avis, conseil. Ecouter les avis de ses parents : dhegayso waanooyinka waalidkaa.

TAMAANDHO n. f. (-da) yaanyo : tomate.

TAMASHLEE v. se promener. Il se promène dans la forêt : wuxuu ku tamashlaynayaa (si xarrago leh ugu majabaxsanayaa) kaynta dhexdeeda.

TAN pron. démon. celle-ci.

TANAAD v. xoolayso, xoolo yeelo : s'enrichir.

TANAADI v. enrichir qn.

TANAASUL v. ka tanaasul : renoncer, abandonner.

TANNAAGOO v. murmid codka kor loo qaadayo : discuter à haute voix.

TANTOONYO n. f. (-da) feer : poing. Donner un coup de poing : ku dhufo hal tantoonyo, hal feer.

TARAARAX v. glisser. Le barque glisse sur le lac : doontu waxay ku kor taraaraxaysaa warta.

TARAAWIIX n. f. (-da) prière de longue durée que l'on fait le soir pendant le Ramadan.

TARRABIYEE v. waxbar : éduquer.

TAREEN n. m. (-ka) train.

TARIIFO n. f. (-da) qiime : tarif.

TARJUME n. m. (-ha) traducteur.

TARJUN v. traduire. Traduire du latin en français : af laatiin ku turjun af faransiis.

TARMI v. badi : croître, augmenter en nombre.

TARMUUS n. m. (-ka) thermos.

TARRAQ n. m. (-a) kibriid : boîte d'allumettes.

TARRAX v. se mêler à. Laameer s'est mêlé à notre groupe : Laameer wuxuu tarraxay (ka mid noqday) kooxdayada.

TARRIIQ n. f. (-da) jeexniin : déchirement, lacération.

TARRIIQ v. lacérer, déchirer. Qui a déchiré les pages de ce livre? : yaa tarriiqay (jeexay) bogagga buuggaan?.

TARTAN n. m. (-ka) compétition, épreuve, course.

TARTIIB adv. lentement, doucement. Marcher lentement : tartiib u soco.

TARTIIBI v. ralentir. Ralentir sa marche : socodkaaga tartiibi.

TASHIIL v. dhaqaalee : économiser, user avec parcimonie.

TASHO v. se décider à. Il s'est décidé à travailler : wuxuu ku tashaday (go'aansaday) inuu shaqeeyo.

TASTUUR n. m. (-ka) constitution.

TAW n. f. (-da) dhaqso (-ha) : immédiat.

TAWRAD n. f. (-da) kacaan : révolution.

TAX v. enfiler.

TAXADDAR n. m. (-ka) prudence, attention.

TAXADDAR v. faire attention.

TAXALLUJI v. isku taxalluji, isku hawl : s'engager, s'appliquer.

TAYO n. f. (-da) qualité. Préférer la qualité à la quantité : tayada walaxda oo laga doorbido tiradeeda.

TEB v. dareemid maqnaanshaha, qof ama shay : se rendre compte du manque de qn ou de qch.

TEBI v. weri, gudbi : transmettre. Transmettre un ordre : tebi (gudbi) amar. La grippe se transmet facilement d'une personne à l'autre : hargabka si sahlan baa qofba qofka kale ugu tebiyaa (gudbiyaa).

TEE pron. interr. laquelle?

TEED v. mid mid u dhig : mettre en série.

TEELTEEL n. m. (-ka) rare. Un timbre rare : shaabbad, tiimbare boosto teelteel ah (noociisu yar yahay).

TEENDHO n. f. (-da) tente.

TEENIS n. m. (-ka) tennis.

TEER pron. démon. celle-là.

TEESARO n. m. (-ha) carte d'identité.

TELEF n. m. (-ka) tacbaan : consommé, usé.

TELEFISYOON n. m. (-ka) télévision. Il regarde la télévision : telefisyoonka buu daawanayaa.

TELEKIS n. m. (-ka) télex.

TIDIC v. entrecroiser, entrelacer.

TIFIQ n. f. (-da) dhibic biyo ama wax kale ah : égouttement continu.

TIFTIF n. m. (-ka) dembibaare, jaajuus : détective, espion.

TIFTIFSII v. da'id dhibic dhibic ah : tomber goutte à goutte.

TIGID n. m. (-ka) billet, ticket. Billet de spectacle : tigid meel madadaalo ka socoto lagu gelayo.

TIIGSO v. haabo : s'allonger vers qch.

TIIL v. is tiil : s'efforcer. Efforce-toi de ne pas te mettre en colère ! : istiil (iskuday) inaadan xanaaqin.

TIIR n. m. (-ka) tige.

TIIRAANYEE v. chagriner, attrister. Cette nouvelle nous a attristés : khabaarkaani waa na tiiraanyeeyay (tiiranyuu nagu riday).

TIIRAANYO n. f. (-da) tristesse.

TIIRI v. adosser, appuyer contre.

TILMAAME n. m. (-ha) indicateur. Un indicateur de vitesse : tilmaame xawaare.

TILMAAN v. indiquer. Indiquer une rue : jid tilmaamid.

TIMIR n. f. (-ta) dattier, datte.

TIN n. m. (-ka) cheveu.

TIRAAB n. m. (-ka) hadal : parole.

TIRADHAAF n. m. (-ka) infini.

TIRI v. compter, dénombrer. Compter des livres : buugaag tiri.

TIXGELI v. ixtiraamid : respecter.

TIYAATAR n. m. (-ka) théâtre.

TODDOBAAD n. m. (-ka) semaine. Le dimanche est le premier jour de la semaine : axaddu waa maalinta ugu horaysa toddobaadka.

TODDOBAADLE n. m. (-ha) hebdomadaire. Kilwe a acheté un journal hebdomadaire : Kilwe wuxuu iibsaday jariidad toddobaadle ah (toddobaadkiiba mar soo baxda).

TOG n. m. (-ga) waadi : lit d'un petit cours d'eau.

TOL n. m. (-ka) tribu. Il y avait à Rome trois tribus primitives : Magaalada Rooma waxaa jirijirey saddex tol (qabiilo) qadiin ah.

TOL v. coudre. Coudre un bouton : tolid badhan.

TOLMO n. f. (-da) couture. Maryan apprend la couture : Maryan tolmada bay barataa.

TOOBAD n. f. (-da) contrition.

TOOBADLA'AAN n. f. (-ta) impénitence.

TOOGO v. dil : tuer. Le chasseur n'a pas tué le lièvre, il l'a seulement blessé : ugaarsadihii ma uusan toogan (dilin) bakayle duureedkii, ee waa uu dhaawacay keliya.

TOORREY n. f. (-da) poignard.

TOOSI v. hurddo ka toosi : réveiller. Réveiller un malade : qof jirran toosi.

TOROROG n. f. (-ta) verbiage. Je ne comprends rien à son verbiage : tororogtiisa waxba kama fahmayo.

TUB n. f. (-ta) jid : rue, route.

TUBAAKO n. f. (-da) tabac.

TUF n. f. (-ta) rhumatisme.

TUF v. cracher. Cracher du sang : dhiig tuf.

TUFAAX n. m. (-a) pomme.

TUHUN n. m. (-ka) suspect.

TUKO v. prier. Prier Dieu : Alle (Allahaa) u tuko, tuug, bari.

TUKUB v. si yar, tartiib u soco : marcher lentement.

TULUD n. f. (-da) neef geel ah : chameau ou chamelle.

TUMAAL n. m. (-ka) qof aqoon u leh bir tumidda : forgeron, ouvrier sachant forger à la main.

TUN v. battre, frapper. Frapper la terre du pied : lugta ku tun (ku garaac) dhulka.

TURJUMAAN n. m. (-ka) interprète.

TURUB n. m. (-ka) jeu decartes.

TURUNTUREE v. faire trébucher. Trébucher sur une pierre : dhagax ku kor turunturood.

TUS v. montrer, indiquer.

TUSAALE n. m. (-ha) exemple.

TUSBAX n. m. (-a) chapelet.

TUSMEE v. signaler. Signaler quelqu'un à la police : qof booliska tusmee (farta ugu fiiq, u sheeg).

TUUG n. m. (-ga) voleur.

TUUGSO v. baryootamid : demander l'aumône, mendier. Mendier son pain : quudkaaga (waxaad cuni lahayd) tuugso.

TUUJI v. palper, tâter. Le médecin a palpé le bras de Samatar : takhtarkii wuxuu tuujiyay gacanta Samatar.

TUUMI v. isku keenid, is dulsaarid, iskortuumin walxo tiro badan : entasser, amasser.

TUUR n. f. (-ta) bosse. La bosse du dromadaire : tuurta (kuruska) ratiga.

TUUR v. lancer, jeter. Lancer une flèche : leeb tuur, gan.

TUURRE n. m. (-ha) goobbe : bossu.

TUURYEE v. jeter, lancer. Lance-moi le ballon : xaggayga u soo tuuryee (u soo tuur) banooniga.

TUWEEL n. m. (-ka) shukumaan : serviette de toilette.

U

U' n. f. (-da) nom de la lettre « u ».

UBAD n. m. (-ka) ciyaal : enfants. Cet homme a quatre enfants : ninkaani afar ubad ah (ciyaal ah) buu leeyahay.

UBAX n. m. (-a) fleur.

UBUC n. f. (-da) uurkujir (-ta) : viscère de l'abdomen. La cuisinière enlève les viscères du poulet : cuntokarisadii waxay ka saaraysaa ubucda, uurkujireenka (sambabka, wadnaha, xiidmaha iwm) digaagadda.

UDGI v. carfi : parfumer. Il a parfumé son mouchoir : waa uu udgiyay (barafuun buu ku shubay) fasaleetigiisii, masarkiisii.

UDGOON n. m. (-ka) parfum. Maandeeq s'est mis du parfum : Mandeeq udgoon (barafuun, cadar) bay isku shubtay, ismarisay.

UDUB n. m. (-ka) poteau en bois. La route est bordée par des poteaux électriques : jidka hareerihiisa waxaa ku yaal udbo (baallayaal, tiirar) koronto.

UF n. f. (-ta) ur qurmuun : odeur désagréable.

UFO n. f. (-da) dabayl roob wadda : vent de la pluie.

UG v. ku ug : réchauffer. Réchauffer du potage : shurbad dabka ku ug (ku kululee).

UGAAR n. f. (-ta) gibier. Gibier à poil : ugaar duf (dhogor) leh.

UGAAS n. m. (-ka) magac madaxda qabaa'illada qaarkood la baxaan : nom (titre) chef de tribu.

UGAX n. f. (-da) ukun : œuf.

UGBAAD n. m. (-ka) dhul ciiddiisu cusubtahay : terre vierge.

UGEYB n. m. (-ka) ari, riyo da'yar : jeunes chèvres.

UJEEDDO n. f. (-da) dessein, but. Former de grands desseins : aasaas ujeeddooyin (qorshayaal) waaweyn.

UKUN n. f. (-ta) œuf.

UL n. f. (-sha) bâton. Marcher avec un bâton : ul ku soco (ul qaado markaad soconayso).

ULAKAC adv. intentionnellement.

ULEE v. ul la dhicid : frapper à coups de bâton.

UMMAD n. f. (-da) nation, peuple.

UMMUL n. f. (-sha) accouchée.

UMMULI v. faire naître un bébé.

UMMULISO n. f. (-da) sage-femme, accoucheuse.

UMMULRAAC v. mourir en couches.

UNUG n. m. (-ga) cellule.

UNUG v. bilow : commencer à fabriquer, à faire qch.

UNUUN n. m. (-ka) madax (-a) iyo sur (-ka) : la tête et le cou.

UR n. m. (-ka) odeur. Odeur agréable : ur fiican.

UR v. émaner. Le parfum qui émane des fleurs : udgoon ka soo uraya ubaxyo.

URSO v. humer, sentir. Humer l'odeur d'un mets : urso urka cunto.

URUGO n. f. (-da) tiraanyo : tristesse. Sombrer dans la tristesse : tiimbo (ku dhexdhac) urugo.

URUR n. m. (-ka) groupe, rassemblement, attroupement.

URURI v. grouper, rassembler, réunir.

US exclam. aammus ! : silence ! Taisez-vous !.

USKAG n. m. (-ga) wasakh (-da) : crasse, saleté. La saleté d'une rue : uskagga (wasakhda) jid.

USTAAD n. m. (-ka) macallin : enseignant. Les enseignants : isku jirka macallimiin iskool.

UUMI n. m. (-ga) vapeur.

UUMI v. action de produire de la vapeur, vaporiser.

UUMIBAX n. m. (-a) évaporation.

UUN n. m. (-ka) adduun (-ka) : création, univers.

UUN v. créer. Dieu a créé le ciel et la terre : Ilaah baa uumay (abuuray) cirka iyo dhulkaba.

UUNSI n. m. (-ga) encens. Sagal aime l'odeur de l'encens : Sagal waa jeceshahay urka uunsiga.

UUR n. m. (-ka) 1. abdomen, ventre. 2. grossesse. La grossesse da la femme dure neuf mois : muddada uurka naaguhu sidaan waa sagaal bilood.

UURKUBBAALLE adj. (-ha) doté, doué.

UURKUJIR n. f. (-ta) viscère.

UURKUTAALLO n. f. (-da) tiraanyo, caloolxumo : tristesse.

UURXUMO n. f. (-da) mauvaise humeur. Maryan est de mauvaise humeur : Maryan uurxumo (farxaddarro) baa haysa

WA' n. f. (-da) nom de la lettre « w ».

WAA n. m. (-ga) 1. aube. Nous nous lèverons dès l'aube : waxaan toosaynaa isla marka uu waagu beryo. 2. époque, ère. A quelle époque a vécu Louis XIV ? -Au XVII siècle : waagee (waqti-gee) buu noolaa Luwii XIV ? -Qarnigii toddoba iyo tobnaad.

WAA v. ne pas réussir à trouver. Il n'a pas trouvé son disque ? : waa uu waayay (ma helin) saxankiisii. ay wax ugu duubnaayeen.

WAAB n. m. (-ka) meel qorraxda, roobka iwm laga galo : abri.

WAABAAYEE v. sumee : empoisonner.

WAABAAYO n. f. (-da) sun : poison.

WAABBERI n. m. (-ga) aube.

WAABI v. celi : retenir. Il m'a retenu dix minutes : toban daqiiqo buu i waabiyay (iceliyay, iidiiday inaan baxo). 2. repousser, éloigner l'ennemi.

WAADI n. m. (-ga) durdur biyo socda leh : torrent.

WAAFAJI v. coïncider. Son arrivée a coïncidé avec mon départ : imaantinkiisii iyo bixidaydii baa iswaafajismay (isku beegmay).

WAAFI n. m. (-ga) dhammay-stiran : complet, entier Un pain entier : rooti waafi ah (nafaqo u dhantahay)..

WAAJIB n. m. (-ka) devoir, obligation.

WAALID n. m. (-ka) les parents (le père et la mère).

WAALLI n. f. (-da) folie. faire une folie : waalli samee (ku dhaqaaqid waxaan caqligal ahayn oo aadan ka fiirsan).

WAALO v. devenir fou. Il va devenir fou : waa uu soo waalanayaa.

WAAMA adv. inter. quand ? Quand viendrez-vous ? waama (goorma) baad imaandoontaa ?

WAANI v. conseiller. Conseiller un enfant : ilmo carruur ah waani.

WAANO n. f. (-da) conseil. Ne pas tenir compte des conseils : ha tixgelin (tixgelin la'aan) waanooyin laguu soo jeediyay.

WAANWAAN n. f. (-ta) trêve, négociation, pourparlers, tractation.

WAAQ n. m. (-a) Ilaah (eray aad u fac weyn) : Dieu (mot très ancien).

WAAQLA' n. f. (-da) dhul cidla'ah, aan cidi ku noolayn : inhabité (terre). Maison inhabitée : guri waaqla'ah (aan cidi ku noolayn).

WAAR n. m. (-ka) cabbir lagu cabbiro dhererka walaxda oo mitirka xoogaa ka yar : yard (mesure de longueur).

WAAR v. être immortel. Cette gloire est immortelle : guushaani waa mid waaraysa (aan ebidkeed dhimandoonin).

WAARDIYE n. m. (-ha) gardien, surveillant. Gardien de but : waardiye, ilaaliye gool.

WAARID v. soo waarid, dibedda ka keen : importer des biens.

WAASAC n. m. (-a) large, vaste. Un vêtement large : dhar waasac ah (aan ciriiri ahayn).

WAASHMAAN n. m. (-ka) gardien. Le gardien d'un immeuble : waashmaan (waardiye, ilaaliye) cimaaradeed.

WAAWARAY exclam. au secours ! Demander secours : dheh waawaray (ciidamow) si khatar ku haysata lagaaga soo gaaro.

WAAX n. f. (-da) quart. Bouteille d'un quart de litre : dhalo, qaruurad waax (rubuc) litir ah.

WAAXEE v. u qaybin afar meelood ah : diviser en quatre parties.

WAAXID n. m. (-ka) keli : unique, seul (Dieu).

WAAYA-ARAG n. m. (-ga) expert. Expert en écritures : waaya-arag (qof aqoon dheeraad ah u leh) qoraallada farta.

WAAYA-ARAGNIMO n. f. (-da) expérience. Avoir de l'expérience : waaya-aragnimo lahaansho.

WAAYEEL n. m. (-ka) très ancien ; sage. Suivre l'exemple des Anciens : raacid miisaalka waayeelka (waxgaradka).

WAAYEELOW v. vieillir. Il est pénible de vieillir : waayeelow (gaboobid) waa dhibaato.

WAAYIR n. m. (-ka) fil métallique.

WAAYO adv. pourquoi. Pourquoi partez-vous ? : waayo (sababtee) baad u baxaysaa, u tegaysaa ?

WABAX n. m. (-a) biyo ka dheragsanaan :gorgé d'eau.

WABXI v. harraad ka bi'in : étancher la soif.

WAC n. f. (-da) coup. Donner des coups de marteau : burrus, dubbe wac ku sii (ku garaac).

WAC v. u yeerid : appeler. Appeler un ami dans la rue : qof saaxiibkaa ah uga wac (uga yeer) dariiqa.

WACAD n. m. (-ka) promesse, engagement.

WACADFUR v. ku wacadfur : enfreindre, rompre une promesse. Enfreindre une loi : ku wacadfur (jebin) sharci.

WACAL n. m. (-ka) bâtard.

WACDARO n. m. (-ha) merveille, prodige, fait extraordinaire.

WACDI n. m. (-ga) sermon. Le chef religieux a fait un sermon :

mas'uulkii diinta baa wacdi akhriyay.

WACYI n. m. (-ga) conscience.

WAD v. 1. kaxayn : conduire, guider, diriger. Asli conduit son fils à la gare : Asli waxay wiilkeeda u wadaysaa maxaddada tareennada (meesha ay tareennadu ka baxaan kuna soo xirtaan). 2. continuer. Il a continué à parler pendant deux heures : muddo laba saacadood ah buu hadal waday.

WADAAD n. m. (-ka) personne religieuse.

WADAAG n. m. (-ga) partage. faire le partage d'un héritage : wax ka wadaag (wax ka qaybso) dhaxal.

WADAAG v. la wadaag : partager qch avec qn.

WADAAJI v. faire partager. Kaarshe fait partager le gâteau por les enfants : Kaarshe wuxuu carruurta wadaajinayaa (u qaybinayaa) macmacaankii.

WADAAN n. f. (-ta) weel harag ka samaysan ee biyaha lagu dhaamiyo : outre.

WADAJIR n. m. (-ka) unité, un tout.

WADAR n. f. (-ta) plus d'un, multiple.

WADCI n. m. (-ga) situation. La situation politique a changé : wadciga (mowqifka) siyaasaddu waa isbedelay.

WADDAC n. m. (-a) nuska dame ee bisha Ramadaan : seconde moitié du mois de Ramadan.

WADDAN n. m. (-ka) pays, patrie.

WADDANI n. m. (-ga) patriote.

WADDANINNIMO n. f. (-da) patriotisme.

WADDO n. f. (-da) rue, route, sentier.

WADE n. m. (-ha) conducteur, chauffeur.

WADEEY n. m. (-ga) saaxiib (-ka) : ami, compagnon.

WADIIQO n. f. (-da) waddo yar : sentier, chemin. Chemin forestier : wadiiqo (waddo yar) oo kaymeed, kayn dhexmarta.

WADKI-ARAG n. m. (-ga) shimbir laga helo Afrika iyo Aasiya oo af iyo qoor dheer leh : marabout.

WADNEFUG n. m. (-ga) kacsanaan (-ta) uusan qofku degganayn : agitation, nervosité.

WADNAQABAD n. m. (-ka) casse-pied, ennuyeux.

WADNE n. m. (-ha) cœur.

WAFDI n. m. (-ga) délégation, mission.

WAHSI n. f. (-da) caajis (-ka) : paresse, fainéantise. Ali a des habitudes de paresse : Cali wuxuu caado u leeyahay wahsi.

WAHWAH n. f. (-da) qaylo eey : aboiement.

WAJAHAD n. f. (-da) façade d'un bâtiment.

WEJIMACBUUS n. m. (-ka) hargneux. Regard hargneux : daymo wejimacbuus leh.

WEJIXUMO n. f. (-da) déception. Son échec lui a causé une grande déception : guuldaraysigii wuxuu u keenay wejixumo (qalbijab) weyn.

WAKAALAD n. f. (-da) organisme, agence.

WAKIIL n. m. (-ka) procureur, délégué, représentant.

WALAAC n. m. (-a) préoccupation, souci, inquiétude. Vivre sans souci : walaac la'aan ku noolaansho.

WALAAHOW n. m. (-ga) dépaysement, désorientation.

WALAAL n. m. (-ka) frère. Frères jumeaux : walaalo mataano ah.

WALAALNIMO n. f. (-da) fraternité.

WALAAQ v. 1. emmêler, mélanger. Le chat a emmêlé les fils du tricot : mukulaashii waxay walaaqday dunihii wax lagu tolayay. 2. troubler. L'élève s'est troublé quand on lui a demandé de répondre : ardaygii waa walaaqmay (waa isdhexmaray) markii la wayddiiyay inuu jawaabo.

WALASAQO n. f. (-da) ciyaar dhaqameed : type de danse.

WALAX n. f. (-da) chose. Il possède peu de choses : walax (waxyaalo) aan badnayn buu leeyahay.

WALBAHAAR n. m. (-ka) forte inquiétude, anxiété. A la nouvelle de la catastrophe aérienne, beaucoup de familles étaient dans l'anxiété : sheegitaanka khabaarkii ku saabsanaa shilka dayuuradeed, caa'ilooyin badan ayaa walbahaar (shaki weyn) ku dhacay.

WALCAN n. m. (-ka) dadkii hore ee aynnu ka soo dafiirannay : ancêtre, descendant.

WALDAAMI v. islaqaadid shay uu qofba dhinac qabto : transporter une chose à plusieurs.

WALHO v. osciller, basculer. Il est si fatigué qu'il oscille d'avant en arrière : daalkiibaa ka batay ilaa uu gaaray xad uu horay iyo gadaal u walhado (dhacdhaco).

WALLAC n. m. (-a) calaamad lagu garto naagta uurka leh : symptôme de la grossesse.

WALOW conj. bien que, quoique. Il sort sans parapluie bien que le ciel soit menaçant : waxuu baxayaa dallad la'aan walow (inkastoo) uu cirku xunyahay.

WALQAL n. f. (-sha) xaflad dhalasho : cérémonie de naissance.

WALWAL n. m. (-ka) inquiétude. Pars sans inquiétude, je m'occupe de tout : iskabax, iskatag walwal la'aan, aniga ayaa waxwalba habaynaya.

WALWAL v. s'inquiéter. Il s'inquiète de tout : wax walba waa uu ka walwalaa.

WAN n. m. (-ka) mouton. Le berger conduit ses moutons au pâturage : xoolojiruhu (qawsaarku) wuxuu daaqgaynayaa wanankiisa.

WANAAG n. m. (-ga) bonté, amabilité. Sa bonté est connue de tout le monde : wanaaggiisa qof walba ayaa og.

WANAAGSANOW v. devenir droit, honnête, juste.

WANAAJI v. rendre droit, juste.

WANDHAR v. kala wandhar (kala qaad lugaha) : écarter les jambes.

WAQAF n. m. (-ka) donation.

WAQTI n. m. (-ga) temps, époque, période. Le temps approche : waqtigii waa soo dhowaanayaa.

WAQTILUMIS n. m. (-ka) perte de temps.

WAQTIQAADO v. s'amuser. Il s'amuse à lire : wuxuu ku waqtiqaataa (ku madadaashaa) wax akhris.

WAR n. m. (-ka) khabaar (-ka) : nouvelle, information. Donnez-moi de vos nouvelles : wararkaaga (akhbaartaada) i soo sii.

WAR n. f. (-ta) haro (-da) : étang, petit lac.

WAR exclam. hé, toi !

WAR v. dhar warid : étendre le linge, Etendre qch par terre (marchandises) : dhul ku warid alaab badeeco ah oo ganacsi loogu talagalay.

WARAAB v. cab : boire. Quand j'ai soif, je bois de l'eau : markii harraad i qabto, waxaan waraabaa (cabbaa) biyo.

WARAABE n. m. (-ha) dhurwaa (-ga) : hyène. L'hyène se nourrit d'animaux morts : waraabuhu wuxuu ku noolyahay xayawaanaadka bakhtiya.

WARAABI v. xoolo biyo siin : abreuver les animaux domestiques.

WARAABOW n. m. (-ga) cudur galmada lagu kala qaado, isfiilito : syphilis.

WARAAQ n. f. (-da) 1. feuille de papier. Ecrivez sur une feuille de papier : gabal waraaq ah wax ku dul qor. 2. papier à lettre.

WARAF n. m. (-ka) fronde, lance-pierres. Il est imprudent de jouer avec un lance-pierres : waa taxadar la'aan (foojignaan xumo) in lagu ciyaaro waraf.

WARAN n. m. (-ka) lance. La lance était une arme à long manche : waranku wuxuu ahaa hub daab (meel la qabsado) dheer leh.

WARANLE n. m. (-ha) lancier. Un lancier était un soldat armé d'une lance : waranluhu wuxuu ahaan jiray askari ku hubaysan waran.

WARATO n. f. (-da) ganacsade guurguura : marchand ambulant.

WARAYSO v. 1. akhbaar weyddii : demander des nouvelles à qn. 2. interviewer. Le journaliste a interviewé le ministre : weriyihii wuxuu waraystay wasiirka.

WARBIXI v. faire un rapport sur qn ou qch, rapporter un fait. On m'a rapporté que tu avais menti : waxaan khabar ku helay (warbixin la igu siiyay) inaad been sheegtay.

WARBOGO v. ka warbogo (ka hel qof wixii war ah ee uu hayay) : obtenir de qn toute information.

WARCELI v. u warceli : répondre à qn. Il n'a pas répondu à ma lettre : warqaddaydii kama uusan soo warcelin (kama soo jawaabin).

WARDOON n. m. (-ka) investigateur, agent secret.

WAREEG n. m. (-ga) 1. cercle. 2. périmètre.

WAREEG v. 1. tourner, circuler. La Terre tourne autour du Soleil : dhulku wuxuu ku wareegaa hareerta qorraxda. 2. la wareeg : prendre le pouvoir.

WAREEGAALAYSO v. flâner, se balader. Flâner sur les boulevards : wareegaalayso (meerayso) jidadka.

WAREEGACADDEE v. faire des ronds. Ahmet fait des ronds avec son compas : Axmed wuxuu wareegacaddaysiinayaa (warwareejinayaa) kambaskiisa.

WAREEGTO n. f. (-da) circulaire. Les circulaires ministérielles ne créent pas le droit : wareegtooyinka wasaaraduhu ma abuuraan xuquuq (waxa qofku xaqa u leeyahay).

WAREEJI v. faire tourner. Tourne la tête vers moi : madaxa xaggayga u soo wareeji (leexi).

WAREER n. m. (-ka) vertige. En montagne, Ahmet a le vertige : buuraha, Axmed wareer baa ku qabta.

WAREER v. avoir le vertige.

WARFI v. tuur : jeter, lancer. Jeter une pierre : warfi (tuur) dhagax.

WARFIDIYEEN n. m. (-ka) journaliste. Les journalistes écrivent dans les journaux : warfidiyeennadu wargaysyada bay wax ku qoraan.

WARGAL n. m. (-ka) bon informateur.

WARGEE v. u wargee : porter des nouvelles à qn.

WARGEEYE v. informateur (péjor.).

WARGELI v. informer, avertir, mettre au courant. Les journaux nous ont informés des événements : wargaysyada ayaa nagu wargeliyay (nooga soo warramay) dhacdooyinka.

WARGEYS n. m. (-ka) journal, revue de presse. Tu serais au courant, si tu lisais les journaux : waad u warhayn lahayd, haddii aad wargaysyada akhrisan lahayd.

WARHEL v. ka warhel : avoir des nouvelles de qn.

WARIYE n. m. (-ha) journaliste.

WARJEEF v. massacrer. Massacrer des enfants : warjeef (xasuuqid ku samee) carruur.

WARLALIS n. m. (-ka) transmetteur (appareil).

WARQAD n. f. (-da) xaanshi (-da) : feuille de papier. 2. papier à lettre.

WARRAN v. 1. parler. As-tu parlé à Ahmet de nos projets ? : miyaad Axmed uga warrantay (u sheegtay, uga sheekaysay) qorshayaasheenna ? 2. ka warran : parler de qn, de qch. 3. u warran : informer, avertir.

WARSHAD n. f. (-da) usine, fabrique. Duullane travaille dans une usine d'automobiles : Duullane wuxuu ka shaqeeyaa warshad baabuurta soo saarta.

WARSHADEE v. industrialiser.

WARSO v. demander. Demander une faveur : warso (weyddiiso) ixsaan.

WARXUNSHEEG n. m. (-ga) défaitiste, pessimiste.

WAS v. avoir des rapports sexuels avec, baiser.

WASAARAD n. f. (-da) ministère. Le ministère du travail : wasaaradda shaqada.

WASAC n. m. (-a) ballaar (-ka) : large, vaste.

WASAKH n. f. (-da) saleté, malpropreté.

WASAKHEE v. salir. Salir son linge : wasakhee dharkaaga.

WASHENSI n. m. (-ga) qof akhlaaq xun, si xun u koray : goujat, mal élevé.

WASHIR v. préparer, disposer. L'étude nous dispose à la joie : waxbarashadu waxay inoo washirtaa (diyaarisaa) jidka farxadda.

WASIIR n. m. (-ka) ministre.

WASLAD n. f. (-da) une portion de viande.

WASMO n. f. (-da) rapport sexuel.

WASWAAS n. m. (-ka) hésitant, incertain, indécis, douteux.

WAX n. m. (-a) chose, objet.

WAXAR n. f. (-ta) neef yar oo riyo ah : chevreau. Gants de chevreau : gacmogashiyo laga sameeyay harag waxar.

WAXASH n. m. (-ka) qof dabeecadda xayawaan ka shabbaha : bestial.

WAXASHNIMO n. f. (-da) xayawaannimo : bestialité.

WAXBARASHO n. f. (-da) instruction, étude, éducation. L'éducation de la jeunesse : waxbarashada dhallinyarada.

WAXEE v. faire, fabriquer. Cet industriel fabrique des meubles : warshadlahaani wuxuu waxeeyaa (sameeyaa) qalab guri.

WAXGAL n. m. (-ka) utile (objets, cadeaux).

WAXGALMO n. f. (-da) utilité. Quelle est l'utilité de ce machin ? : maxay tahay waxgalmada (waxtarka) shaygaani.

WAXGARAD n. m. (-ka) sage, savant. Agir en homme sage : u dhaqan sidii nin waxgarad ah.

WAXGARADNIMO n. f. (-da) sagesse. Cette décision est pleine de sagesse : go'aankaani waa mid ay waxgaradnimo ka buuxdo.

WAX-KU-OOL n. m. (-ka) utile. Travaux utiles : hawlo (shaqooyin) wax-ku-ool ah.

WAXMATARE n. m. (-ha) incapable, qui n'a pas de compétences.

WAXQABAD n. m. (-ka) capacité, habileté, aptitude.

WAXSOOSAARID n. f. (-da) production, productivité.

WAXTAR n. m. (-ka) utile. Cet outil est très utile : qalabkaan shaqadu waa mid waxtar leh.

WAXWADAQABSI n. m. (-ga) coopération, collaboration.

WAXWALBAALE n. m. (-ha) nooc kasta leh : de toute sorte.

WAXYAQAAN n. m. (-ka) sage, savant.

WAXYEELLEE v. endommager.

WAXYEELLO n. f. (-da) dégât, dommage.

WAXYI n. m. (-ga) révélation divine.

WEBI n. m. (-ga) rivière, fleuve. Des fleuves de boue : webiyo dhoobo ah.

WED n. m. (-ka) prédestination à la mort.

WEECI v. faire tourner.

WEECO v. tourner. Au prochain carrefour, vous tournerez à droite : isgoyska soo socda, ayaad midig uga weecandoontaa (leexandoontaa).

WEEL n. m. (-ka) récipient.

WEER n. f. (-ta) erayo wada socda oomacne samaynaya meel ay ku dhammadaanna leh : phrase. « Viendras-tu demain ? » est une phrase : « Ma imaanaysaa berri ? » waa hal weer.

WEERAR n. m. (-ka) attaque, assaut.

WEERAR v. attaquer, assaillir. Attaquer quelqu'un d'un coup de bâton : qof ul ku weerar (ul la dhac).

WEESAYSO v. faire ses ablutions avant la prière.

WEESO n. f. (-da) ablution avant la prière, qui consiste à se laver une partie du corps.

WEHEL n. m. (-ka) 1. compagnie. Ladane aime la compagnie de Sahra : Ladane wuxuu jecelyahay in Sahra weheliso. 2. compagnon, ami. Il est allé en vacances avec ses compagnons de travail : wuxuu fasax uraacay wehelladiisii (saaxiibadiisii) shaqada.

WEHELI v. accompagner. J'accompagne un ami à la gare : waxaan maxaddada tareennada u wehelinayaa (u raacayaa) qof aan saaxiib nahay.

WEHESHO v. prendre comme compagnon.

WEJI n. m. (-ga) 1. figure, visage. Va te laver le visage : orod oo wejiga iska soo dhaq. 2. phase. Les phases de la lune : wejiayada (qaababka) kala duwan ee uu dayaxu maro.

WEJIGARO v. reconnaître qn. Reconnaître un ami d'enfance : wejigaro (dib u xasuuso) qof aad carruurnimadii saaxiib ahaydeen.

WELEF n. m. (-ka) rabitaan aad ah : désir ardent.

WELI n. m. (-ga) saint.

WELI adv. encore. Je veux encore essayer : Inaan weli (mar kale) tijaabiyo baan rabaa.

WERDI n. m. (-ga) comptage avec les perles du chapelet.

WEYD n. f. (-da) très maigre. Poulet très maigre : digaag weyd ah (aad caato u ah).

WEYDAARI v. dhaafi, gudbi : aller de l'autre côté de, dépasser.

WEYDDII v. demander. Demander la note à l'hôtel : weyddii xisaabtii hoteelka.

WEYDNIMO n. f. (-da) caatannimo (-da) : maigreur. La maigreur d'une personne : weydnimada (caatannimada) qof.

WEYDOW v. caatow : maigrir.

WEYL n. f. (-sha) neef yar oo lo'ah : veau. Un rôti de veau : hilib foornaysan ee weyl, dibi yar.

WEYNE n. m. (-ha) Dieu. Dieu merci : Weynaa mahad leh.

WEYNEE v. agrandir.

WEYRAX n. m. (-a) caro, xanaaq aad ah ee neef xoolo ah : fureur d'un animal.

WEYRIXI v. ka xanaaji : rendre furieux (un animal).

WEYSEYSO v. faire ses ablutions avant la prière.

WII n. f. (-da) qaylo marka dab ka co ama wax kale oo halis ahi dhacaan : sirène (appareil).

WIIL n. m. (-ka) garçon. Un vieux garçon : wiil doobnimo ku weynaaday.

WIIQ v. dhibaato ugaysasho : faire subir un dommage à qn.

WIISH n. m. (-ka) 1. makiinad lagu hinjiyo waxyaalaha aadka u culus : grue, engin de levage. 2. qalab dadku ku fuulaan guryaha dabaqyada ah : ascenseur.

WIISITO n. f. (-da) qaabilaad takhtareed : consultation d'un médecin.

WIRIIRI n. m. (-ga) xasharaad yar : fourmi. Une fourmi m'a piqué : wiriiri baa i qaniinay.

WIRWIR n. m. (-ka) mirage. Dans les déserts on voit quelquefois des mirages : lamadegaannada waxaa marmar lagu arkaa wirwir (wax biyo la moodo oo meel dheer kaaga muuqda marka qoraxdu aadka u kulushahay).

WISWIS n. m. (-ka) shaki (-ga) : soupçon, doute.

WIYEER n. m. (-ka) biyo culus oo cusbadu ku badantahay : eau lourde (concentration du sel).

WIYIL n. f. (-sha) rhinocéros. Le rhinocéros a une corne sur le nez : wiyishu sanka korkiisa bay gees ku leedahay.

WOOD n. m. (-ka) doorasho, codbixin : vote.

WOQOOYI n. m. (-ga) Nord. Hargeisa est au Nord de la Somalie : Hargeysa waxay ku taal Woqooyiga Soomaaliya.

X

XA' n. f. (-da) nom de la lettre
« X ».

XAAB n. m. (-ka) caleemo qallalan ee dhirta hoostooda istuu-
miya : feuilles sèches qui s'entassent sous les arbres.

XAABI v. wada qaado : prendre
entièrement.

XAABO n. f. (-da) qoryo dabka lagu shito : bois de feu.

XAAD n. f. (-da) velouté. La peau
de la pêche est velouée : miraha
beeskaha waxay korka ku leeyihiin xaad.

XAADIR n. m. (-ka) présent. Moment présent : waqatiga xaadirka
ah (la joogo).

XAADIRI v. faire appel.

XAAFAD n. f. (-da) quartier. Dans
quel quartier de Paris Paul habi-
te-t-il ? : Xaafaddee buu Bool kaga
noolyahay magaalada Baariis ?

XAAJI n. m. (-ga) pèlerin, personne qui va en pèlerinage.

XAAJO n. f. (-da) affaire. Affaire
d'argent : xaajo (arrin) lacageed.

XAAJOOD v. falanqayn xaajo :
discuter, traiter une affaire.

XAAKIN n. m. (-ka) juge. Les
juges ont condamné l'accusé :
xaakinnadii waa ay xukumeen
eedaysanihii.

XAAKO n. f. (-da) catarrhe.

XAAL n. m. (-ka) situation, cas,
condition.

XAALMARI v. dédommager.
Après le cambriolage, l'assurance
nous a dédommagés : ka dib markii wixii guriga noo yiil oo dhan
la xaday, caymiska ayaa na xaal-
mariyay (magdhow na siiyay).

XAALO n. f. (-da) 1. xiniin (-ta) :
testicule. 2. xubin tarameedda
ragga : pénis.

XAAMILO n. f. (-da) uur leh : enceinte.

XAAQ v. balayer. Balayer une
chambre : xaaq (mafiiq, xaaqin
mari) qol.

XAAR n. m. (-ka) saxaro (-da) : ca-
ca (fam.), excrément, matières fécales.

XAAR v. saxarood : déféquer.

XAARAAN n. f. (-ta) illicite. Gain
illicite : faa'iido xaaraan ah.

XAARAANQUUTE n. m. (-ha)
malhonnête.

XAARIN n. m. (-ka) weel lagu
haadiyo badarka, galayda iwm si
ciida iyo wixii kale ee qashin ah-
ba looga sooco : crible.

XAARWALWAAL n. m. (-ka) scarabée. Le scarabée est un insecte
voisin du hanneton : xaarwal-
waalku waa cayayaan deris la ah

dameerta (cayayaan qolof adag leh oo carruurtu ku ciyaaraan).

XAARXAARI v. canaano : reprocher, faire des remontrances.

XAARXAARO n. f. (-da) canaan (-ta) : remontrances. Le professeur m'a fait des remontrances : macallinkii waa uu i xaarxaariyay (i canaantay).

XAAS n. m. (-ka) 1. famille. La famille Hersi est très sympathique : xaaska, reer Xirsi (aabbaha, hooyada, iyo carruurta) aad bay u dabeecad fiicanyihiin. 2. naag la qabo : femme mariée.

XAASHI n. f. (-da) 1. papier. 2. lettre.

XAASID n. m. (-ka) égoïste.

XAASIDNIMO n. f. (-da) égoïsme.

XAASOW v. carruur badan yeelo : avoir une grande famille.

XAAWALAY n. f. (-da) femmes.

XAAXI n. m. (-ga) xumbo (-da) : écume des vagues. Les vagues projettent de l'écume : mawjadaha (hirarka badda) waxay sameeyaan xaaxi.

XAB n. m. (-ka) mucus, glaire.

XABAAL n. f. (-sha) aas (-ka) : enterrement, inhumation.

XABAAL v. aasid : enterrer, inhumer.

XABAALQODE n. m. (-ha) qof shaqadiisu tahay xabaal qodid : fossoyeur, croque-mort.

XABAALNOLOLI v. qof isagoo nool la aaso : enterrer vivant.

XABAALO n. m. (-ha) qabuuro (-ha) : cimetière.

XABAD n. m. (-ka) poitrine. Maladie de poitrine : jirro, cudur xabadka ku dhaca.

XABAG n. f. (-ta) koollo (-da) : colle.

XABASH n. m. (-ka) esclave. Autrefois les noirs américains étaient des esclaves : waagii hore madowga maraykanku waxay ahaayeen xabashyo (addoon).

XABASHI n. f. (-da) abyssinien de l'Ethiopie.

XABBAD n. f. (-da) 1. hal, mid keliya : un, un seul. 2. xabbad qori, rasaas : balle de fusil.

XABBADEE v. xabbad ku rid : tirer, faire feu. Le policier a tiré sur le bandit : ninkii booliska ahaa wuxuu xabbadeeyay burcadkii.

XABBIS n. m. (-ka) prison. Mettre en prison : xabbis dhigid, xirid.

XABBIS v. emprisonner. Le meurtrier a été emprisonné : gacan ku dhiiglihii waa la xabbisay, xiray.

XABEEB n. f. (-ta) enrouement, aphonie.

XABIIB n. m. (-ka) saaxiib (-ka) : ami, être cher. C'est son plus cher ami : waa xabiibkiisa (saaxiibkiisa) ugu qaalisan.

XABXAB n. m. (-ka) qare (-ha) : pastèque.

XAD n. m. (-ka) xudduud (-ka) : frontière ; limite. Le ballon est sorti des limites du terrain : banoonigii waa ka baxay xadkii dhulka loogu talagalay.

XAD v. voler, cambrioler, dérober. Quelqu'un m'a volé mon portefeuille : qof baa iga xaday boorsadaydii lacagta.

XADAF v. goo, reebid xaraf. : élider. On élide l'article défini singulier devant tout mot commençant par une voyelle ou un h muet : waa la xadfaa qodob kasta oo mucayin ah kelina ah markii uu ka hormaro dhammaan erayada ka bilowda shaqal ama h aan akhrismayn side : l'homme, l'amitié.

XADATEE v. chatouiller.

XADATO n. f. (-da) chatouillement. Etre sensible au chatouillement : u nuglaansho xadatada.

XADDAARAD n. f. (-da) civilisation. Civilisation grecque : xaddaaraddii (ilbaxnimadii) giriigga.

XAD-DHAAF n. m. (-ka) excès. Awil a eu une amende pour excès de vitesse : Cawil waxaa loo jaray ganaax uu ku mutaystay xawaaraha xad-dhaafka ah ee uu ku socday.

XADDI n. m. (-ga) tiro (-da) : nombre. Il y a un grand nombre de personnes sur la place : xaddi (tiro) badan oo dad ah baa barxadda isugu soo baxay.

XADDID v. limiter. La vitesse est limitée à 130 kilomètres à l'heu-re : xawaaraha gaarigu waxaa loo xaddiday (aan la dhaafsiinkarin) 130 kiilomitir saacaddiiba.

XADEE v. délimiter, cerner, borner. Borner un champ : xadee (ood ku soo wareeji) beer, goof.

XADGUDUB v. 1. ku xadgudub : transgresser. Le soldat a transgressé les ordres : askarigii wuxuu ku xadgudbay (jebiyay) awaamirtii. 2. soo dhaafid xad : dépasser la limite. Il a outrepassé ses droits : waa xadgudbay (soo dhaafay) xaquuqdiisii.

XADREE v. xadrayn : faire xadro.

XADRO n. f. (-da) qasiido (hees) diimeed uu la socdo dhaqdhaqaaq jirka ah oo la isla wada helayo (isku mar la wada samaynayo) : chant religieux avec des mouvements rythmiques du corps.

XAFID v. protéger. Prends un manteau pour te protéger du froid : qaado mandaleel (kabbood) si aad qabowga isaga xafiddid.

XAFIIS n. m. (-ka) bureau. Bureau d'un ministère : xafiis wasaaradeed.

XAFLAD n. f. (-da) cérémonie. La cérémonie du mariage aura lieu samedi : xafladdii aroosku waxay dhacidoontaa sabtida.

XAG n. m. (-ga) dhinac : côté.

XAG v. xago, xagasho : ronger. La rouille ronge le fer : mirirku waa xagtaa birta.

XAGAA n. m. (-ga) été. Il fait très chaud cet été : xagaagaan kulayl badan baa jira.

XAGAAF n. m. (-ka) waddo baabuur : route.

XAGAAYO n. f. (-da) roob xagaaga da'a : pluie estivale.

XAGAL n. f. (-sha) 1. jilibka qaybtiisa damme : jarret. 2. angle.

XAGGEE adv. où ? Où courez-vous ? : xaggee ku ordaysaa ?

XAJ n. m. (-ka) pèlerinage. La Mecque est un lieu de pèlerinage : Maka waa meel xajka loo aado.

XAJI v. xaj aadid : aller en pèlerinage.

XAJI v. adkee : serrer. Serrer les dents : ilkaha isku xaji.

XAJIIMEE v. causer du prurit à qn.

XAJIIN n. f. (-ta) prurit.

XAJMI n. m. (-ga) épaisseur. Epaisseur d'une brique : xajmi jaajuur (bulukeeti).

XAKAME n. m. (-ha) gabal xarig ama bir ah oo fardaha qalka laga geliyo : bride. Le cavalier retient son cheval en tirant sur la bride : fardafuuluhu wuxuu hayaa faraskiisa oo uu ku soo jiidayo xakamaha.

XAKAMEE v. xakame gelin, xakame ku xirid : mettre la bride à.

XAL n. m. (-ka) solution, résolution.

XAL v. biyoraacin, dhaqid : rincer.

XALAAL n. f. (-sha) ce qui est permis, ce qui est juste.

XALAALQUUTE n. m. (-ha) homme honnête.

XALAY n. f. (-da) hier soir.

XALLAD n. f. (-da) harmonie. Ces couleurs sont en harmonie : madabbadaani xallad bay leeyihiin (waa isku fiican yihiin, qurux bay isku yihiin).

XALLEEF n. m. (-ka) dabacsanaan, nugayl : grêle. Jambes grêles : kubab xalleef ah (miiqmiiqan).

XALLI v. résoudre. Résoudre un problème : xalli (xal u helid) mashaakil jira.

XALUS n. m. (-ka) barruur caloosha ku taal : gras du ventre.

XALWAD n. f. (-da) gâteau somalien qu'on fait avec du beurre, du sucre et d'autres matières.

XAMAARATO n. f. (-da) masaska, mulacyada iyo yaxaaskuba waa xamaarato (beerkay ku socdaan) : reptiles.

XAMAARO v. ramper. Les serpents rampent : masasku waa xamaartaan.

XAMAASAD n. f. (-da) enthousiasme, ferveur. Tanade a accepté avec enthousiasme de venir avec nous : Tanade si xamaasad leh buu u oggolaaday inuu na raaco.

XAMAR n. m. (-ka) gaduud dhiin ah : rouge sombre, foncé.

XAMAR n. f. (-ta) tamarin.

XAMBAAR v. 1. prendre sur le dos. 2. ku xambaar, ku khasab : obliger, forcer.

XAMDI n. m. (-ga) mahadnaq (-a) : remerciement à Dieu.

XAMDI v. ku xamdi : exprimer sa gratitude, remercier.

XAMDINNAQ n. m. (-a) mahadnaq (-a) : remerciement à Dieu.

XAMIIQ n. f. (-da) calyo, candhuufo : salive. Je mouille le timbre de salive : tigidka boostada xamiiq, calyo baan ku qooyaa.

XAMLI n. m. (-ga) xamuul (-ka) : charge, poids, fardeau.

XAMMAAL v. qarqarka ku qaad : porter sur les épaules.

XAMMAALI n. m. (-ga) porteur. Va chercher un porteur : orod oo xamaali doon.

XAMMEE v. 1. rar, xamuul saar : charger (animal). 2. xoog u wad gaari : accélérer (voiture).

XAMMEETI n. f. (-da) bile.

XAMMIS v. dubid, saloolid : torréfier. Torréfier des grains de café : xammis (dub, salool) miro kafee.

XAMMUUL n. m. (-ka) charge, fardeau. Ce sac de pommes de terre est un lourd fardeau : Boorsadaan baradhada (bataatada) ahi waa xammuul culaab leh.

XAMMUURAD n. f. (-da) gaduud dumarku faruuryaha marsadaan : rouge à lèvres.

XAMMUURADEE v. midabee : teinter. Teinter de l'eau avec du vin : biyo ku xammuuradee (midabee) khamro nooca fiinada.

XAMO v. médire de, dire du mal de, bavarder à tort et à travers. Médire de ses amis : saaxiibbadaa xamo (wax ka sheeg iyagoo kaa maqan).

XAMUR n. m. (-ka) geed miro la cuno leh oo iskii u baxa : plante de fruits comestibles qui croît naturellement.

XAN n. f. (-ta) médisance. Ne croyez pas cela, ce sont des médisances : waxaas ha rumaysan, waa waxyaalo xan ah.

XANAAJI v. ka xanaaji : fâcher.

XANAAQ n. m. (-a) colère.

XANAAQ v. se mettre en colère, se fâcher.

XANAF n. f. (-ta) shay aan oogadiisu sinnayn ee ku xaganaya : rugosité, aspérité. L'aspérité du sol : xanafta ciidda.

XANFAR n. m. (-ka) dabayl habaas wadata : vent qui transporte de la poussière.

XANGARUUFO n. f. (-da) égratignure, coup de griffe.

XANGARUUFO v. griffer. Le chat m'a griffé : mukulaashii baa i xangaruufatay.

XANJO n. f. (-da) chewing-gum. Il mâche sans arrêt un chewing-gum : wuxuu hakad la'aan calashanayaa xanjo.

XANNAANEE v. s'occuper de.

XANNAANO n. f. (-da) soin. L'infirmière donne des soins à un blessé : kalkaalisada caafimaadku waxay xannaano siinaysaa qof dhaawac ah.

XANNIB n. m. (-ka) xannibaad (-da), caqabo (-da) : obstacle. Obstacle infranchissable : xannib (xannibaad, caqabad) aan la gudbi karin.

XANNIB v. xannibid, baajin, dib u dhigid : entraver, gêner, retarder.

XANSO v. u raadin si sir ah barasho shay ama qof : chercher à connaître.

XANTOOBEE v. gacan ka buuxsi : prendre une poignée de. Kaahin m'a lancé une poignée de sable : Kaahin wuxuu igu soo tuuray ciid uu xantoobiyay (gacanta ka buuxsaday).

XANTOOBO n. f. (-da) sacab muggiis : poignée. Une poignée de sel : xantoobo (sacab muggiis) cusbo ah.

XANUUJI v. ciqaabid : infliger, frapper d'une peine. L'agent lui a infligé une amende : askarigii wuxuu ku xanuujiyay (ciqaab uga dhigay) ganaax.

XANUUN n. m. (-ka) 1. douleur. Je sens une douleur au cou : xanuun baan ka dareemayaa qoorta. 2. cudur, jirro : maladie. Sa maladie n'est pas grave : xanuunkiisu halis ma aha.

XANUUNSO v. se sentir mal. Je ne me sens pas bien : waan xanuunsanahay.

XAQ n. m. (-a) 1. caddaalad : justice. Il n'y a pas de justice : xaq ma jiro (caddaaladi ma jirto). 2. droit. Tu n'as pas le droit d'entrer ici : xaq uma lihid inaad meeshaan soo gasho.

XAQAANNI n. m. (-ga) impartial, équitable. Juge équitable : xaakin xaqaanni ah (aan dadka u kala eexan).

XAQDARRO n. f. (-da) injustice. On a commis une injustice : xaqdarro baannu galnay.

XAQDHAWR n. m. (-ka) respect. Respect des lois : xaqdhawrka (ilaalinta) shuruucda.

XAQDHAWR v. respecter. Respecter les vieillards : xaqdhawr (ixtiraan sii) waayeelka.

XAQIIJI v. vérifier, réaliser. 1. Il faudrait vérifier tous ses calculs : waa in la xaqiijiyaa (la hubiyaa) xisaabaadkaan oo dhan. 2. Réaliser des promesses : xaqiiji (oofi) axdiyo.

XAQIIQ n. f. (-da) réalité, vérité. Nos espoirs sont devenus des réalités : rajooyinkayagii waxay noqdeen xaqiiq (waa rumoobeen).

XAQIIQSO v. s'assurer. Nous nous sommes assurés qu'il n'y aurait pas de danger : waxaannu xaqiiqsannay (hubsannay) inaan wax khatar ahi jirin.

XAQIR n. m. (-ka) xaqiraad (-da) : mépris, dédain.

XAQIR v. xaqirid : mépriser, dédaigner. Il ne faut mépriser personne : waa inaadan qofna xaqirin.

XAQSOOR n. m. (-ka) équité, justice. Il a jugé avec équité : si xaqsoor (caddaalad) ku jirto buu u xukumay.

XAQSOOR v. juger équitablement.

XAQUUQ v. xoq : racler. Saado racle le fond de la casserole : Saado waxay xoquuqaysaa (xoqaysaa) digsiga salkiisa.

XARAAR n. m. (-ka) wallac (-a) : symptôme de la grossesse.

XARAAR n. f. (-ta) meel dal cad ah ama hoobad ah : pente. La route est en pente : waddadu waa xaraar.

XARAARAD n. f. (-da) agitation, énervement.

XARAASH n. m. (-ka) vente aux enchères, vente à la criée.

XARAASH v. mettre aux enchères.

XARAF n. m. (-ka) lettre de l'alphabet. L'alphabet français a vingt-six lettres : alfabeetada af faransiisku waxay leedahay labaatan iyo lix xaraf :

XARAKAAD n. m. (_ka) dhaqdhaqaaq (-a) : mouvement. Les vagues sont des mouvements de la mer : majaduhu (hirarku) waa xarakaadyo (dhaqdhaqaaqyo) badeed.

XARAKO n. f. (-da) mouvement.

XARAM n. m. (-ka) dhul barakaysan : sanctuaire de La Mecque.

XARAR v. naqshadayn, qorid geed, dhagax iwm : broder, sculpter. Voici une statuette sculptée dans le bois : waa tan taallo yar oo loox laga xardhay (laga qoray).

XARBI n. m. (-ga) dagaal (-ka) : guerre. Déclarer la guerre : xarbi ku dhawaaq (bilaabid dagaal).

XARBI v. faire la guerre, combattre. Combattre l'ennemi : la xarbi (la dagaallan) cadowga.

XAREED n. f. (-da) biyo roobeed : eau de pluie.

XARFAD n. f. (-da) ruse, habileté à tromper.

XARFADEE v. ruser. Il sait ruser pour avoir ce qu'il veut : waa xarfadayn yaqaan si uu u helo wuxuu rabo.

XARFI v. qabooji : rafraîchir. Rafraîchir du lait : xarfi (qabooji) caano.

XARIG n. m. (-ga) 1. xabbis (-ka) : prison. 2. corde, câble. Echelle de corde : jaranjaro xarig ka samaysan.

XARIIF n. m. (-ka) capable, expert, apte. Dacar est apte à cet emploi : Dacar xariif buu ku yahay shaqadaan (si fiican buu u qaban yaqaan).

XARIIR v. la xariir : établir une liaison, un contact avec qn, contacter.

XARIIR n. f. (-ta) soie. Sareedo a une chemise en soie : Sareedo waxay qabtaa shaati xariir ah.

XARRAGO n. f. (-da) élégance. Sagal s'habille toujours avec élégance : Sagal waxay mar walba u labbisataa si xarrago leh.

XARRAGOOD v. chercher à être élégant.

XARRIIQ n. f. (-da) xariijin : ligne, rayure, raie. Dalal a une chemise blanche à raies bleues : Dalal wuxuu qabaa shaati cad oo xarriiqyo (xarriijimo, diillimo) buluug ah leh.

XARUN n. f. (-ta) caasumad, magaalo madax : capitale d'un pays ou d'une région.

XAS n. m. (-ka) meel geedo badan oo yar yar leh : buisson.

XASAASI n. m. (-ga) jilicsan, nugul : délicat, tendre, faible, fragile.

XASAD n. m. (-ka) jalousie, envie, égoïsme.

XASAD v. envier, jalouser. jalouser ses camarades : saaxiibadaa xasad (ximi).

XASANAAD n. m. (-ka) bonne action.

XASARAD n. f. (-da) gêne, ennui, inconvénient, désagrément.

XASARADEE v. déranger, gêner. Ma chaussure me gêne : kabtaydu waa i xasaradaynaysaa (i dhibaysaa).

XASEE v. qari : cacher, dissimuler ; dérober. Colaad a caché mon stylo : Colaad waa uu xaseeyay (qariyay) qalinkaygii. On l'a accusé d'avoir dérobé des fruits : waxaa lagu soo eedeeyay inuu miro xasaystay (meel gashaday, xaday).

XASHAASH n. m. (-ka) xarago (-da) : élégance.

XASHAASH v. xarago iska doondoon : chercher à être élégant.

XASHARAAD n. m. pl. (-ka) bestiole, insecte. Il y a une bestiole sur le rideau : xasharaad (bahal yar) baa daaha kor saaran.

XASHIISH n. m. (-ka) 1. qashinka ka daata marka geed ama alwaax miinshaar lagu jarayo : sciure. 2. hashisch. Fumer du hashisch est interdit par la loi : xashiishad cabidda waxaa mamnuucay sharciga.

XASHIR n. m. (-ka) buunshe (-ha) : battage des céréales.

XASHIR v. tun, buunshe bixi : battre des céréales.

XASIL v. se calmer. La tempête se calme : duufaanttii waa xasilaysaa (waa degaysaa).

XASILI v. 1. deji : calmer une personne, un animal. 2. soo xasili : trouver un emploi, une autre chose.

XASUUQ v. massacrer, exterminer, détruire. Les prisonniers ont été massacrés : maxaabiistii waa la xasuuqay (waa la wada laayay).

XATAA adv. 1. xitaa : même, aussi. 2. ni même, non plus.

XATAB n. m. (-ka) qoryo shidan : bois brûlant.

XATABAD n. f. (-da) xakabbad, meel ka horaysa iridka guri : seuil. Franchir le seuil d'une maison : ka gudub xatabad guri.

XATOOYO n. f. (-da) vol. Le vol d'une voiture : xatooyo baabuur.

XAWAAL n. f. (-sha) bad deggan : mer calme.

XAWAALAD n. f. (-da) mandat, mandat postal. Ma grand-mère m'a envoyé un mandat de 100 francs : ayeeyday waxay ii soo dirtay xawaalad boqol faran ah.

XAWAARE n. m. (-ha) vitesse. Quelle est la vitesse de cet avion ? : muxuu yahay xawaaraha dayuurdaani ?

XAWAAREE v. parcourir. Daleel a parcouru 10 kilomètres à pied : Daleel toban kiilomitir oo lug ah buu ku xawaareeyay (gooyay).

XAWAASH n. m. (-ka) épice. Les épices donnent plus de goût aux plats : xawaashku (geedaha wax lagu udgooniyo) waxay dhadhan saa'id ah siiyaan cuntada.

XAWLI n. m. (-ga) vitesse. Quelle est la vitesse de cet avion ? : muxuu yahay xawliga (xawaaraha) dayuuraddaani ?.

XAWO n. f. (-da) mino (-da) : sperme.

XAY n. m. (-ga) ubax cad : fleur blanche.

XAYAABO n. f. (-da) patine, enduit.

XAYAAD v. noolow : vivre. Sareedo vit à Paris : Sareedo magaalada Baariis bay ku nooshahay.

XAYAWAAN n. m. (-ka) faune, animaux. Il faut protéger la faune de cette région : waa in la dhowraa (badbaadiyaa) xayawaanka ku nool gobolkaan.

XAYAWAANNIMO n. f. (-da) 1. animalité. 2. doqonnimo : stupidité.

XAYAYSIIS n. m. (-ka) publicité. Cette marque de voiture fait beaucoup de publicité à la radio : shirkaddaan baabuurtu xayaysiis badan bay raadiyaha ka samaysaa.

XAYD v. fayd : soulever, lever.

XAYDAAN v. derbi ku wareeji : entourer de murs, enclore.

XAYDDAAN n. m. (-ka) dayr (-ka) : enclos, clos. Les vaches sont dans l'enclos : sacihii waxay ku jiraan xayddaanka.

XAYEESI n. m. (-ga) maigre. Salaad ne mange pas assez, il est maigre : Salaad si fiican wax uma cuno, waa xayeesi (caato).

XAYEESINNIMO n. f. (-da) maigreur.

XAYI n. m. (-ga) vivant, en vie.

XAYIR v. bloquer, immobiliser, coincer.

XAYIRAAD n. f. (-da) blocus, blocage. Blocage des salaires : xayiraad mushahaarooyin.

XAYL n. m. (-ka) dhiigga caadada dumarka : menstrues, règles.

XAYN n. f. (-ta) groupe. Un groupe de touristes : xayn (koox) dalxiisayaal ah.

XAYNDAAB n. m. (-ka) dayr, meel soo wareegsan : enclos.

XAYO n. f. (-da) modestie. Il est d'une grande modestie : waa nin xayo ah (aan islaweynan lahayn).

XAYR n. f. (-ta) graisse, suif. Le suif de bœuf : xayrta dibiga.

XAYRAAN n. m. (-ka) furieux. Deeqa est furieuse contre son frère : Deeqa xayraan bay ku tahay walaalkeed (waa u caraysantahay).

XAYRAAN v. xanaaqid : se mettre en colère, devenir furieux.

XAYRAXADE n. m. (-ha) mulac (-a) : lézard.

XAYROW v. cayilid : engraisser.

XAYS n. m. (-ka) roob baro yaryar leh : pluie fine, pluie de novembre à janvier.

XAYSIN n. m. (-ka) dhul badda agaheeda ah : littoral. Le littoral est le bord de mer : xaysinku waa badda coonkeeda, agteeda.

XAYUUBI v. ka xayuubi : arracher avec violence. Je n'ai pas pu l'arracher à son travail : waa awoodi waayay inaan ka xayuubiyo (eryo) shaqadiisa.

XEEB n. f. (-ta) côte, plage. Nous avons passé nos vacances sur une plage de la Méditerranée : waxaannu fasaxayagii ku qaadannay xeeb ku taal badda Meediteraaniyanka.

XEEGO n. f. (-da) 1. miro naarijiin : noix de coco. 2. ciyaar koox ahaan loo ciyaaro oo ul dheer oo af qalloocan lagu riixayo banooni yar : hockey.

XEEL n. f. (-sha) xeelad (-da) : astuce, truc. J'ai trouvé une astuce pour résoudre ce problème : waxaan helay xeel (xeelad, tab) si aan mashaakilkaan u xalliyo.

XEELDHEERE n. m. (-ha) spécialiste, expert ; savant, sage. C'est un spécialiste du cœur : waa xeeldheere (qof ku aqoon dheer) wadanaha.

XEELEE v. xeeladee : ruser, abuser, tromper.

XEER n. m. (-ka) 1. sharci (-ga) : loi, droit. 2. dhaqan, caado : coutume, usage, habitude.

XEER v. ku xeer, ku xaydaami, wareeji : entourer, environner, border, cerner.

XEERO n. f. (-da) weel cuntada lagu cuno : assiette en bois.

XEERYAQAAN n. m. (-ka) juriste.

XER n. f. (-ta) discipline d'un ascète.

XERAGELI v. soo xerageli : obtenir, acquérir. Acquérir une voiture : baabuur soo xerageli (baabuur yeelo).

XEREE v. mettre dans un enclos.

XERO n. f. (-da) enclos.

XEXEB n. m. (-ka) god dhagaxeed ciriiri ah : creux d'un rocher.

XEYD v. soulever. La cuisinière soulève le couvercle de la casserole : cuntokarisaddii waxay daboolka ka xaydaysaa (faydaysaa, qaadayasaa) digsiga.

XIDDIG n. f. (-ta) 1. étoile. 2. jilaa (-ga) : star, vedette de cinéma.

XIDDIGASHEEG n. m. (-ga) qof ku xeeldheer xiddigiska : astrologue.

XIDDIGDHUL n. f. (-sha) porc-épic, hérisson. Les porcs-épics ont le corps recouvert de piquants : xiddigadhulku waxay leeyihiin jir ay qodxo ku daboolanyihiin.

XIDDIGIYE n. m. (-ha) astrologue.

XIDID n. m. (-ka) 1. racine. Ce chêne a des racines énormes : geedkaan weyn ee yaaqa ah wuxuu leeyahay xididdo baaxad leh. 2. xididka nafleyda : veine. 3. qaraabo : parenté.

XIDIDDAYSO v. s'enraciner, prendre racine dans un pays, s'établir, s'installer.

XIDIDMASKAXEED n. m. (-ka) moelle épinière.

XIDINXIITO n. f. (-da) 1. shimbir yar oo af dheer oo gaduudan leh : petit oiseau au long bec rouge. 2. qof aad caato u ah : personne très maigre.

XIFAALEE v. persifler, railler, plaisanter, blaguer.

XIFAALO n. f. (-da) plaisanterie, blague, persiflage. Il passe son temps à dire des blagues : wuxuu waqtigiisa ku dhammeeyaa xifaalooyin sheegid.

XIG v. 1. ku xig : venir après, suivre. 2. wax isu ahaansho : être apparenté à, être proche de qn.

XIGAAL n. m. (-ka) xigaalo, xigto, dad aad wax isu tihiin : parenté, famille proche.

XIGMAATI n. m. (-ga) personne sage et subtile.

XIGMAD n.f. (-da) sagesse.

XIGSII v. agdhig, dhinac dhig : mettre à côté de.

XIGTANNIMO n. f. (-da) parenté, famille proche.

XIIDAN n. m. (-ka) qayb xiidmaha ka mid ah : partie de l'intestin, boyau.

XIIDMO n. m. (-ha) intestin entier.

XIIJI v. daali, nooji : fatiguer.

XIIMI v. xoog u wad : accélérer.

XIIN n. m. (-ka) shanqarta dabayl dhacaysa : sifflement.

XIIN v. 1. souffler. Le vent souffle : dabayshu waa xiimaysaa (soconaysaa). 2. se mouvoir à toute vitesse.

XIIQ n. f. (-da) 1. hiinraag (-ga) qof soo orday : essoufflement. 2. qufac isdaba joog ah : toux convulsive. 3. asthme.

XIIQ v. haleter, souffler. Le chien halète : eeygu waa xiiqsanyahay (waa neeftuurayaa).

XIIQDHEER n. f. (-ta) coqueluche. Il tousse, il a la coqueluche : waa uu qufacayaa, qiixdheer buu qabaa.

XIIR v. raser, couper à ras. Faarax se rase tous les jours : Faarax subax walba waa xiirtaa (garkuu xirtaa).

XIIRIMAAD n. m. (-ka) rasage.

XIIRO v. se raser.

XIISAD n. f. (-da) tension, discorde diplomatique.

XIISADHAC v. ka xiisadhac : ne plus avoir envie de.

XIISEE v. sentir le désir de qn ou qch, avoir une passion pour qn ou qch.

XIISO n. m. (-ha) passion. Avoir la passion du jeu : xiiso u qabid cayaar.

XIISOOD v. u xiisood : sentir le manque de qn ou de qch.

XIJAAB n. m. (-ka) amulette, protection.

XIJAAB v. couvrir, protéger, garantir.

XIJAABO v. mourir. Mourir de vieillesse : gabow u xijaabo (u dhimo).

XIJI n. m. (-ga) beeyo (-da), luubaan (-ta) : encens.

XIJI v. ku xiji : faire suivre. La voiture suit le camion : fatuuraddu gaariga weyn bay ku xigtaa (daba socotaa).

XIKAAYEE v. 1. kaftamid, shactirayn : plaisanter, persifler. 2. sheekayn : raconter, conter une histoire subtile.

XIKAAYO n. f. (-da) sheeko (-da) : récit, histoire. Faarax m'a fait le récit de son voyage : Faarax wuxuu iimariyay, iiga sheekeeyay xikaayo (sheeko) ku saabsan safarkiisii.

XIL n. m. (-ka) mas'uuliyad : responsabilité.

XILAFUR n. m. (-ka) menace de divorce.

XILAFUR v. menacer (de divorce).

XILAGUBE n. m. (-ha) nin naagaha u daran : homme méchant avec les femmes.

XILBAX v. 1. dhammaystir hawl lagaa sugayay : accomplir, s'acquitter, exécuter. 2. ka xilbax : waxaad ku khasbanayd, mas'uuliyad ku sugaysay oo lagaa daayay : exempter, dispenser d'une responsabilité.

XILDHIBAAN n. m. (-ka) fonctionnaire investi d'une responsabilité.

XILDIID n. f. (-da) résine d'odeur âcre et de couleur jaune que l'on utilise comme médicament.

XILKAS n. m. (-ka) responsable, gérant.

XILLI n. m. (-ga) saison.

XILO n. m. (-ha) femme, épouse. Je vous présente ma femme : waxaan ku barayaa xilahayga (xaaskayga, naagtayda, ooriday-da).

XILOODI v. xodxodo, shukaanso gabar : courtiser, faire la cour à qn. Cibaado est courtisée par plusieurs jeunes gens : Cibaado waxaa xiloodiyay (xodxotay) dad badan oo dhallinyaro ah.

XILQAAN v. is xilqaan : assumer une responsabilité.

XILTIR v. dispenser, exempter qn de qch.

XILWAREEJIN n. f. (-ta) transfert de responsabilité.

XIMAAR n. m. (-ka) dameer (-ka) : âne, baudet.

XIMI v. prendre qn en aversion, avoir de l'aversion pour ou contre qn.

XIN n. m. (-ka) hostilité, aversion.

XINIF n. f. (-ta) rancune, ran-cœur.

XINIIN n. f. (-ta) testicule.

XINJIR n. f. (-ta) dhiig guntamay : caillot, petite masse coagulée d'un liquide (surtout le sang).

XINNI n. m. (-ga) henné.

XIR v. 1. lier, attacher, ligoter. 2. incarcérer, emprisonner.

XIRFAD n. f. (-da) métier, profession.

XIRIIRI v. joindre, relier. Relier le présent au passé : xiriiri (isku xir) waqtigaan la joogo iyo kii tegay.

XIRIIRIYE n. m. (-ha) conjonction.

XIRITAAN n. m. (-ka) clôture, fermeture. La fermeture du sac est cassée : xiritaankii (meeshii laga xirayay) boorsada waa jabtay.

XIRMO n. f. (da) faisceau, botte (de fleurs), gerbe (de céréales), liasse (de papier).

XIRSI n. m. (-ga) amulette que l'on porte sur soi.

XIS n. m. (-ka) conscience, esprit.

XISAAB v. compter, calculer. Calculer un prix : xisaabi qiime.

XISAABAAD n. m. (-ka) comptabilité.

XISAABIYE n. m. (-ha) comptable.

XISAD n. f. (-da) période du cours, de la leçon.

XISBI n. m. (-ga) parti politique. Les partis présentent des candidats aux élections : xisbiyadu waxay soo bandhigayaan musha-rixiintii doorashooyinka.

XISBIYIIN n. f. pl. (-ta) membres d'un parti politique.

XISDI n. m. (-ga) raisonnement. Manquer de raisonnement : xisdi-ga (fikirku) ha kaa lumo.

XISHOOD v. ka xishood : avoir honte, être honteux, être intimi-dé.

XISKIN n. f. (-ta) maalinta kala barkeeda : midi, mi-journée. Midi est la douzième heure après mi-nuit : xiskintu waa saacadda labo iyo tobnaad ka dib saqda dhexe ee habeennimo.

XODXODO n. f. (-da) shukaansi (-ga) : cour. Ce jeune homme fait la cour à Cosob : ninkaan dhalli-nyarada ah wuxuu xodxodo, shukaansi ka rabaa Cosob.

XODXODO v. courtiser, faire la cour à, chercher les bonnes grâces de.

XOGHAYE n. m. (-ha) secrétaire. Secrétaire général : xoghaye guud.

XOGHAYN n. f. (-ta) secrétariat.

XOGMOOGE n. m. (-ha) qui ne sait pas, qui n'est pas au courant de ce qui se passe.

XOGOGAAL n. m. (-ka) conscient. Etre conscient de ses responsabilités : xogogaal u ahow mas'uuliyadahaaga.

XOGSO v. xog raadin : tirer profit, avantage de qch.

XOGWARAYSO v. demander une information précise à qn.

XOGWARRAN v. révéler, faire connaître ce qui était inconnu ou secret.

XOOG n. m. (-ga) 1. force, puissance. 2. armée.

XOOG v. 1. prendre par force, dévaliser, détrousser. 2. kufsasho naag : violer une femme.

XOOGAA n. m. (-ga) peu de, quelques. Il y a peu d'élèves dans la classe : xoogaa arday ah baa fasalka ku jirta.

XOOGEE v. fortifier, rendre plus fort, plus assuré.

XOOGEYSO v. se renforcer, se fortifier.

XOOGSATO n. f. (-da) ouvrier (d'usine, agricole, menuisier).

XOOGSO v. shaqayso : gagner sa vie, son pain, de l'argent.

XOOJI v. 1. renforcer, fortifier. 2. shaqee : travailler.

XOOLADHAQATO n. f. (-da) nomade, berger. Des nomades se sont installés à l'entrée du village : xooladhaqato (reer guuraa) ayaa soo degay tuulada illinkeeda.

XOOLALEY n. f. (-da) qof xoolo ilaaliya : pasteur.

XOOLATIR v. exproprier, appauvrir. La guerre a appauvri le pays : dagaalkii waa xoolotiray (cayreeyay) dalka.

XOOLO n. m. (-ha) 1. bétail, cheptel. 2. richesse, biens.

XOON n. m. (-ka) 1. guêpe. En mangeant un fruit, j'ai été piqué par une guêpe : aniga oo miro cunaya, baa waxaa i qaniinay xoon (cayayaan yaryar). 2. foule, multitude, essaim. La foule se déverse dans le stade : xoon (tiro badan oo dad ah) baa iskuguraya (galaya) garoonka ciyaaraha.

XOON v. se presser dans, sur, se masser, s'entasser, s'amasser, s'accumuler.

XOOR n. m. (-ka) fouine (mammifère). La fouine est un petit animal au museau pointu qui vit dans les bois : xoorku waa xayawaan yar oo gafuur dhuuban oo ku nool kaymaha dhexdooda.

XOOR v. jeter. Jeter quelqu'un à terre : qof dhulka ku xoor (ku tuur).

XOORI v. écumer (mer), baver (animaux).

XOOSH n. m. (-ka) timo wada cirro ah : cheveux blancs.

XOOXI v. lis : traire, tirer le lait. Tirer le lait des vaches : caano ka xooxi (ka lis) saco, sacyaal.

XOQ v. gratter, frotter avec les ongles.

XOR n. f. (-ta) 1. libre, indépendant. 2. maro xorteed : pan d'un vêtement.

XOREE v. libérer, délivrer un captif, émanciper. Les anciennes colonies se sont émancipées : waddamadii hore gumeysiga ugu jiray waa is xoreeyeen.

XORGOG n. m. (-ga) qof caato ah : personne très maigre.

XORJAB n. m. (-ka) dhar jajab leh : froissement, plis irréguliers et nombreux (robe, manteau), chiffonnage.

XORNIMO n. f. (-da) liberté, indépendance.

XORRIYAD n. f. (-da) liberté, indépendance.

XORYEEL n. m. (-ka) qof la xoreeyay : libération, mise en liberté d'un esclave.

XUBBI n. m. (-ga) kalgacal (-ka) : amour. L'amour de la patrie : xubbiga dalka hooyo.

XUBEERO n. f. (-da) faqri (-ga) : pauvreté, manque de biens. Ce pays est d'une grande pauvreté : waddankaani waa xubeero (faqri, gaajo).

XUBIN n. f. (-ta) membre d'une association, du corps humain.

XUDDUN n. f. (-ta) nombril, ombilic.

XUDDUUD n. m. (-ka) frontière, bornes.

XUJEE v. faire deviner d'après une description en termes obscurs et ambigus.

XUJO n. f. (-da) énigme.

XUKUN n. m. (-ka) pouvoir, régime.

XUKUN v. 1. gouverner, diriger un peuple, un pays. 2. juger (une affaire, un accusé).

XUL n. m. (-ka) sélectionné (un sportif).

XUL v. sélectionner, choisir, trier. Le capitaine a sélectionné les joueurs : madixii kooxdu wuxuu xushay ciyaaryahannadii. 2. ku dhex lugee : pénétrer (dans un appartement, dans le bois).

XULAFO n. f. (-da) des alliés. Les pays alliés : waddamada xulafada ah.

XULUULI v. faire pénétrer. Il est interdit de pénétrer dans cette pièce : waa mamnuuc in la xuluu-sho (la galo) qolkaan.

XULUULO v. huluulo, gelid meel aad u gaaban oo in la gurguurto maahee aan si kale suuroobayn : passer avec difficulté au travers de qch (lieu très bas).

XUMBO n. f. (-da) écume.

XUMEE v. offenser, insulter, injurier, outrager.

XUMMAD n. f. (-da) fièvre. Mursal a de la fièvre : Mursal xummad baa haysa.

XUMO n. m. (-ha) mal, parole, opinion défavorable. Il a menti, c'est mal : been buu sheegay, waa xumo (wax xun).

XUNDHUR n. f. (-ta) 1. cudur shuban keena : dysenterie. 2. nombril.

XURBI v. battre vivement, fouetter (de la crème).

XURGUF n. f. (-ta) désaccord, divergence. Divergence d'opinions : xunguruf (khilaafy0) fikra-deed.

XURMO n. f. (-da) cis (-ka), xaqdhawr (-ka) : respect, inviolabilité.

XUS n. m. (-ka) mention (un événement).

XUS v. mentionner, signaler, nommer. N'oubliez pas de mentionner votre adresse : ha illaawin inaad cinwaankaaga ku xusto (tilmaanto).

XUSHMADARRO n. f. (-da) manque de respect.

XUSHMEE v. respecter la loi, les règlements.

XUSUUS n. f. (-ta) mémoire, souvenir. Shire n'a pas de mémoire : Shire xasuus ma leh.

XASUUSO v. se souvenir de. Souvenez-vous des leçons du passé : xasuuso casharro hore (la soo dhaafay).

XUSUUSQOR n. m. (-ka) agenda, carnet, calepin.

XUUB n. m. (-ka) 1. membrane. 2. peau, écorce.

XUUBDHACSO v. muer. Les serpents muent tous les ans : masasku waa xuub dhacsadaan sanna-dahoo dhan.

XUUBI v. xoog u wad : conduire très vite.

XUUNSHO n. f. (-da) oiseau blanc qui mange des ordures.

XUUR n. f. (-ta) dhoocil, gabar yar : fillette, petite fille. Dahabo est une fillette de dix ans : Dahabo waa xuur (gabar yar) oo toban sano jir ah.

XUURTO n. f. (-da) essoufflement, halètement.

XUURTOO v. haleter, souffler. On halète après une course : waa la xuurtoodaa marka la ordo ka dib.

XUUXI v. baqdin geli : faire peur, effrayer.

Y

YA ’n. f. (-da) nom de la lettre « y ».

YAA pron. interr. qui ? qui est-ce qui ?

YAAB n. m. (-ka) étonnement, surprise.

YAAB v. ku yaab, la yaab : s’étonner, trouver étrange, singulier, être surpris.

YAABIS n. m. (-ka) qallalan, aan iidaan lahayn : sec, non assaisonné, naturel.

YAACI v. disperser, éparpiller, disséminer.

YAADADDO n. f. (-da) porc-épic. Le porc-épic se nourrit de racines et de fruits : yaadaddadu waxay cuntaa xididdo iyo miro.

YAAHUU interj. pouah ! (pour exprimer le dégoût).

YAAMBO n. f. (-da) pioche, houe. Une houe sert à remuer la terre : yaanbadu waxay tartaa dhulkaa lagu liiliijiyaa, dhaqdhaqaajiyaa (falaa).

YAANYO n. f. (-da) tomate. La tomate sert à faire des sauces : yaanyadu waxay tartaa samaynta suugada.

YAANYUUR n. f. (-ta) chat. Il n’y a pas un chat : yaanyuurina ma joogto (waa cidla’).

YAARDI n. m. (-ga) yard.

YABAQ n. m. (-a) bruit.

YABOOHSO v. mendier, demander l’aumône.

YACNI adv. c’est-à-dire.

YAD v. tun : battre, frapper, cogner.

YAH interj. oh ! oh !

YALAX n. f. (-da) timo jilicsan : doux, moelleux, souple (cheveux).

YAQIIN n. f. (-ta) hubaal (-sha) : certitude.

YAQIINSO v. hubi : vérifier.

YAR n. m. (-ka) bébé. La maman promène son bébé : hooyadu waxay lugaysiinaysaa yarkeeda (ilmaheeda).

YAREE v. diminuer, rapetisser. Les jours diminuent : maalmuhu waa yaraanayaan (waa isdhimayaan).

YAS v. mépriser, dédaigner. Kaafi est un lâche, tout le monde le méprise : Kaafi waa fulay, qof kastaa waa yasaa.

YATIIN n. f. (-ta) agoon : orphelin de père.

YAW n. m. (-ga) mal dégrossi, grossier.

YAXAAS n. m. (-ka) crocodile.

YAXYAX v. isku yaxyax : avoir honte, être honteux.

YEEKE n. m. (-ha) as. L'as d'un jeu de cartes porte un seul signe : yeekaha ciyaarta turubku wuxuu wataa hal calaamad keliya.

YEEL v. consentir à, accepter. Accepter une donation : yeel wax lagu siiyay (deeq).

YEELSII v. convaincre, persuader.

YEER n. f. (-ta) son. On entend le son d'une cloche : waxaan maqlaynnaa yeer (qaylo) dawan.

YEERI v. 1. faire sonner. 2. dicter. Prenez un stylo, je vais vous dicter une poésie : qalin soo qaado, waxaan kuu yeerinayaa gabay.

YIDIDDIILO n. f. (-da) rajo (-da) : espoir. perdre espoir : yididdiilada (rajada) lumi.

YOOL n. m. (-ka) but, objectif. Frapper au but : garaac yoolka (meeshii la rabay).

YOOLGAAR v. ka yoolgaar : atteindre l'objectif.

YUMBI v. immerger, plonger. Plonger un bâton dans l'eau : ul biyaha yumbi (dhumbi, geli).

YURUURUC n. m. (-a) enfants. Cet homme a quatre enfants : ninkaani afar yuruuruc ah (carruur ah) buu leeyahay.

Achevé d'imprimer sur les presses de Lavauzelle Graphic
sous le n° 9096120 en septembre 1999